ÉCONOMIE POLITIQUE DE LA FRAGILITÉ ET DE LA GOUVERNANCE EN AFRIQUE

Colloques & Rencontres

Le secteur « Colloques et Rencontres » des éditions L'Harmattan s'est fixé pour but de publier des ouvrages universitaires à caractère collectif dans le cadre de trois rubriques thématiques : Lettres et sciences humaines ; Droit, économie et AES ; Sciences et santé. Ce secteur a la double vocation de donner un cadre éditorial cohérent aux chercheurs tout en permettant l'élargissement de leur audience.

Déjà parus

Hassan Faouzi, Olivier Lazzarotti (dir.), *Patrimoine, tourisme et territoire*, 2021.
Silvano Aromatario, Alexandre Bonduelle et Solange Segala (dir.), *Repenser le modèle démocratique à l'ère numérique,* 2021.
Ali Mostfa (dir.), *Discours et stratégies d'altérité. Regards et analyses croisés*, 2021.
Hassan Faouzi, Aziz Bouslikhane, Said Boujrouf (dir.), *Du terroir au territoire. Les enjeux de la patrimonialisation des produits de terroir*, 2021.
Hassan Faouzi, Mohammed Charef, Wissal Anir (dir.), *Migrations, minorités, identités et frontières*, 2021.
Khalid Benamara, Philippe Bachimon et Majda El Boukhari (dir.), *L'impact sociétal de l'aménagement touristique. Acceptabilité, prise en compte, recevabilité et long terme*, 2021.
Éric Agbessi (dir.), *Art et innovation sociale. Définitions citoyennes et territoriales*, 2021.
Éric Agbessi (dir.), *Voilées. Quand l'art dévoile l'incommunication*, 2020.
Jorge Juan Román Hernández, Dominique Lhuilier, José Newton Garcia de Araújo, Andrea Pujol (dir.), *Subjectivité*

Sous la direction de
Mohamed HARAKAT

ÉCONOMIE POLITIQUE DE LA FRAGILITÉ ET DE LA GOUVERNANCE EN AFRIQUE

L'Harmattan

Actes du XVIIe colloque international organisé par la structure doctorale « Gouvernance de l'Afrique et du Moyen- Orient (GAMO)- Université Mohammed V – Rabat en collaboration avec la Revue marocaine d'audit et de développement (REMA) et le Centre international des études stratégiques et de gouvernance globale (Global governance Center) et l'Institut des études africaines avec le concours de la fondation allemande Hanns Seidel - Marrakech 23-24 février 2018 tels que remaniés et revisités en 2021.

5-7, rue de l'Ecole-Polytechnique, 75005 Paris

www.editions-harmattan.fr

ISBN : 978-2-343-23497-7
EAN : 9782343234977

Du même auteur

Les finances publiques et réforme de l'État en Afrique : cas du Maroc, L'Harmattan, Paris, 2020.

La Gouvernance des Finances publiques en Afrique, s/d, série Administraiton publique, L'Harmattan, Paris, 2019.

La nouvelle diplomatie économique en Afrique : Pardigmes et modèles, L'Harmattan, Paris, 2020.

Études d'impact et évaluation des politiques publiques, s/d, L'Harmattan, Paris, 2020.

La triade tyrannie, corruption et terrorisme : contribution à l'économie politique de la corruption (en arabe), El Maârif Al Jadida, Rabat, 2016.

Paradoxes de la gouvernance de l'État dans les pays arabes, L'Harmattan, Paris, 2015.

Les Finances publiques et les impératifs de la performance, L'Harmattan, Paris, 2011.

Quelle université pour le XXIe siècle ? La gouvernance cognitive et démocratique, une chance pour le Maroc, El Maârif Al Jadida, Rabat, 2011.

Gouvernance, gestion publique et corruption, El Maârif Al Jadida, Rabat, 2006.

Les Cours régionales des comptes : guide pratique du contrôle des finances locales, Rabat, El Maârif Al Jadida, 2004.

Finances publiques et droit budgétaire, Rabat, El Maârif Al Jadida, édit. 2002, 2004, 2006.

Cour européenne des comptes, Luxembourg. Lignes directrices européennes concernant l'application des normes d'audit de l'INTOSAI (traduction arabe), El Maârif Al Jadida, Rabat, 2001.

Le contrôle supérieur des finances publiques au Maghreb, El Maârif Al Jadida, Rabat, 2000.

L'Audit dans le secteur public au Maroc : le cas de la Cour des comptes, Rabat, Babel, 1994.

Le Droit du contrôle supérieur des finances publiques au Maroc, Babel, Rabat, 1992.

Les auteurs

Stéphane Monney Mouandjo, directeur général du CAFRAD

Paul Kananura, président de l'Institut Mandela

Camille Sarri, président de l'Institut euro-maghrébin d'étude et de perspectives

Mohamed Harakat, directeur de la structure doctorale « Gouvernance de l'Afrique et du Moyen-Orient » - UM5R, Président de Global governance Center et directeur de REMA

Siham Sefiani, membre du GAMO, Enseignant chercheur, Université Mohammed v – Rabat, Maroc

Samih Hamdaoui, enseignant chercheur, FSJES-Salé, Université Mohammed v – Rabat, Maroc

Hamid Aït Lemqeddem, enseignant chercheur à l'ENCG, Kénitra, Maroc

Ezzedine Zayani, ancien ambassadeur, Tunis

Farida SI-Mansour, enseignante chercheuse, Université Mouloud Mammeri–FSECG, Alger

Mostafa Nachoui, professeur, Université Hassan II-Casablanca, Maroc

Belouti Nabil, maître de conférence, LAREGE,Université Oran 2-CREAD, Alger

Mohamed Moëz Yaïche, URED, Université de Sfax,Tunis

Djmal SI-Mohammed, enseignant chercheur, Université Mouloud Mammeri–FSECG, Alger

Badiaw Diao, doctorant, Université Paris10, Université Berger de Saint-Louis, Sénégal

Abderrahim Amam, doctorant chercheur à l'ENCG Kénitra, Maroc

Driss Chouay, chercheur à l'ENCG, Kénitra, Maroc

Sommaire

AVANT-PROPOS

La gouvernance de l'Afrique : en quête d'un nouveau modèle de développement

Mohamed Harakat
Professeur d'économie politique et de finances publiques -
Directeur fondateur de la structure doctorale GAMO -
Université Mohammed v – Rabat et membre du Comité consultatif international
de l'Organisation Panafricaine du CAFRAD - Union africaine

Avec la crise sanitaire de Covid-19 et ses variants et l'émergence de *« nouveaux biens économiques et sociaux communs »* l'économie politique est appelée dans tous les pays du monde à découvrir de nouvelles pistes de développement et de nouvelles lois de marché (plus transparentes, concurrentielles et solidaires).

L'économie politique reste une science sociale inexacte. Mais dans une période de crise les économistes sont appelés à jouer un rôle plus important aujourd'hui que par le passé, note J. Tirole (Cf « Économie du bien commun », Prix Nobel d'économie 2014, PUF, 2016). Il leur faut pour cela guider leurs pays tout en allant au devant de la révolution numérique et proposer des solutions au chômage de masse, aux monopoles, aux inégalités. Bref, ils doivent anticiper le changement…

Une telle politique de changement devient utile là où la politique économique a échoué, là où l'idéologie libérale a aveuglé les esprits affirment A.Benerjee & E. Duflo (Prix Nobel en économie, 2019) en réclamant de la nécessité de rendre l'économie politique plus grande-

Make Economics Great Again (MEGA) (cf. *Good Economics for Hard Times*, PublicAffairs, New York, 2019). Les temps difficiles exigent l'économie des biens communs c'est-à-dire l'émergence de véritables intellectuels dans la cité.

Les études savantes soulignent que le débat public, en pleine crise et dans les moments difficiles, tend à reconnaître le profond désir humain de dignité et de communication, et à traiter la crise comme une question humaine fondamentale selon une approche scientifique globale, qui facilite la compréhension entre les êtres humains et de nous libérer de ce qui semble être des conflits insolubles.

L'économie politique de la dignité

Le respect de la dignité humaine et de la conscience de sa place centrale naturelle conduit sans aucun doute à la nécessité de repenser en profondeur et sérieusement les priorités économiques et les moyens de sécuriser et de protéger nos sociétés et tous ses membres contre les dangers auxquels ils sont confrontés.

Il est certain que les citoyens dans tous les pays du monde ont un âpre désir de changement. Les raisons sont multiples (caractère dramatique de la pandémie et ses effets négatifs sur la population (aggravation de la pauvreté et des inégalités sociales, récession, chômage, crise de leadership, populisme, médiocratie, rente, etc.).

Ainsi, rien ne sera comme avant. D'où l'importance d'une économie politique de changement. Il est nécessaire, ici et maintenant, de poser les grandes questions de développement à long et moyen terme et de rendre les idées économiques compréhensibles pour un large public.

En fait, les politiques économiques, même si elles diffèrent, sont toujours fondées sur l'économie politique, qu'elle soit bonne/utile ou médiocre/mauvaise ; la première l'emportant sur l'ignorance et l'idéologie. Quant au second, l'une de ses caractéristiques est de justifier les privilèges accordés aux riches et faire pression sur les programmes de protection sociale, et défendre l'idée que l'État est impuissant et les pauvres sont paresseux, ce qui a ouvert la voie à l'impasse actuelle représentée par l'explosion des inégalités et la génération de la colère (A. Benerjee & E. Duflo).

Les économistes à la vision limitée disent toujours que le libre-échange n'aboutira qu'à des gagnants et qu'une croissance plus rapide est partout, et que seule la méthode de la tentative sérieuse doit être prise, tant que la demande de croissance vaut tous les sacrifices et toutes les peines. Mais les économistes aveugles font remarquer A. Benerjee & E. Duflo n'ont pas vu les développements de l'explosion des inégalités dans le monde, la fragmentation sociale croissante qui l'accompagnait et la catastrophe environnementale imminente, retardant l'action, peut-être de manière irréversible.

Quel rôle de l'économiste dans la cité ?

En effet, il est important de souligner le rôle de l'économiste dans le processus de vulgarisation d'une science économique guidée dans ses projets scientifiques en posant les grandes questions pertinentes dans une approche interdisciplinaire et pragmatique de ce que veulent les humains et de ce qui constitue la bonne vie. En général, les économistes ont tendance à embrasser l'idée de bien-être, qui est souvent très étroite, basée sur des critères quantitatifs de produit intérieur brut (PIB), de revenu ou de consommation matérielle et négligent les aspects non économiques et psychologiques de la vie dans la citée.

Cette approche reste donc réductionniste et impuissant dans son approche de développement humain et incapable d'englober les aspirations, les sentiments, les rêves, les déceptions, les restrictions et les obstacles des individus afin d'avoir une vie satisfaisante fondée sur la dignité, le respect, la reconnaissance dans la société et assurant le confort de la famille, c'est-à-dire le bonheur intérieur brut (BIB).

Dans cette perspective l'économie politique devrait s'engager positivement afin de rétablir la crédibilité du débat public sur la politique et l'économie dans le but d'apaiser la colère et la privation que tant de gens ressentent (aggravation de pauvreté et la marginalisation, migration, mondialisation, TIC, relance économique, résilience, changement climatique, paradoxes de la gouvernance de l'État en pleine crise et pandémie) tout en reconnaissant que ce ne sera ni facile ni rapide. Car il est impossible aujourd'hui de parler de la croissance, de l''inégalité et d'environnement sans penser aux besoins, aux aspirations, aux envies, et donc aux préférences de la population.

Les concepts de fragilité et de résilience

L'OCDE définit la fragilité de l'État à la lumière des progrès accomplis dans la réalisation des objectifs du Millénaire pour le développement (OMD) par l'énoncé de cinq dimensions principales :

1. Violence : morts au combat, blessures causées par la violence interpersonnelle, instabilité politique, terrorisme ;

2. Justice : (l'état de droit aux niveaux national et international et l'égalité dans l'accès à la justice : lutte contre la corruption, confiance dans les règles de la vie en société) ;
3. Institutions : efficacité des institutions, transparence et capacité des institutions à tous les niveaux de la société de réduire les flux financiers illicites et combattre la criminalité ;
4. Fondements économiques : état de l'emploi des jeunes et de l'intégration économique, sociale et politique, les facilités de faire des affaires, le nombre d'années d'études, la croissance du PIB, etc. ;
5. Résilience : il s'agit des capacités d'adaptation aux vulnérabilités, aux phénomènes extrêmes liés au climat et à d'autres chocs et catastrophes d'ordre économique, social et environnemental, inégalité des revenus, déficit en soins de santé, pandémie, etc.

Pour l'OCDE, « un État est fragile lorsque le gouvernement et les instances étatiques n'ont pas les moyens et/ou la volonté politique d'assurer la sécurité et la protection des citoyens, de gérer efficacement les affaires publiques et de lutter contre la pauvreté au sein de la population ».

À ces catégories de fragilité à dimension nationale s'ajoutent d'autres facteurs d'ordre supranational dont il faudrait également tenir compte (gouvernance mondiale, Nations unies, Banque mondiale, endettement, environnement régional et international).

Ainsi, dans une période catastrophique de Covid-19 considérée comme la première pandémie mondiale à l'ère du numérique et dans un environnement incertain, dramatique et à haute tension, cet ouvrage collectif tentera d'engager une réflexion critique sur l'état des lieux, les contraintes et les perspectives de l'économie politique de la fragilité et gouvernance de l'État en Afrique en quête d'un nouveau modèle de développement.

Dans le but de garantir, plus de sécurité juridique et judiciaire de l'environnement l'Afrique doit veiller au renforcement des capacités tant des États membres que des opérateurs économiques et de la société civile. En l'occurrence, l'instauration des valeurs de la gouvernance dans sa profondeur stratégique du développement, dans le cadre de l'agenda africain 2063, est fondamentale. Elle devrait contribuer notamment à :

- l'élaboration d'une vision stratégique participative ;

- élaborer une nouvelle stratégie d'accès à la connaissance et à l'éducation pour tous et au partage universel.
- développer une nouvelle culture des sciences humaines (humanités) et des valeurs de solidarité permettant de combler le gap entre l'économie mondiale (du marché) et les biens publics communs universels et à dépasser le système de la médiocratie.

Objectifs et argumentaires scientifiques de l'ouvrage

Les actes du XVIIe colloque international organisé à Marrakech 23-24 février 2018 tels que revisités et remaniés en 2021 consistent à réfléchir sur les fondements et les enjeux relatifs à l'émergence d'une nouvelle économie politique de développement humain en Afrique et au Moyen-Orient et dans le reste du monde. L'œuvre est ambitieuse. Elle prétend répondre à de multiples objectifs épistémologique, scientifique et pédagogique dans l'approche des principes et des valeurs de la gouvernance démocratique et humaine à l'ère de la crise sanitaire de Covid-19 et ses multiples et catastrophiques répercussions économiques psychologiques et sociales sur la population dans tous les pays du monde

L'argumentaire scientifique du travail adopté insistera sur trois problématiques essentielles intimement liées :

- l'ampleur des paradoxes de la gouvernance ;
- l'énoncé des déficits de la gouvernance et des situations de fragilité institutionnelle ; économique, humaine, sociale et culturelle ;
- les conditions de lutte contre les fragilités et les perspectives de développement du continent.

Dans cet ouvrage collectif contenant la plupart des contributions présentées lors du colloque international tel que remanié et revisité, les auteurs traiteront les différents et multiples aspects des situations de fragilité et de résilience en période de crise face notamment à la pandémie de Covid-19 et ses variants (valeurs de gouvernance démocratique, principes de fragilité et de résilience, sécurité des ressources stratégiques et des institutions, convergence des politiques publiques, fragilité de l'entreprise, faiblesse de la diplomatie économique, de l'aide et de la coopération mondiales, contraintes de la gouvernance financière et de la reddition des comptes, intelligence territoriale et économique, dignité humaine, etc.).

L'idée essentielle qui se dégage de ces développements théoriques et pratiques très pertinents apportés par les auteurs réside dans la plaidoirie pour un nouveau modèle de développement tant pour l'Afrique que pour le Moyen- Orient. Une telle plaidoirie consiste à repenser les systèmes de gouvernance qui sont en crise en quête de nouveaux horizons de réflexion et de débat pour dépasser les situations de fragilité par le biais du renforcement des capacités institutionnelles, stratégiques et humaines des acteurs.

Le but est d'instaurer et de consolider de nouvelles valeurs de travail, de transparence et de confiance dans la société et les institutions permettant de garantir la protection des multiples potentialités et ressources stratégiques dont disposent abondamment les pays africains et arabes en vue d'en assurer l'exploitation et la défense de leurs intérêts cruciaux ainsi que la dignité humaine de la population et des citoyens. Le reste n'est que littérature.

Mohamed HARAKAT

ÉTUDES

Les États fragiles et la sécurité des ressources stratégiques

Paul Kananura,
Président de l'Institut Mandela

Résumé

Cet article consiste à démontrer que les États fragiles sont les États dépourvus d'institutions fortes et structurées capables de protéger les ressources stratégiques dont disposent les pays africains en vue d'en assurer l'exploitation, la protection et la défense de leurs intérêts cruciaux.

Mots–clés : États fragiles, sécurité, ressources stratégiques, protection, défense.

Abstract

This article aims to demonstrate that fragile States are those without strong, structured institutions that can protect the strategic resources available to African nations in order to exploit, protect and defend their crucial interests.

Keyword: Fragile states, security, strategic resources, protection, defense.

« Nous devons d'abord convaincre le peuple et l'organiser derrière des revendications justes et légitimes. La conviction et l'unité du peuple passent avant le militaire. » Hô Chi Minh

Nous vivons dans un monde post-westphalien et post-démocratique caractérisé par des guerres privatisées sous le sceau du terrorisme ou des conflits anarchiques dans les espaces stratégiques. Nous devons garder à l'esprit que le concept de sécurité implique l'idée de protection et de sécurité face à différentes menaces possibles ou identifiables venant généralement de l'extérieur. Cela n'exclut jamais de surveiller attentivement des menaces intérieures liées essentiellement aux conflits téléguidés. Dans cette optique sécuritaire, l'affaiblissement de l'Afrique ne peut que favoriser l'économie des puissances. L'Afrique est prise d'assaut par des prédateurs sans morale et sans conscience. Si nous ne prenons pas garde et conscience, nous allons disparaître pour des raisons géostratégiques de contrôle de ressources naturelles africaines.

Les États fragiles sont dépourvus des institutions organisées et structurées capables de protéger des ressources stratégiques dont ils disposent et sont censés assurer l'exploitation, la protection et la défense pour leurs intérêts cruciaux pour le devenir de leurs nations respectives. La plupart des États fragiles disposent d'énormes potentialités en ressources. Il faut garder à l'esprit qu'il s'agit là des domaines économiques où les intérêts en jeux sont colossaux et suscitent d'énormes convoitises et des pratiques de prédations qui les accompagnent.

Comment les États fragiles peuvent-ils à la fois asseoir leur développement sur leurs richesses naturelles et limiter les risques d'agression tout en renforçant leurs organisations structurelles et la stabilité de leur pays ?

Nous analyserons les caractéristiques des États fragiles pour appréhender les enjeux sécuritaires capables de protéger des ressources stratégiques à travers les mécanismes de la prévention, de la protection, de la défense et du renforcement de l'État.

1. Trois indicateurs permettent d'établir les caractéristiques des États fragiles : instabilités politiques, impuissances et/ou faiblesses des institutions Étatiques et l'incapacités des Forces de Défense et de Sécurité (FDS).
2. La gouvernance stratégique des ressources est déterminée par des lois et des règlements (la *sécurité juridique des res-*

sources) pour prendre en compte les potentialités des richesses naturelles exploitables (la sécurité économique des intérêts vitaux des États).

3. Les États concernés sont dans l'obligation d'organiser la protection de leurs richesses naturelles par la force publique et d'instaurer un dispositif de prévention, de protection et de défense de ces ressources.

Cela nous amène à analyser la fragilité de l'Afrique sous le prisme de ses énormes ressources et son incapacité de gouvernance protectrice et inclusive qui l'expose aux appétits prédateurs et à la déstabilisation mafieuse.

De la fragilité à la faillite des États sans moyens de protection des frontières et de ressources stratégiques

L'État protecteur a été remplacé par les différents types de gouvernance générés par la mondialisation qui détruit les États-nations afin de promouvoir une gouvernance globale par les marchés qui multiplient « les guerres sans fin, guerres fondées sur la destruction des échelles élémentaires de régulation politique collective » que sont les États. C'est la mise en place d'insécurités qui produisent de la terreur généralisée à l'ensemble des espaces stratégiques.

La Libye, le Sahel, la zone du Lac Tchad, la Centrafrique, le Congo Kinshasa, le Darfour, le soudan du Sud et la Somalie sont dans cette catégorie des États et espaces fragiles incapables de protéger d'énormes ressources stratégiques de leur sous-sol. Ces pays sont dans une situation très difficile à cause de la corruption, de l'incompétence et de l'aveuglement des gouvernants. Il est possible que toutes tentatives d'attiser les troubles dans ces territoires soient liées au contrôle et à la gestion chaotique de ressources. Le plan de jeu de déstabilisation vise à embourber certains pays dans des problèmes internes ou fondamentalismes.

La géopolitique de fragilité se dessine ainsi :

- la Libye est dans un chaos sans précédent depuis la chute du guide libyen Mouammar Kadhafi.
- l'Égypte et la Tunisie sont en guerre contre l'État islamique sur leur sol.
- le Sahel abrite des groupes djihadistes sous la coordination d'AQMI qui menace l'Algérie.

- la République Centrafricaine, le Darfour et le soudan du Sud sont embourbés dans des conflits ethniques et anarchiques.
- BokoHaram investit la zone du Lac Tchad à partir du Nord du Nigéria et du
-Cameroun.
- la République démocratique du Congo est un processus de déstabilisation
-Permanente.
- El Chebab menace l'Afrique de l'Est à partir de la Somalie.
- l'Afrique australe est pour le moment à l'écart de ce mouvement de perturbation stratégique, même si la piraterie maritime s'aventure dans ses eaux territoriales. Mais la question demeure : sa tranquillité est pour combien de temps ?

La libye, jadis la puissance montante de l'Afrique, est devenue l'ombre d'elle-même. L'intervention militaire occidentale, avec la complicité des pays arabes, pour protéger des civils et promouvoir la démocratie était une justification fausse pour la destruction systématique d'un État souverain et d'une nation solide.

L'ordre kadhafiste a laissé place aux désordres et au chaos avec une prolifération d'une dizaine de mouvements terroristes et de 1700 groupes de milices libyennes qui ont pratiqué la purification ethnique, le trafic d'organe de prisonniers et de migrants africains. L'Occident n'a pas géré les conséquences de son intervention : le séparatisme et l'ingérence des pays voisins, source de l'émergence de l'État islamique (EI) en Libye.

Avec l'effondrement de l'État, les groupes de milices se retrouvent dans une situation de force aidée par le jeu des tribus et des véreux Occidentaux. Deux parlements et gouvernements, l'État islamique qui tient Derna, Mokhtar Belmoktar présent au Fezzan, une multitude de chefs des groupes djihadistes avec sphères d'influence, les trafics criminels forment la chaîne du chaos propice à la consolidation de l'État Islamique. Les islamistes extrémistes, notamment l'Ansar Asharia à Benghazi et Darna, l'État islamique à Darna et à Syrte et le Conseil de Choura des jeunes de l'islam à Darna et Tripoli, rejettent le processus démocratique électif. Notons que la majorité des membres de ces groupes sont des étrangers professionnels d'actions terroristes et viennent de l'Afghanistan, de l'Irak, du Yémen, de la Syrie, de l'Algérie, de la Tunisie et de l'Égypte.

La guerre a complètement détruit des infrastructures de développement vitales, comme l'aéroport de Tripoli et la flotte aérienne. C'est dans ce contexte que la Libye vit au rythme d'une violence planifiée, chaotique et déstabilisatrice, avec un objectif de redistribution des rôles par la création du chaos réorganisateurs d'approvisionnement énergétique. C'est une forme d'économie politique et criminelle moderne qui génère les formes d'un terrorisme globalisé et généralisé.

Nous assistons chaque jour à un cortège d'horreurs avec une guerre hybride, asymétrique et de forte intensité. En Libye, le « chaos constructeur », inventé par des stratèges, fonctionne en plein régime et contamine d'autres pays voisins. L'opération militaire en Libye a eu des retombées calamiteuses : l'anarchie dans tout le Sahel. Elle a multiplié à la puissance 10 le phénomène terroriste dans le Maghreb, le Sahel et le Lac Tchad.

> « Notre système de colonisation consistant à ruiner l'Arabe, à le dépouiller sans repos, à le poursuivre sans merci et à le faire crever de misère, nous verrons encore d'autres insurrections ». Guy de Maupassant Au Soleil (1884).

L'« œuvre positive » de la colonisation a changé de nature sans changer de méthode. Tant que le droit international ne prévaudra pas dans les relations internationales et que toutes les ressources stratégiques des pays ne seront pas mobilisées au service des peuples, le chaos réorganisateur perdurera comme stratégie d'exploitation des faibles par les puissants.

L'axe Centrafrique, Darfour, soudan du Sud et Somalie, à quelques exceptions près de terrorisme shabab, est dans la même logique d'implosion intérieure encouragée par des éléments extérieurs. Ce sont toujours des pays à genoux dont la détermination à ne pas se laisser déstabiliser n'est pas au rendez-vous pour le moment. L'instabilité et les guerres ont permis aux vendeurs d'armes et prédateurs de s'enrichir facilement. La guerre est un très gros business bien juteux pour les réseaux mafieux tandis que les pauvres types s'entre-tuent sans raison objective. Nous sommes là en présence des réseaux complexes, dont les logiques ne seront pas forcément complémentaires.

Le Sahel et l'espace du Lac Tchad subissaient des actions terroristes par procuration. Les fondamentalistes passent de l'état de terroristes, parrains de la mafia ou trafiquants de drogue, à celui de combattants amoureux de l'islam et du Kalifa, sans que pour autant rien dans leurs actes et comportement ressemble à la religion musulmane. Le fondamentalisme et l'islamisme sont utilisés comme des outils de déstabilisation au service de la guerre hybride. La zone de la triple frontière du Mali, du Niger et du Burkina Faso a été transformée par les factions djihadistes en véritable plaque tournante du terrorisme et un fief des différents mouvements extrémistes. Cela justifie la présence des troupes étrangères qui s'impliquaient dans une guerre contre les groupes terroristes opérant dans de vastes zones transformées en zones de non-droit où règne le trafic, la terreur et le crime organisé. La manipulation du terrorisme est un outil efficace pour l'influence extérieure et le contrôle des espaces stratégiques.

La République démocratique du Congo est le deuxième pays d'Afrique par la taille avec 2, 3 millions de km^2 ; c'est le quatrième par la population avec 86,79 millions d'habitants (1919). Avec ses immenses ressources minérales et pétrolières, le Congo est considéré comme l'un des pays les plus riches du monde. Et pourtant c'est l'inverse, elle est aujourd'hui l'un des pays les plus pauvres du monde en raison de l'exploitation, de la corruption et de guerres, qui durent depuis des décennies. Il possède 10 % des gisements de cuivre du monde, 30 % des diamants, 30 % d'uranium, 70 % des gisements de minerai de fer et surtout 50 % du cobalt requis dans le monde entier. Rappelons que le cobalt est un minerai indispensable pour l'industrie électronique et de l'armement qui dépendent de cette matière. Presque tous les équipements militaires, les voitures, ordinateurs, téléphones portables ou autres appareils électroniques contiennent du cobalt du Congo. Certaines analyses stratégiques stipulaient clairement qu'il serait impossible de faire la guerre sans le cobalt du Congo. D'où la raison principale de sa déstabilisation permanente.

Pour ces raisons, la gouvernance des richesses naturelles devient un terrain d'action violente. La course aux minerais s'accompagne d'un cortège de malheurs : des populations vivent sur les territoires convoités par les entreprises, légales et illégales, imposant la loi de la jungle ; la corruption étatique considère le sous-sol comme un compte bancaire personnel de ses quelques dirigeants, laissant ses ouvriers non protégés sombrer dans une pauvreté scandaleuse ; la prolifération des groupes armés avec des guerres interminables et les violations des droits de l'homme liées à l'exploitation sauvage des ressources naturelles.

Ces exploitations n'ont jamais profité à la majorité du peuple congolais à cause du défaut d'application des principes élémentaires de bonne gouvernance et de transparence, corollaire d'une impunité et d'un enracinement généralisé de la corruption, entretenus par les institutions publiques concernées dans l'exploitation et la commercialisation de ces richesses naturelles. Le gouvernement joue donc le jeu de l'hypocrisie face à la communauté internationale, en ne prenant pas des dispositions utiles et durables en ce qui concerne l'interdiction d'accès aux gisements mortifères. En est-il Capable ? La réponse est malheureusement non pour un pays sans armée ni services de sécurités capables d'assurer un minimum de sécurité nationale et de protection des frontières. Cela favorise des circuits mafieux tenus par des étrangers qui investissent dans l'exploitation illégale de ressources avec la complicité active des pouvoirs publics ou des groupes armés à la recherche des gains faciles et d'enrichissement illicites.

Cette façon de faire la politique laisse penser, s'il en était besoin, que nous sommes en présence de stratèges dilettantes et d'apprenti sorciers qui font de la manipulation géopolitique sans mesurer les conséquences de leurs décisions. De nombreuses guerres civiles contrôlées de la même manière par des réseaux mafieux suivaient cette logique dommageable pour le pays et sa population. Le Congo est en ligne de mire en raison de ses ressources stratégiques et en proie à des troubles sanglants dans le but de déstabilisation perpétuelle pour contrôler ses ressources minières et pétrolières.

Nous avons fait référence aux situations de fragilité en Libye, au Sahel, en axe RCA- Somalie, dans le bassin du Lac Tchad et en RDC. Ces exemples de faillites chaotiques font exploser la théorie classique des conflits.

> « L'opposition paraît même irrémédiable, car le terroriste/guérillero désire un changement radical de la société, là où le prédateur souhaite de la stabilité sociale et politique, pour développer une relation parasitaire et symbiotique avec l'ordre en place. Toujours selon cette conception classique de la césure entre entités terroristes et criminelles, et en croisant les paramètres argent et politique, on obtient l'équation suivante : pour le crime organisé, l'argent est un but (enrichissement) et la politique un moyen (corruption), alors que pour le groupe terroriste l'argent est un moyen (financement) et la politique un but (prise ou destruction du pouvoir). », Nicolas Bonnal, 2017.

C'est dans cette interface entre les logiques géoéconomiques et géopolitiques que se situe le processus hybride, diversifié et complexe de destruction et de fragilisation des États. Ces évolutions anomiques et mortifères sont choses bien trop sérieuses pour être abandonnées aux seuls économistes et à leur approche purement comptable qui devient l'idéologie dominante. L'ouvrage d'Ammar Belhimer met à jour les aiguillages géopolitiques qui permettent leur « saisissement » critique : « les nouveaux sujets qui supplantent les États que sont les entreprises financières souveraines sont l'expression d'un modèle mafieux généralisé marqué par une militarisation de la pensée économique et l'articulation directe – hors territoire – de la violence sur l'économie ». Il est préférable de se battre pour sa souveraineté, plutôt que de devenir une terre brisée, humiliée et déstabilisée par la complexité mafieuse.

Déstabilisation de l'Afrique par la « coopération géomafieuse ».

La notion géomafieuse désigne des rapports systémiques des élites internationales et nationales avec la sphère criminelle pour contrôler des espaces de ressources stratégiques. Elle permet de mettre en lumière l'existence de « zones grises » où des liens obscurs se tissent entre des prédicateurs religieux et des élites politiques, économiques, financières, militaires, etc., qui collaborent avec des organisations islamistes pour tirer profit de leurs services sans appartenir à leur mouvement. Ce pacte se traduit par le déplacement du djihad et de la croisade de leurs territoires originels pour déstabiliser l'Afrique sous forme de terrorisme et d'opération anti terroriste qui unit certains acteurs prédateurs ayant pignon sur rue, connus et appréciés de leurs pairs et des médias, mais qui, en coulisses, n'hésitent plus à profiter de la main invisible du terrorisme pour conduire leurs affaires.

Dans cette déstabilisation stratégique chaotique, l'islamiste salafiste joue un rôle d'idiot utile. C'est ce que j'appelle la « coopération géomafieuse ». Les entités dangereuses et terroristes ne peuvent plus se ranger dans des catégories uniques, ou politiques ou criminelles. Un phénomène de mélange et de croisement s'est opéré entre le trafiquant, le corrompu, le terroriste, l'économique et le politique. Telle est la définition de la géomafieuse. L'exemple de Secte islamiste de BokoHaram au Nigéria est symptomatique de cette catégorie. Elle est sur des espaces riches en matières prermières. Elle est outillée idéologiquement et financée par les monarchies du Golfe. Elle reçoit des armes neuves de l'Occident. Elle corrompt l'armée nigériane pour se procurer des armes et des informations sensibles. Les politiques l'utilisent pour se faire élire sous l'aspect sécuritaire.

L'Union Africaine organise une force régionale sans moyens pour combatte la secte. La communauté internationale (l'Occident) équipe et conseille militairement cette force. Dans ce processus, la « coopération géomafieuse » des prédateurs de l'Afrique joue en plein régime.

L'Occident et l'Orient sont presque d'accord tacitement pour utiliser le terrorisme comme un outil géopolitique d'influence et de contrôle de l'Afrique. En réalité, les mouvements islamistes – fondamentalistes et terroristes- dépendent d'un tentacule des réseaux multinationaux de sponsors en Occident et de fournisseurs en Orient. Il y a également des parrainages partout dans le monde (y compris en Afrique) de ces mouvements qui sèment la terreur par procuration. Et l'Afrique, par naïveté, sollicite l'aide des pyromanes, qui deviennent pour l'occasion des pompiers, pour combattre le terrorisme sur son sol.

L'intervention occidentale en Libye montre une réalité double : une guerre artificielle fondée sur le droit d'ingérence associée à une vraie guerre de fond de déstabilisation.. L'anéantissement d'une puissance libyenne provoque le dysfonctionnement de l'Union Africaine et casse l'émergence d'une Afrique puissante. C'est généralement la guerre artificielle qui est analysée et commentée par les spécialistes qui oublient assez rapidement que les acteurs jouent plus ou moins un scénario complexe, avec les djihadistes dans le rôle des méchants, et l'opération anti terroriste dans celui de justicier. Ce double scénario de guerre artificielle associée à une guerre de fond rentre parfaitement dans une logique de « coopération géomafieuse ». La guerre de fond, la vraie, se déroule en parallèle de la guerre artificielle qui lui permet de se positionner et de déployer progressivement sa stratégie de contrôle de ressources naturelles. Partant du fait qu'une guerre de fond ne pourrait avoir lieu sans l'existence des groupes de terroristes incontrôlables, l'Afrique devrait prendre des mesures chocs de les éradiquer.

Nous assistons à une redistribution des rôles avec des chaos réorganisateurs dont les nouvelles tectoniques géopolitiques ou les variables d'ajustement d'une configuration vers une autre ne sont plus à la recherche d'espace vital, mais plutôt des matières premières qui font l'objet de toutes les sollicitudes. Pour les ressources naturelles, il n'y a pas 36 solutions ou c'est le soft power à la chinoise avec le slogan « winn-winn » où c'est le hard power de la démocratie aéroportée pour les peuples à qui on apportait les lumières de la liberté au besoin en les éclairant au napalm, avec au passage, comme dîme de les dépouiller de leurs richesses.

Dans cette reconfiguration, un ensemble qui n'est pas en état d'assurer sa propre défense ni de définir une ligne politique commune risquerait de se désintégrer à l'occasion d'une crise internationale. C'est malheureusement le cas de l'Afrique. Après l'assassinat du Colonel Mouammar Kadhafi, la création des États-Unis d'Afrique, qui était en cours et qui aurait jeté les bases d'une indépendance continentale, a été court-circuitée. La prise en mains des peuples africains par eux-mêmes, prévue dans la Charte de l'Union Africaine, n'est plus qu'un souvenir. Parce que certains chefs d'États africains préfèrent la collaboration avec les puissances extérieures.

La période des guerres de libération avec son cortège des conflits anarchiques cède la place à une période de « guerre hybride » avec une géopolitique du terrorisme reposant sur les trois présomptueuses théories suivantes :

- l'hétérogénéité ethnique avec le développement des mouvements djihadistes conduit inévitablement à la guerre totale en Afrique. La complexité ethnique, linguistique, religieuse et sociale des populations devient source de fragilité dans un contexte de pauvreté et d'injustice qui accroît les troubles et les révoltes.
- les théories de la « faillite des États » tendant à réduire les fragilités à de simples décalages chronologiques dans un mouvement universel orienté vers la gouvernance solide et la puissance publique. Il n'y a pas d'État fort sans une police forte.
- les richesses et la faiblesse des institutions publiques augmentent les fragilités et le risque de terrorisme. Il y a la fragilité globale liée à la faiblesse structurelle et opérationnelle des institutions. Cela nourrit l'apparition ou l'existence des autres fragilités liées à des conflits anarchiques, communautaires ou religieux.

La liste des principales menaces pour l'Afrique montre que le terrorisme par procuration est la menace la plus importante pour certains pays africains. Le terrorisme donne à l'Afrique une opportunité pour trouver qui est ses amis et de manière plus importante, qui étaient ses ennemis. On sait pertinemment qu'il servait d'un agent provocateur géopolitique qui fait sortir du mimétisme tous les ennemis du continent afin de l'exploiter. Après les stigmates de la colonisation, l'Afrique est maintenant un champ d'expériences et de commerce d'armes aux profits juteux. Si la terre ne produit rien ou n'est pas un lieu éco militaro stratégique, ses habitants ne sont définitivement plus rien ; pas de chance pour eux d'être nés sur la mauvaise planète ! Si elle dévoile un sous-sol aux richesses jusqu'alors insoupçonnées (comme le coltan en République démocratique du Congo par exemple), les commerciaux bienveillants réapparaissent, soudoient leurs complices locaux et exploitent sauvagement le sous-sol après avoir exploité ceux qui vivaient à la surface, créant, au milieu du chaos, des oasis lucratives bien protégées.

L'Afrique subsaharienne perd environ 100 milliards de dollars de taux d'Epargne Nette Ajustée (ENA) chaque année parce que c'est « la seule région ayant des périodes de revenus nationaux bruts négatifs ». Cette perte est liée à l'exploitation sauvage des ressources naturelles dont la pratique s'apparente à la « philosophie géo mafieuse ». Un nouveau rapport de la Banque Mondiale, The Changing Wealth of Nations 2018, montre à quel point l'Afrique s'appauvrit grâce à l'extraction effrénée de minéraux, de pétrole et de gaz. Pourtant, les politiques et les pratiques de la Banque restent orientées vers l'application des remboursements de prêts étrangers et le rapatriement des bénéfices des sociétés transnationales (STN), maintenant ainsi le pillage. L'épuisement des ressources, comme le principal facteur de réduction de la richesse de l'Afrique, augmente la fragilité voire la faillite passagère des États concernés. On ne peut plus continuer à ignorer l'impact négatif de l'exploitation sauvage sur la sécurité nationale, notamment à travers les conflits d'usage de l'espace qui provoquent à leur tour les conflits communautaires ou éthniques.

Les acteurs politiques et militaires égyptiens se sentent en perte de vitesse face au terrorisme qui encercle l'armée de toute part : dans le désert occidental, dans le Sinaï et dans les grandes banlieues du Caire. L'armée égyptienne est une des premières armées d'Afrique. Ses méthodes sont très expéditives et s'accommodent très peu de droits de l'homme. Ceci ne lui a pas permis d'éradiquer ou d'exterminer cette menace émergente ni d'empêcher une éventuelle jonction des radicaux du Sinaï avec les groupes armés de Libye et du Sahel, un scénario assez probable sur le court terme lorsqu'on ne constate l'échec de l'Occident au Sahel et la persistance du chaos en Libye. Au niveau africain, nous devons comprendre que la lutte commune contre le terrorisme est aussi une bataille existentielle pour l'Afrique.

La guerre hybride vise deux objectifs stratégiques et géopolitiques : contrôler des ressources stratégiques et perturber des projets chinois des « Routes de la soie » de développement des infrastructures en Afrique orientale. Il s'agit clairement de contrecarrer l'expansion chinoise tout en affaiblissant l'Afrique. La protection militaire des infrastructures créées sera l'un des défis majeurs des pays surtout fragiles.

Les États doivent être en mesure d'affronter l'ennemi invisible qui développe des systèmes de guerre asymétrique. Il faudra plancher sur une doctrine contenant des « consignes de préparation et de réalisation d'opérations sécuritaires » en cas de guerre hybride. Cette doctrine est un moyen généraliste applicable à tout moment à la lutte contre des organisations déstabilisatrices qui utilisent des moyens de renseignement et des armements modernes. Ce document est indispensable dans le cadre d'une guerre éventuelle avec des mouvements djihadistes. En plus d'une doctrine militaire et sécuritaire, les pays doivent s'acquérir des informations sur le financement, la formation et l'équipement de terroristes et de milices fondamentalistes pour couper leurs sources de vivre à la racine.

La volonté, le courage et la détermination sont essentiels pour la conquête de la souveraineté et de la puissance pour éviter le contrôle de nos pays et le vol de nos ressources naturelles. Nous recommandons une rupture diplomatique de l'Union Africaine avec les pays qui financent ou soutiennent le terrorisme sur le sol africain. La rationalité géopolitique exige que les pays s'inscrivent dans une vision de très long terme qui s'inscrit dans une stratégie d'ensemble de puissance.

Conclusion

Les grands équilibres géopolitiques et stratégiques se jouent aussi en Afrique sans les Africains.

> « Nous devons garder à l'esprit que le terme et la notion de sécurité impliquent généralement l'idée de protection et de sécurité face à différentes menaces possibles venant de l'extérieur », Vladislav B. Sotirović, 2017.

La menace stratégique que représentent l'intérêt et la concurrence des puissances pour contrôler des ressources africaines n'est pas étrangère à des situations de fragilités observées et/ou projetées. D'un point de vue géopolitique, l'origine des situations de fragilités est claire. Dans chaque cas, les racines peuvent être attribuées aux guerres catastrophiques depuis la fin de la guerre froide pour contrôler les ressources stratégiques et à la mauvaise gouvernance des États africains qui produisent la pauvreté, le désespoir, les inégalités et les violences. Il en résulte une catastrophe politique et sociale qui fournit un sol fertile pour la prolifération des groupes armés et des individus terroristes. La meilleure façon de se débarrasser de la « terreur » est de traiter les peuples avec dignité et de préserver leurs droits fondamentaux.

La Libye fut détruite et laissée au chaos des milices et terroristes au nom de la démocratie et de la liberté. Le refus de prendre les décisions qui s'imposent quand on court à la catastrophe favorise la prédation des ressources stratégiques et aggrave la faiblesse structurelle des institutions publiques. La menace vient des entreprises virtuelles, des agents de déstabilisation et, encore une fois, de l'incapacité du système politique et sécuritaire local à protéger les frontières et à conserver sur place des fonds générés par ces ressources et à les placer dans des paradis fiscaux.

Le pilotage cybernétique des États africains n'est plus adapté aux enjeux géopolitiques de puissance. La convoitise et la prédation constituent une menace permanente pour la sécurité des États fragiles. L'enjeu est de savoir comment en sortir des situations de fragilités pour amorcer une dynamique de développement et de puissance. Il faut renforcer des mécanismes de protection et de sécurité nationale avec l'implication des populations des zones d'intérêts stratégiques.

Le terrorisme est une menace existentielle pour l'Afrique. La gouvernance sécuritaire recommande que les pays aient besoin de « mieux d'État », c'est-à-dire d'une police forte centrée sur des tâches essentielles de protection de la population et des institutions publiques, et d'une armée nationale capable de protéger des frontières et de combattre les ennemis visibles et invisibles. Cependant, les ressources étant au cœur des enjeux de puissance entre les nations du monde, les États dits fragiles doivent faire preuve d'inventivité pour créer des États forts avec un peuple uni. Leur intérêt est de construire leur influence, leur puissance et leur vision d'une vraie stabilité inclusive.

ÉTUDES

Vers une réappropriation et une endogénisation progressive des concepts et valeurs de gouvernance en Afrique

Stéphane Monney Mouandjo
Directeur général du CAFRAD

Je voudrais tout d'abord sacrifier à une tradition à savoir vous dire le plaisir et l'honneur qui est le mien d'être ici une fois encore dans cet environnement que je connais heureusement plutôt assez Cet environnement que j'ai heureusement eu l'occasion de connaître en d'autres occasions et heureusement dans des cadres similaires d'échange et de partage autour des thématiques toujours aussi pertinentes et heureusement polémiques mon ami et frère le Professeur Harakat sait si souvent nous en créer.

Ma joie est tout aussi grande parce que comme souvent le professeur Mohamed Harakat qui nous réunit n'a jamais manqué l'occasion de m'associer à ces discussions importantes qui engagent de plus en plus notre espace ou nos espaces géographiques et le monde dans le contexte que nous connaissons à savoir la reconfiguration progressive du monde ou plus dans un contexte de dépolarisation et de repolarisation progressive des espaces et centres de décision à l'échelle internationale.

Cette tension actuelle appelle de notre part à l'évidence une réflexion et une réflexion nécessaire à divers égards parce qu'elle nous entraine dans un ensemble de choix indispensables à la compréhension des dynamiques actuelles ; mais surtout dans cet effort constant et nécessaire d'opérer des choix judicieux à la fois pour nous-mêmes et pour les peuples et les générations que nous avons la charge de conduire pour certains d'entre nous ; d'éclairer d'accompagner et de servir à la fois.

La thématique choisie disais-je est particulièrement judicieuse et opportune bien que ne manquant pas de mon point de vue de susciter quelques controverses ou polémiques selon l'angle d'analyse que l'on pourrait prendre à l'occasion. Mais ce caractère polémique à certains égards ne lui enlève en aucune manière son intérêt ! Je serais d'ailleurs tenté de dire qu'il le renforce heureusement.

Discuter en effet de la gouvernance et fragilités en Afrique et au Moyen-Orient peut renvoyer à certains a priori à savoir, notamment, que la question de la gouvernance dans ces deux espaces serait sinon vouée à l'échec, du moins, qu'elle y subirait une épreuve qui la rendrait sinon non viable du moins difficilement viable dans ces environnements en raison d'un ensemble de considérations spécifiques, qui seraient ou pourraient être, incompatibles ou peu compatibles, avec les logiques qu'imposerait l'idée de gouvernance. Cela serait, de notre point de vue, une approche culturaliste de l'idée de gouvernance, lorsqu'elle est aux prises avec les environnements et contextes différents de son espace dit originel.

Le deuxième élément de controverse de notre point de vue renvoie ou pourrait renvoyer, en l'occurrence, à une lecture ontologique, axiologique, téléologique de l'idée de gouvernance et de l'idée de fragilité dans ces deux espaces choisis. En effet, Mesdames et Messieurs, la présente thématique nous conduit à discuter de l'idée de fragilité, comme l'auraient envisagé les stoïciens c'est-à-dire 'en soi ou pour soi' autrement les fragilités objectives ou des subjectives ou les fragilités relatives.

Sans vouloir rentrer dans ces subtilités dont je suis tout à fait certain que la qualité des présentateurs et exposants nous permettra d'appréhender plus aisément ; je pense, en revanche, devoir dire, modestement, que la question de la gouvernance, dans ces deux espaces, face aux fragilités réelles ou supposées de ces deux espaces choisis, mérite, d'être abordée, avec autant de rigueur, que de lucidité nécessaire, j'allais dire, au fond, avec ce qu'il est désormais convenu d'appeler au CAFRAD 'Responsabilite'.

Il ne faut pas du tout y voir Mesdames et Messieurs, chez moi la tentation prétentieuse d'un point de vue moralisateur ; loin s'en faut !

Il s'agit tout simplement, de dire, que depuis des années maintenant, le CAFRAD a mis en place un concept dit de la gouvernance responsable, par opposition au concept peu lisible et peu compréhensible de « bonne gouvernance » considéré comme chargé de relents culturaliste, uniformiste, voire conforme à la tradition universaliste d'une certaine idée du monde.

Cette récusation d'une lecture linéaire et uniformiste du monde à partir d'une axiologie autocentrée, a donné lieu, à l'émergence de cette approche nouvelle, assise sur l'affirmation et la revendication de la réalité de la diversité ainsi que de la complexité du monde, induisant, un nécessaire recalibrage des concepts à partir de cette réalité.

Voilà pourquoi, notre présence dans cette agape du savoir, constitue une opportunité et une exigence à la fois éthique, politique et intellectuelle, parce qu'elle nous permet une fois encore, de nous poser la sempiternelle question de notre propre rapport à nous-mêmes pour mieux comprendre notre rapport au monde et avec le monde.

En réalité, Mesdames et Messieurs chers collègues et amis, l'enjeu de cette rencontre est de notre point de vue crucial. Il est plus question pour nous aujourd'hui, de savoir comment nous nous percevons dans le monde tel qu'il est et tel que nous le souhaiterions dans le futur que de redire ce qu'il est jusqu'alors avec la charge culturaliste que nous connaissons.

J'espère, pour ma part, et je souhaite de tout cœur, que les importantes discussions de ces assises, nous permettront d'y voir plus clair et de faire de nous, de véritables architectes de nos systèmes de gouvernance et de véritable contributeurs à la construction d'une gouvernance universelle plus réaliste, intégrant, en effet, les particularismes objectifs et parfois imaginaires qui, bien souvent, grèvent de façon profonde, notre commun rapport à nous-mêmes et au monde.

Le CAFRAD, notre institution, considère, pour sa part, que le premier effort est dans la reconnaissance et l'assomption de soi, à travers une réappropriation et une endogénisation progressive des concepts et valeurs, pour les rendre plus conformes avec la réalité de leurs espaces.

Il nous semble difficile, de penser une gouvernance qui soit bonne en soi ou mauvaise en soi. Il ne devrait y avoir que de système de gouvernance responsable qui, en fonction de la variété et de la variabilité des contextes et des problèmes à résoudre, s'adapte, avec pour finalité ultime, d'y apporter des solutions efficaces et durables.

Voilà pourquoi, les deux des piliers majeurs de la gouvernance que nous défendons sont : l'authenticité et l'universalité, autrement dit, l'assomption de soi et la tension constante vers l'autre et les autres.

Je souhaite que les discussions de ces travaux permettent d'enrichir et de compléter ces modestes propositions qui, je l'espère renforceront chez nous comme ailleurs une pratique plus intégrée et plus pertinente encore de la gouvernance dans un environnement de plus en plus complexe et multiforme.

Je voudrais renouveler mes remerciements au professeur Harakat ainsi qu'à tous les panélistes et vous redire tous l'intérêt que le CAFRAD accorde à ses assises tout en vous souhaitant à tous d'excellents travaux.

ÉTUDES

La cohérence des politiques publiques : quelle contribution à la consolidation du développement économique de l'Afrique ?

Mohamed Moëz Yaïche
URED, Université de Sfax, Tunisie

Résumé

L'objectif de ce travail est d'étudier la contribution de la cohérence des politiques publiques à la consolidation du développement économique des pays africains à travers l'évaluation de l'interdépendance de leur politique et de leur coordination aussi bien à l'intérieur de leurs structures institutionnelles internes ou continentales.

Mots-clés : Politiques publiques, recherche, développement économique, cohérence.

Abstract

The objective of this work is to study the contribution of the coherence of public policies to the consolidation of the economic development in the African countries through the evaluation of the interdependence of their policies and their coordination both in the within their internal or continental institutional structures.

Keywords: Public policy, research, economic development, coherence.

Introduction

Depuis le début du XXIème siècle, l'Afrique a vu sa performance économique s'améliorer de façon remarquable en enregistrant une croissance économique accélérée. En moyenne, cette croissance était supérieure à 5 % par an (une moyenne de 5, 6 % entre 2002 et 2008)[1] Elle a même atteint 11 % dans quelques pays. Ce qui fait qu'au cours de la première décennie de ce siècle, l'Afrique est classée comme étant la deuxième région ayant la plus forte croissance au monde, juste derrière l'Asie de l'Est. Ensuite, malgré un remarquable ralentissement de la croissance en 2009 (2, 2 %) sous l'effet de la crise financière mondiale puis, en 2011 (3, 5 %) en raison de la transition politique en Afrique du Nord, la croissance du continent a fortement rebondi encore une fois pour atteindre 6, 6 % en 2012. Enfin, ces dernières années, elle s'est relativement réfrénée, enregistrant 3, 7 % en 2013 et 3, 9 % en 2014.[2]

En réalité, cette croissance économique remarquable a été favorisée par une série de facteurs, notamment les prix relativement élevés des produits de base, la consolidation de la demande intérieure liée à l'augmentation des revenus et à l'accroissement des dépenses publiques (particulièrement en faveur de l'infrastructure, et aux services sociaux), l'augmentation de la production agricole et surtout une amélioration, certes lente, mais progressive de la gouvernance et de la gestion des plans politique et économique.

Paradoxalement, cette croissance « respectable » n'a pas contribuée à la consolidation du développement économique et social de l'Afrique, et n'a pas pu résoudre ses problèmes économiques « chroniques ». De ce fait, malgré la divergence remarquable entre les situations économiques des pays africains, on enregistre une grande similitude concernant les problèmes économiques qu'ils subissent. En effet, cette croissance économique rapide ne s'est pas traduite par des réductions significatives des niveaux de la pauvreté et surtout n'a pas généré des emplois en masse. Donc, l'ensemble des pays africains continue à supporter des taux de chômage élevés. En plus, presque 70 % des Africains gagnent leur vie en exerçant un emploi précaire, du fait que ces économies continuent de dépendre fortement de la production et de l'exportation de produits primaires. Le caractère non inclusif de

---

[1] Rapport économique sur l'Afrique 2013, Nations Unies, Commission Économique pour l'Afrique, Addis-Abeba, Éthiopie..

[2] Rapport économique sur l'Afrique 2015, Nations Unies, Commission Économique pour l'Afrique, Addis-Abeba, Éthiopie. Banque Mondiale, 2010.

cette croissance économique, l'absence de l'infrastructure dans les zones rurales, l'accès limité à l'éducation et le travail généralisé des enfants sont les principaux déterminants de la pauvreté rurale en Afrique (la proportion de la population vivant avec moins de 1,25 $ par jour est aux alentours de 40 %).[3] Cette pauvreté génère, à son tour, d'autres corrélats tels que la famine ou la mal nutrition, la mortalité infantile et maternelle et les maladies transmissibles, etc.

Pour récapituler, la plus grande faiblesse de la croissance actuelle de l'Afrique réside dans son incapacité à créer suffisamment d'emploi, son incapacité de promouvoir la transformation structurelle et, enfin, son incapacité de soutenir la compétitivité.

Le problème c'est que malgré l'effort fourni par les pouvoirs publics africains pour améliorer la qualité de la croissance et remédier à ses faiblesses, l'Afrique reste toujours à la traîne des pays en développement. Aujourd'hui, le défi majeur qui se pose aux pays africains est de savoir comment concevoir et mettre en application un ensemble de politiques publiques cohérentes pour qu'elles soient suffisamment efficaces pour promouvoir l'industrialisation et la transformation économique. De ce fait, l'objectif principal de notre travail est d'étudier la contribution de la cohérence d'un ensemble de politiques publiques (la politique éducative, la politique d'innovation et de recherche, la politique industrielle, la politique commerciale et la politique d'emploi) à la consolidation du développement économique des pays africains.

Notre travail sera organisé en trois sections. Dans la première section, nous allons montrer comment les modèles de la croissance endogène peuvent représenter un cadre théorique approprié pour étudier la question d'interdépendance des politiques publiques et montrer comment la performance économique est dépendante de ces politiques. La deuxième section sera consacrée à l'analyse des politiques publiques menées par les pays africains dans le but de dégager les insuffisances en termes de cohérence et par suite repérer les grands défis que les pays africains sont appelés à lever. La troisième section a comme objectif de tirer les leçons de l'expérience de l'Asie de l'Est en matière de développement économique et de coordination des politiques publiques, et de montrer le rôle crucial qu'a joué « l'État développeur » dans l'industrialisation et le développement de ces NPI. Enfin, dans une dernière section nous allons, dans un premier temps insister

[3] Selon la FAO et le PAM (Programme Alimentaire Mondial), environ 30 % de la population totale de l'Afrique subsaharienne était sous-alimentée en 2010.

sur l'utilité de l'instauration d'un cadre institutionnel puissant en matière de coordination des politiques publiques chapoté par un « État développeur » ; puis dans un deuxième temps suggérer quelques recommandations en termes de politiques publiques telles que le renforcement des mécanismes de formation du capital humain (car la politique éducative représente la base des autres politiques publiques) et l'instauration d'une politique de recherche et d'innovation adéquate, car c'est elle qui fait le lien entre la politique éducative d'une part et les autres politiques publiques d'autre part.

L'interdépendance des politiques publiques : les modèles de croissance endogène comme un cadre théorique approprié

En réalité, grâce à leur réhabilitation du rôle de l'État dans la promotion de la croissance économique, les modèles de la croissance endogène peuvent représenter un cadre théorique approprié pour étudier la question d'interdépendance des politiques publiques.

Contrairement à l'approche keynésienne de court terme, où l'effet des dépenses publiques passe par les mécanismes de demande, dans ces nouveaux modèles de long terme, l'effet des dépenses publiques passe par les mécanismes d'offre. De même, dans ces nouveaux modèles, les dépenses publiques productives sont distinguées des dépenses publiques non productives. Ensuite, pour les keynésiens, la performance économique consiste à la stabilisation de l'activité économique, alors que dans ce nouveau cadre théorique ce concept signifie la promotion de la croissance économique. Enfin, dans ce nouveau cadre théorique, l'intervention publique est justifiée par quatre facteurs : *i)* la présence d'externalités dans quelques activités, *ii)* la sous - optimalité de l'équilibre concurrentiel à cause de la non- internalisation de ces externalités par les agents économiques, *iii)* la croissance des rendements issus de ces externalités et *iv)* l'existence de coûts fixes élevés dans quelques activités.

Dans cette première section nous allons montrer dans un premier temps comment la performance économique[4] est dépendante d'un ensemble de politiques publique. Dans un deuxième temps, nous traiterons la question d'interdépendance de ces politiques.

[4] Dont particulièrement le niveau d'investissement réalisé, la croissance économique et la création d'emploi.

Politiques publiques et performances économiques

Les nouvelles théories de la croissance économique[5] sont caractérisées par : *i)* la possibilité de générer une croissance économique auto-entretenue, *ii)* l'endogènéité de la croissance économique et *iii)* la multiplicité des sources.

Les modèles canoniques de la première génération sont au nombre de quatre. Ils supposent que plusieurs formes d'investissement peuvent générer la croissance économique à long terme. Dans chaque modèle, la performance économique est dépendante d'une ou plus qu'une politique publique.

Dans le modèle de Römer (1986), la croissance économique est expliquée par l'accumulation du capital physique. Ce comportement économique peut être encouragé par une politique publique de subventionnement. Il s'agit de la politique industrielle, car la subvention pousse les entreprises à internaliser les externalités générées par l'activité d'investissement et de production.

De même, dans son modèle, Lucas (1988) explique la croissance économique par l'investissement en matière du capital humain. Dans les pays en développement, le financement de cette activité est essentiellement public. Donc, la performance d'une économie est fortement influencée par la politique publique dans ce domaine, en quelque sorte, la politique éducative.

De leur côté, Römer (1990) et Aghion et Howitt (1992) considèrent que l'investissement en Recherche-Développement peut promouvoir la croissance économique par la production du progrès technique. Donc, la performance économique d'un pays est fortement dépendante de sa politique d'innovation.

Enfin, Barro (1990) a développé un modèle dans lequel il a étudié théoriquement le rôle des dépenses publiques productives, dont particulièrement en infrastructures dans la croissance économique. Ce modèle montre aussi que la performance économique d'un pays[6] est toujours dépendante de sa politique publique.

Dans une deuxième génération, les partisans des modèles de la croissance endogène ont défini deux nouvelles sources. Pagano (1993) a développé un modèle qui étudie l'impact du développement financier sur la croissance économique. Puisque c'est l'État qui con-

[5] Développées à la fin des années quatre-vingt du dernier siècle pour dépasser les limitées du modèle de croissance néoclassique traditionnel.

[6] Investissement privé, croissance économique et par conséquent niveau d'emploi.

tribue et qui contrôle le développement du système financier, donc la performance économique est dépendante de la politique publique. [8] De même, Grossman et Helpman (1991) ont étudié le rôle de l'ouverture à l'extérieur dans la promotion de la croissance économique. Donc, la performance d'une économie est dépendante de sa politique commerciale extérieure.

En réalité, l'objectif principal de l'investissement et de la génération de la croissance économique est la création d'emplois. Certains experts supposent qu'à chaque point de pourcentage de croissance économique correspond à un certain nombre de postes d'emploi. Tout cela montre que la performance d'une économie en matière d'investissement, de croissance économique et de création d'emplois dépend de ses politiques publiques dans plusieurs domaines.

Dans l'ensemble, la performance d'une économie est dépendante d'un ensemble de ses politiques publiques, dont particulièrement la politique éducative, la politique industrielle, la politique d'innovation, la politique commerciale et la politique d'emploi[7]. La question qui se pose alors, quelle est la relation entre ces différentes politiques ?

L'interdépendance des politiques publiques

Réellement, les liens entre ces différentes politiques publiques sont multiples. Dans ce travail, nous allons insister sur les grands liens directs entre les principales politiques publiques déjà évoquées.

Premièrement, la politique d'innovation est fortement dépendante de la politique éducative. En effet, la production de l'innovation technologique dans l'activité Recherche- Développement exige la disponibilité d'un niveau minimum du capital qui est produit par le système éducatif. De même, si la qualité de ce capital humain est dépendante de la politique éducative adoptée, sa rentabilité dans l'activité Recherche-Développement est aussi dépendante de la politique d'innovation adoptée par le gouvernement. Donc, la réussite de la politique d'innovation est dépendante de celle de la politique éducative et vice-versa.

Deuxièmement, le lien entre la politique industrielle et la politique d'innovation est très fort. Ainsi, une politique industrielle performante doit-être axée sur l'innovation. De même, en l'absence d'un fort processus d'industrialisation, une grande partie de l'innovation se trouve inutile. Donc, pour réaliser des performances économiques, le gouver-

[7] Dont particulièrement la politique bancaire et financière.

nement doit tenir compte de l'interdépendance de ces deux politiques publiques.

Troisièmement, l'efficacité de la politique commerciale[8] d'un pays est dépendante de son niveau de compétitivité. Sachant que la compétitivité d'une économie est dépendante de la politique industrielle adoptée, l'efficacité de la politique commerciale et dépendante de la réussite de la politique industrielle menée par les autorités publiques dans ce pays. En plus, l'efficacité de la politique industrielle est dépendante de celle de la politique commerciale qui lui ouvre d'autres horizons de développement et d'applications.

Enfin, la réussite de la politique d'emploi est dépendante de celle de toutes ces politiques. En effet, la création d'emplois de qualité exige un système éducatif performant[10], une politique industrielle adéquate basée sur l'innovation et une économie compétitive et ouverte à l'extérieur dans un contexte de mondialisation.

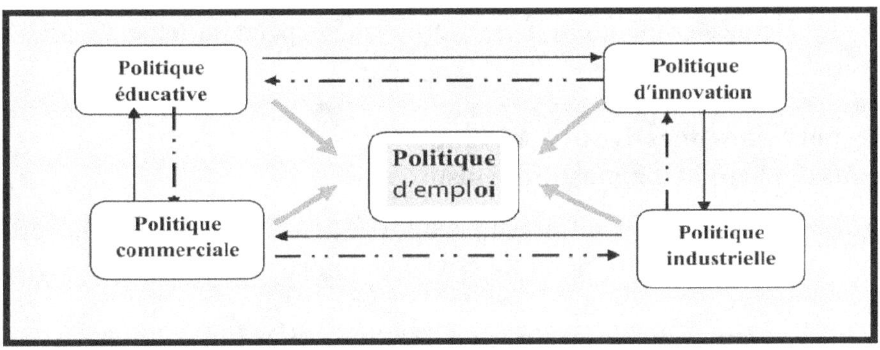

Schéma n° 1 : Les liens directs entre les principales politiques publiques
Source : conception de l'auteur.

Le schéma présenté ci-dessus nous synthétise l'interdépendance des principales politiques publiques. Il s'avère que la politique d'innovation fait le lien entre la politique éducative d'un côté et la politique industrielle et la politique commerciale d'un autre côté. De même, on remarque que toutes les quatre premières politiques publiques jouent dans le même sens que la politique d'emploi, dans la mesure où elles favorisent l'emploi directement ou indirectement.

[8] Extérieure essentiellement.

Analyse d'un ensemble de politiques publiques adoptées par les pays africains et leurs déficiences en terme de cohérence

A priori, plusieurs obstacles sont réunis pour entraver le développement économique durable du continent. Les obstacles « culturels » tels que le faible niveau d'infrastructure de toute sorte, le manque ou la faiblesse des institutions, une démocratie défaillante et peu développée, des taux de participation économique défavorables et le manque d'intégration économique régionale, consistant des freins à l'amélioration de la qualité de croissance. Pour remédier à ces obstacles, les pouvoirs publics prennent des décisions politiques concrétisées par un ensemble de politiques publiques interdépendantes[9]. Nous allons essayer dans cette section d'analyser les principales politiques adoptées par l'ensemble des pays africains en développement telles que la politique éducative, la politique de recherche et d'innovation, la politique industrielle et la politique commerciale, dans le but de repérer les lacunes et montrer que leur efficacité dépend largement de leur cohérence.

La politique éducative de l'Afrique : états des lieux et diagnostic des insuffisances

Nul ne peut ignorer que l'accès à une éducation de grande qualité est essentiel pour accroitre la productivité de la main-d'œuvre et accélère la croissance économique. Dans ce domaine, l'Afrique a accompli de solides progrès notables pour ce qui est d'accélérer la scolarisation des filles comme des garçons, notamment dans le primaire. À l'échelle du continent, le taux net agrégé de scolarisation au primaire est passé de 64 % en 2000 à 84 % en 2009. Ce taux a progressé entre 1999 et 2009 de 18 % en Afrique centrale, en Afrique de l'Est, en Afrique australe et en Afrique de l'Ouest, contre 12 % seulement en Asie du Sud. En plus, au moins 17 pays ont affiché des taux nets de scolarisation dans le primaire de plus de 90 %[10]. L'Algérie, le Burundi, l'Égypte, Sao Tomé-et-Principe, la Tanzanie, le Togo et la Tunisie sont parmi ces pays. Cependant, des pays tels que Djibouti et l'Erythrée présentent toujours de très faibles taux nets de scolarisation.[11]

---

[9] Pendant long temps, l'éducation a représenté un ascenseur social pour les tunisiens. Ce qui n'est pas le cas aujourd'hui.

[10] ONU, 2011. « Rapport sur les objectifs du millénaire pour le développement », New York.

[11] Aux alentours de 40 %.

Le taux qui permet de juger la qualité d'un système éducatif, et qui sert, en particulier, à juger de la capacité d'un système à induire une diminution des abandons scolaires et à encourager l'assiduité des élèves, en les incitant à poursuivre leurs études jusqu'à la fin du cycle d'éducation primaire, c'est le taux d'achèvement des études dans le primaire. Le problème de la majorité des pays africains réside dans le fait que ce taux demeure trop faible. Seuls six pays ont enregistré depuis 2009[12] des taux d'achèvement supérieurs ou égaux à 90 %. En revanche, sept autres pays ont des taux d'achèvement inférieurs à 50 % en 2009[13]. En général, un bon nombre des pays de l'Afrique subsaharienne affichent de forts taux d'abandon scolaire de telle sorte que sur les 20 pays au monde où le taux d'abandon scolaire est le plus élevé, 16 sont africains. De ce fait, la diminution des taux d'abandon scolaire dans le primaire constitue un défi majeur pour l'ensemble du continent.

En réalité, plusieurs facteurs expliquent ces faibles taux d'achèvement du cycle primaire. Sabates et al. (2010) les classent en trois groupes : les facteurs individuels, tels que le mauvais état de santé et la malnutrition des enfants, la situation des ménages (notamment le travail des enfants et la pauvreté), et les facteurs scolaires, comme par exemple l'absentéisme des enseignants, la localisation de l'école ou la piètre qualité de l'enseignement.

De ce fait, la politique éducative est en relation étroite avec la politique sociale, la politique de santé et la politique de recherches et innovation suivie par l'université. En effet, il convient aux gouvernements de prendre des mesures susceptibles de relever les taux de rétention, par exemple, en proposant aux familles pauvres un soutien assimilable à l'aide accordée aux micro-entreprises, et en améliorant la santé et la nutrition des enfants. Les pouvoirs publics devront aussi collaborer avec les parties prenantes comme les organisations de la société civile, le secteur privé et le monde universitaire pour l'élaboration et l'exécution de politiques et programmes capables d'améliorer les taux d'alphabétisation des jeunes.

D'autre part, la mauvaise qualité de l'éduction freine directement la productivité et empêche les individus d'acquérir de nouvelles compétences. L'apprentissage à l'école primaire est souvent minimal : 80 %

[12] Ces pays sont : les Seychelles, Tanzanie, Égypte, Afrique du Sud, Algérie et la Tunisie selon la Division Statistique des Nations Unies. DSNU, 2011.

[13] Ces pays sont : Burkina Faso, Côte d'Ivoire, Djibouti, Érythrée, Guinée équatoriale, Niger et Tchad.

des élèves maliens et plus de 70 % des élèves ougandais en 3ème année d'école primaire sont incapables de lire un seul mot. Même les élèves qui achèvent leur cursus primaire ont un faible niveau de compétence de base : 43 % des élèves de sixième année primaire en Tanzanie et 74 % au Mozambique n'ont pas dépassé le niveau des compétences de base en « calcul » tandis que 44 % en Mozambique n'ont pas l'aptitude de « lire pour comprendre »[14] Ainsi, quelques années d'éducation de base de qualité médiocre ne conféreront pas de gains de productivité si les élèves ne maîtrisent pas encore l'écriture et le calcul et ce, même si les approches dites « d'éducation de seconde chance » offrent des possibilités de rattrapage. Pire encore, même les élèves qui arrivent dans le secondaire (ceux qui seront susceptibles d'aller vers le secteur salarié moderne) ne sont pas compétitifs au niveau mondial Au- delà de ces compétences cognitives, de nombreux jeunes n'ont pas les compétences comportementales et socio-émotionnelles, qui sont nécessaires pour obtenir, conserver et être productif dans un emploi.[15]

En guise de conclusion, la grande majorité des systèmes de formation surtout des pays de l'Afrique Subsaharienne demeurent, malgré les progrès qui ont été observés au cours des dix dernières années, encore trop peu développés et inadaptés aux réalités du marché du travail. Afin de remédier à ces problèmes, les pays africains doivent réformer l'éducation primaire et secondaire de manière adaptée. En plus de l'augmentation des ressources allouées à l'éducation primaire et secondaire, les gouvernements doivent veiller à l'amélioration de la gouvernance du système éducatif, notamment en termes de renforcement de l'efficacité de la gestion des ressources. La réforme nécessite, aussi, une meilleure coordination avec les autres politiques interdépendantes dans le but d'instaurer des politiques destinées à améliorer la qualité et la pertinence de l'enseignement à travers des programmes d'études innovantes et des méthodes pédagogiques qui permettent de contribuer sensiblement à l'amélioration de la qualité d'enseignement et par suite le relèvement des taux d'achèvement.

La politique de l'enseignement supérieur, recherche et innovation

[14] Deon Filmer et Luise Fox. 2014, « L'emploi des jeunes en Afrique Subsaharienne «, Série Forum pour le Développement de l'Afrique, Washington DC : Banque Mondiale.
[15] Ibidem.

Aucun pays du monde n'est arrivé à se développer et à s'intégrer à l'économie mondiale fondée sur la connaissance en se contentant d'investir uniquement dans l'enseignement primaire. Ainsi, pour assurer une croissance inclusive, l'intérêt pour l'enseignement supérieur est devenu aujourd'hui incontournable. Ne serait-ce que pour le rattrapage des pays avancés, les pays africains ont besoin d'ingénieurs, de cadres et de chercheurs capables de comprendre et de mettre en œuvre les nouvelles technologies inventées dans les pays développés.

En réalité, l'ensemble des pays africains sont de plus en plus conscients de la nécessité d'investir dans l'enseignement supérieur et en particulier en sciences, technologies et innovation pour répondre aux défis auxquels ils sont confrontés. Pourtant, l'état des lieux du système universitaire africain montre qu'il est en crise. Au moins trois constats amènent à cette conclusion :

- premièrement, l'absence des établissements africains dans le classement mondial des meilleures universités. D'après le classement de Shanghai, seules 5 universités africaines[16] se positionnent dans le top 500 alors qu'on y décompte 146 universités américaines, 147 universités européennes et 44 universités Chinoises. Toutefois, les rares pays africains où la production scientifique est importante, ne sont pas encore assez productifs comparés à d'autres pays en voie de développement d'autres régions du monde. Pour que l'Afrique soit plus concurrentielle en ce qui concerne la production scientifique, il faut un plus grand investissement dans le développement du capital humain, le renforcement des institutions scientifiques et de meilleurs équipements, mais aussi un financement nettement plus important de la recherche scientifique.
- deuxièmement, les meilleurs étudiants fuient des universités africaines et par suite un bon nombre d'étudiants africains font leurs études à l'étranger. Pour beaucoup de pays africains, le taux de mobilité vers l'étranger[17] était supérieur à

[16] Il s'agit des quatre Universités sud-africaines : l'Université de Cape Town, l'Université du Witwatersrand, l'Université de Stellenbosch et l'Université du KwaZulu-Natal et l'Université du Caire en Égypte, selon le classement de Shanghai des 500 meilleures Universités de la planète, publié le 15 août 2014.

[17] Rapport entre le nombre d'étudiants africains à l'étranger et celui des étudiants restés dans les établissements nationaux.

25 % en 2008. Celle-ci s'effectue à la fois au sein du continent et à l'extérieur de celui-ci.

Cette mobilité pourrait être envisagée de façon positive si les étudiants retournent vers leur pays d'origine. Or, bien souvent ils restent dans les pays d'accueil, l'Afrique est donc victime d'une « fuite de cerveaux ». Cette mobilité est souvent le reflet d'un mal-être de l'enseignement supérieur africain. Les étudiants émigrent car souvent ils trouvent des opportunités meilleures hors de leur pays.

- troisièmement, l'écart entre ce qui est enseigné dans les universités et la demande de diplômés ayant des qualifications en administration des entreprises, en entreprenariat, en finances et surtout dans le domaine des sciences et des technologies, émanant des employeurs des secteurs public et privé (Gyimah-Brempong et Peter Ondieg 2011). Trop de diplômés quittent l'enseignement secondaire ou les universités avec uniquement des qualifications dans des domaines généraux tandis que des emplois destinés à des individus ayant des compétences techniques et en matière de gestion, demeurent vacants. Pour combler l'écart, il faut plus de coordination avec les industriels et le secteur privé d'une part et d'autre part il faut que la politique de l'enseignement supérieur soit cohérente avec la politique d'emploi, la politique industrielle et la politique commerciale de chaque pays.

À propos de la technologie et l'innovation, il est pertinent de rappeler que le progrès technique a été un élément moteur essentiel, responsable de la plus grande part de la croissance de la productivité des NPI d'Asie de l'Est. La situation en Afrique est tout à fait différente malgré des investissements énormes consentis par les États dans l'éducation. En effet, si environ la moitié ou plus des étudiants inscrits dans les établissements d'enseignement supérieur dans des pays à croissance rapide telle que la république de Corée, la Chine et Taïwan le sont dans des disciplines comme les sciences, l'ingénierie, la technologie ou les études commerciales, le chiffre correspondant pour l'Afrique est un cinquième environ. La majorité de ces étudiants sont inscrits dans d'autres disciplines, notamment environ un tiers dans les sciences sociales et un peu moins dans l'enseignement (Gyimah-Brempong et Peter Ondieg 2011). Il en résulte que, tandis que les jeunes diplômés des établissements de l'enseignement supérieur africain plongent dans le chômage, les pays africains continuent de connaitre des pénuries de main- d'œuvre qualifiée. Donc, les gouvernements africains doivent privilégier l'enseignement universitaire et l'enseignement postuniversitaire, en mettant en particulier l'accent sur la science, la nouvelle technologie, les études commerciales et une solide culture de la recherche et d'innovation dans les universités. Pour cela, il faut réformer l'université et son mode de production des connaissances ainsi que la nature et le contenu du savoir qu'elle transmet. La réforme des universités devrait être construite en coordination avec les différents intervenants dans le domaine de la science, de la technologie et surtout dans le domaine de recherche et d'innovation.[18] Cette réforme devrait être, d'une façon globale, cohérente avec la politique de développement et avec la transformation structurelle souhaitée et en particulier, avec l'ensemble des autres politiques telles que la politique éducative, la politique de recherche et d'innovation, la politique industrielle, la politique commerciale et la politique d'emploi.

La politique industrielle en Afrique : les résultats et les défis

De nombreuses études ont montré que le secteur industriel et en particulier le secteur manufacturier est la branche de l'économie qui offre les plus grandes opportunités en termes de croissance durable, d'emplois et de réduction de la pauvreté en Afrique. Le rôle stratégique de l'industrie manufacturière dans la croissance économique peut s'expliquer par plusieurs facteurs. D'abord la technologie et l'innovation sont indispensables pour la croissance et le développement économique, et l'industrie manufacturière a traditionnellement été la première source d'innovation dans l'économie des pays développés (Lall, 2005 ; Gault et Zhang, 2010). Les activités de recherche-développement des entreprises manufacturières ont été la clef des avancées technologiques dans l'économie mondiale (Shen, Dunn et Shen, 2007). En plus, l'industrie est un très important moyen de diffusion des nouvelles technologiques dans les autres secteurs de l'économie. En effet, ce secteur présente un autre avantage par rapport aux autres secteurs : c'est l'effet de synergie et les effets d'entraînement en aval et amont et il peut contribuer ainsi à l'investissement intérieur, à l'emploi, au commerce international et à la production aux fins de croissance.

[18] Comme les entreprises privées ou publiques.

En réalité, les pays africains présentent une grande hétérogénéité et, par conséquent, les résultats du secteur manufacturier varient d'un pays à l'autre. Et pourtant, il existe quelques résultats communs :

- la part du secteur manufacturier dans le PIB reste encore faible malgré une légère progression. En moyenne, pour l'ensemble des pays africains en développement, cette part est passée de 6, 3 % en 1970 à 10, 5 % en 2008. À la différence de l'Afrique et pour la même période, les pays asiatiques en développement ont vu leurs parts du secteur manufacturier progressé de22 % à 35 %.
- la part de l'Afrique dans la production manufacturière mondiale reste encore très faible et l'Afrique continue d'être marginalisée dans la production et le commerce mondiaux de biens manufacturés. En effet, la part de la région dans la valeur ajoutée manufacturière mondiale est passée de 1, 2 % en 2000 à 1, 1 % en 2008. Par contre, celle des pays en développement d'Asie est montée de 13 % à 25 % au cours de la même période.
- la structure industrielle africaine est très faible et le secteur est dominé par les petites entreprises. Bien qu'il y ait des différences entre les pays, la grande majorité des entreprises industrielles sont des petites entreprises et des micro- entreprises souvent informelles.
- l'industrie manufacturière des produits de moyenne et haute technologie jouent un rôle relativement mineur dans le total de l'industrie manufacturière. Quant aux produits hautement technologiques, ils ne représentent que 1, 9 % du total.
- les entreprises industrielles locales ont de faibles capacités technologiques et évoluent dans des systèmes de formation et d'innovation fragmentés. D'après certaines études[19], les pays africains disposent de faibles capacités en matière de construction mécanique et d'ingénierie, leur économie repose sur les produits de base et, dans une large mesure, ils consomment plus de nouvelles technologies qu'ils n'en créent. Ils concluent qu'en Afrique, les pouvoirs publics ne se sont pas suffisamment intéressés à renforcer les capacités technologiques des entreprises locales pour les rendre plus aptes à

[19] Notamment celui de : Oyelaran-Oyeyinka B. (2006), « Learning to compete in African Industry: Institutions and Technology in Development », Ashgate Publishing Limited. Alderscot.

produire des biens de moyenne et haute technologique. D'autres auteurs[20], attribuent la faiblesse des capacités technologiques des entreprises africaines au manque d'appui et d'infrastructures technologiques. Ils soutiennent en outre que, n'investissant pas beaucoup dans la technologie, la plupart de ces entreprises ont du mal à percer sur les marchés d'exportation des produits manufacturés de moyenne et de haute technologie et à soutenir la concurrence.

- enfin, le secteur industriel africain est peu créateur d'emploi. Contrairement à ce qu'on pourrait attendre les branches d'activité manufacturière de faible technologie et à forte intensité de main- d'œuvre jouent un rôle modeste dans l'industrie tant du point de vue de la production manufacturière locale que de celui des exportations (qui représentent 20 % de la valeur ajoutée manufacturière).

L'analyse des résultats du secteur manufacturier du continent présentés ci-dessus suggère que, de manière générale, les stratégies adoptées n'ont pas permis d'atteindre les objectifs globaux de diversification économique et de l'amélioration de la compétitivité de l'économie africaine. Plusieurs facteurs sont à l'origine de cet échec[21] et c'est à eux qu'il faut s'attaquer si on veut améliorer les chances de parvenir au développement industriel de l'Afrique :

- les politiques en matière de conception de mise en œuvre des phases d'industrialisation fondée sur le remplacement des importations, les programmes d'ajustement structurel (PAS) et les documents de stratégie de réduction de la pauvreté[22] ont contribué aux piètres résultats industriels des pays africains.

[20] Comme Lall, S. (2004), « Stimulating Industrial competitiveness in Africa: lessons from East Asia on the role of FDI and technology acquisition ». Paper prepared for the NEPAD/TICAD conference on Asia-Africa Trade and Investment.

[21] On se contente de récapituler les principaux facteurs détaillés dans le Rapport (2011) sur le développement économique en Afrique de l'ONUDI et la CNUCED « Promouvoir le Développement Industriel en Afrique dans le nouvel environnement Mondial ». Ed. ONU..

[22] Dans la phase d'industrialisation basée sur le remplacement des importations, les politiques et les efforts des pouvoirs publics ont consisté plus à soutenir les entrepreneurs qu'à obtenir d'eux des résultats. Dans la période du PAS, le fait de mettre fin à tout soutien public, même quand les marchés montrent des défaillances chroniques, et de libéraliser le commerce sans tenir compte des capacités des entreprises locales constitue un des exemples d'erreurs commises durant cette période. Dans le cas de document de stratégie de réduction de pauvreté la principale erreur a été de réorienter les ressources au détriment des secteurs productifs.

- les facteurs structurels qui se manifestent par la médiocrité des infrastructures, l'insuffisance du capital humain, l'étroitesse du marché intérieur et la faiblesse du secteur des entreprises.
- la forte dépendance de l'Afrique vis-à-vis de l'aide publique a permis aux acteurs extérieurs d'influencer considérablement le choix des politiques et des voies de développement, compromettant ainsi les efforts déployés pour atteindre les objectifs de développement nationaux (UNECA and African Union Commission, 2008 ; OECD, 2008).
- une industrialisation fondée sur le remplacement des importations axée uniquement sur un marché intérieur étroit entraine de graves conséquences, d'où la nécessité, pour l'ensemble des pays africains, de créer de solides marchés régionaux d'une part et d'intégrer l'économie mondiale, d'autre part.
- les pouvoirs publics ne se sont pas suffisamment intéressés à fournir un appui technologique et d'infrastructures qui renforcent les capacités technologiques des entreprises locales pour les rendre plus aptes à produire des biens de moyenne et haute technologie (Oyelaran-Oyeyinka B. (2006).
- les pays africains sont marqués par l'absence ou le manque d'efficacité d'institutions, qui ont pour but de concevoir, mettre en œuvre et suivre efficacement les programmes de développement industriel. Ces institutions doivent jouer un rôle principal dans l'interaction et la coordination entre l'État et le secteur privé lors de la conception et la mise en œuvre des politiques.
- l'instabilité politique d'un bon nombre de pays africains est l'un des facteurs majeurs qui entravent le développement de l'industrie. Les entrepreneurs locaux ou étrangers ne sont guère disposés à investir dans une société politiquement instable.

La politique de l'emploi

En Afrique, chaque année, 13 millions de jeunes Africains font leur entrée sur le marché du travail. Davantage touchés par le chômage, les jeunes représentent 63 % de la population active mais 59, 5 % des chômeurs. Selon une étude de l'AFD (2011), la difficulté particulière à laquelle sont confrontés les pays africains pour insérer les jeunes actifs provient essentiellement de la faible capacité du marché du travail à les intégrer et d'un niveau de préparation insuffisant des jeunes pour s'y insérer. Les jeunes sont, en effet, les victimes des graves déficiences de la demande en main - d'œuvre dans la région. Ils sont également les premiers à souffrir des imperfections du marché du travail. En plus, cette difficulté d'insertion (comme on l'a déjà montré plus haut) est le résultat d'une formation initiale souvent déficiente et inadaptée à la demande. Les enseignants sont souvent insuffisamment qualifiés, mal payés et peu motivés. Un grand nombre d'écoles est mal équipé tant sur le plan des infrastructures qu'en fourniture scolaire. Par ailleurs, les enseignements en cycle secondaire et les formations professionnelles sont souvent inadaptés à la demande du marché de l'emploi. On remarque également la plus grande difficulté des femmes à s'insérer sur le marché du travail formel. La difficile insertion des femmes se manifeste, d'une part, par des disparités en terme d'opportunité d'emplois et d'autre part, par des disparités en matière de qualité d'emploi, se traduisant par une surreprésentation des femmes en économie informelle. Ainsi, selon un rapport de l'OCDE (2009), cette disparité pourrait atteindre 10 % dans des pays tels que le Bénin, où la part des hommes dans l'emploi informel est de 87 % pour les hommes contre 95, 2 % pour les femmes. D'un autre côté, en dépit de la divergence selon les pays et les secteurs, la place du secteur informel est particulièrement importante en Afrique : le secteur informel y représente souvent entre 70 % et 90 % de la population active non agricole (AFD, 2011), 80 % des créations d'emploi et entre 50 % et 60 % de la richesse nationale. En contrepartie, le segment formel de la majorité des pays d'Afrique subsahariens emploie aujourd'hui entre 10 % et 30 % de la population active non agricole. Le salariat industriel moderne ne dépasse, quant à lui, que rarement la proportion de 10 à 20 % de la population active des pays d'Afrique subsahariens. Par ailleurs, l'emploi et la production du secteur moderne privé et public ont peu augmenté au cours des dernières décennies, et la productivité moyenne du secteur moderne baisse. Concernant la structure de l'emploi et selon les chiffres de la Banque mondiale[23], la grande majorité du travail se trouve dans l'agriculture. Celle-ci y occupe plus de 70 % de population active dans les pays à faibles revenus et plus de 50 % dans les pays à revenus intermédiaires de la tranche inférieure. D'autres travaillent dans des entreprises individuelles, à savoir des entreprises non constituées en société, non agricoles, détenues par des ménages. Elles comprennent les

[23] Deon Filmer et Luise Fox. 2014, « L'emploi des jeunes en Afrique Subsaharienne », Série Forum pour le Développement de l'Afrique, Washington DC : Banque Mondiale.

travailleurs indépendants gérant une affaire où des membres du ménage peuvent travailler sans être rémunérés, et où un petit nombre de personnes étrangères au ménage peuvent, dans certains cas, être occasionnellement employées. La grande majorité (70 %) des entreprises non agricoles africaines ont aujourd'hui des activités composées uniquement d'un indépendant gérant lui-même l'entreprise individuelle, dont il est propriétaire. Environ 20 % de ces entreprises occupent un membre du ménage, et 10 % seulement ont recruté quelqu'un en dehors de celui-ci. Le secteur salarié moderne comprend les petites, moyennes et grandes entreprises employant au moins cinq travailleurs de manière permanente. Il englobe également le secteur public qui, dans certains pays, représente une part importante du secteur salarié moderne. Dans les pays africains à faible revenu et à revenu intermédiaire de la tranche inférieure, environ la moitié des emplois salariés se trouvent dans le secteur public.

Quant à l'emploi salarié[24], il se développe à travers l'Afrique, mais de manière variable. À l'exception de quelques pays (notamment Maurice et l'Afrique du Sud), les entreprises non agricoles représentent moins de 20 % de l'emploi salarié en Afrique. Malgré des réductions de l'emploi du secteur public (suite à l'application du PAS), l'emploi salarié dans le secteur privé ne représente toujours que moins de 10 % des emplois dans la plupart des pays africains (Deon F. et L. Fox, 2014). Même comparé à celui des pays d'Asie et d'Amérique latine ayant des niveaux similaires de revenu par habitant, l'emploi dans les entreprises « modernes » non agricoles est faible en Afrique, et extrêmement bas comparé à des économies émergentes telles que le Brésil, la Chine et l'Indonésie. Concernant les entreprises manufacturières, qui représentent un potentiel de croissance de l'emploi considérable mais inexploité, elles n'offrent actuellement que moins de 3 % de l'emploi total en Afrique, nettement moins que d'autres régions du monde, et rien n'indique que l'Afrique dans son ensemble est en train de rattraper son retard par rapport aux régions comparables.

En général, les stratégies mises en œuvre par les pouvoirs publics africains pour relever le défi de créer suffisamment d'emplois décents se sont pour la plupart résumées à la mise en place de programmes à caractère « palliatif » de courte durée. Politique de formation professionnelle, politiques de création d'emplois par les travaux d'infrastructure à haute intensité de main-d'œuvre et politiques de promotion de l'emploi autonome sont autant d'interventions qui ont connu un essor surtout en

[24] « Moderne » et non agricole.

Afrique subsaharienne depuis les années 1970, avec des résultats assez mitigés. L'échec de la plupart de ces programmes, au regard des taux de chômage élevés et des faibles niveaux de productivité, implique la nécessité d'abandonner une telle approche ponctuelle pour une approche globale et cohérente avec l'ensemble des politiques publiques en relation.

Les leçons tirées de l'expérience de l'Asie de l'Est en matière de développement économique et de coordination des politiques publiques

Au début des années soixante, la Corée du Sud était plus pauvre que le Ghana ainsi que de nombreux pays d'Afrique ; le revenu par habitant à Taïwan était inférieur à celui du Brésil et quatre fois plus faible qu'en Argentine ; Hong Kong et Singapour, proche de la moyenne latino-américaine, ces quatre économies entrent progressivement dans une dynamique de croissance sans précédent. Au moins d'une génération (1960-1980), le revenu par habitant est multiplié par quatre[25]. Le décollage des NPI est suivi dans les années 1980 par l'émergence de l'Indonésie, de la Malaisie, de la Thaïlande, puis au cours des deux décennies suivantes, par la croissance de la Chine, du Vietnam et de l'Inde. Même un pays marqué par la destruction et la corruption comme le Cambodge bénéficie d'une croissance très forte commencée au milieu des années 1990.

Pour montrer le contraste entre les États développeurs de l'Asie et les États des pays africains, entre 1973 et 1992, on fera observer que le PIB par habitant était de 172 % et de 107 % en Corée et en Thaïlande respectivement. Au moment où, le PIB par habitant a diminué de 21 % au Nigéria, il y a eu également des variations des performances économiques lorsqu'on examine comment les divers pays ont transformé leur base économique. Ainsi, en 1980 et 1998, en Malaisie l'agriculture a représenté 22 % et 12 % du PIB respectivement ; comparé avec les 21 % et 32 % du Nigéria. De même, en ce qui concerne l'industrie durant la même période : en Malaisie, sa contribution au PIB est passée de 38 % à 48 %, mais au Nigeria elle est tombée de 46 % à 41 %. Même alors, c'était le pétrole qui assurait la plus grande partie de la contribution de l'industrie au PIB au Nigéria. Le contraste entre la Malaisie et le Nigéria est encore plus marqué lorsqu'on examine la part de la contribution du secteur manufacturier et de celui des services au PIB. Ici encore en utilisant 1980 et 1998 comme années de référence, la contribution du secteur manufactu-

[25] Les chiffres de la Banque mondiale, « World Development Indicators », CHELEM-CEPII.

rier de la Malaisie est passée de 21 % à 34 %, les services restant constants à 40 %. Au Nigéria, la part du secteur manufacturier est tombée de 8 % à 5 % tandis que celle des services tombait de 34 à 27 % (Banque mondiale, 1993). Ces comparaisons montrent comment les États développeurs en Asie de l'Est ont pu transformer leurs structures économiques et réaliser leurs objectifs de développement. Ils sont passés de la manufacture à forte intensité de main-d'œuvre à la manufacture à forte intensité capitalistique, tandis que la majorité de l'Afrique ne tire que de maigres recettes du secteur informel.

Pour certains auteurs et organismes (I. Sachs (1987), Wade (1990) et la Banque Mondiale (1993)), ce phénomène est rare et inexplicable et un « miracle » n'est pas reproductible, et par suite il est difficile d'en tirer des leçons. Mais l'apparition de la petite Malaisie (qui compte seulement 25 millions d'habitants) comme pays qui exporte deux fois plus que l'ensemble de l'Afrique du Nord et la Chine, entrée à l'OMC en 2001 et qui réalise plus de 10 % du commerce mondial, contre dit leur conclusion et les « miracles » peuvent se prolonger et se renouveler en Asie. Ainsi, au cours des trois dernières décennies, la croissance à été près de trois fois plus rapide en Asie de l'Est qu'en Amérique latine ou en Afrique Subsaharienne[26].

Par contre, d'autres auteurs, comme Westphal (1982) et Belassa (1979), la croissance des NPI repose sur le libre - échange pour le premier et sur le respect des forces du marché pour le deuxième[27]. Par contre, d'autres travaux (Gold (1986), Wade (1990) et Amsden (1989) ont montré le rôle crucial qu'a joué l'État dans l'industrialisation et le développement des NPI.

Aujourd'hui, malgré les divergences des points de vue, plus personne ne nie l'intervention de l'État dans l'industrialisation et le développement des NPI. Pour clarifier le rôle de l'État dans la croissance phénoménale de l'économie japonaise et sa rapide industrialisation dans la période qui a suivi la Seconde Guerre mondiale, Chalmers Johnson (1982) a proposé la notion d'État développeur « Capitalist Development State . » Cette notion a été appliquée par cet auteur aux cas de la Corée du Sud et de Taïwan et il a été étendu à d'autres pays d'Asie, voire même au-delà.

---

[26] Croissance moyenne 1980-2012 : Asie de l'Est et Pacifique 8, 3 % ; Amérique latine 2, 7 % ; Afrique Sub-saharienne 3, 1 %. Données Banque mondiale.

[27] Analyse empruntée à J-R Charponnière et Marc Lautier « Le modèle de développement de l'Asie de l'Est », in Recherches internationales, n° 98, 2014.

Les caractéristiques des « États développeurs » d'Asie

Elles sont au nombre de quatre:

1. la première caractéristique commune aux « États développeurs » est leur autonomie vis-à-vis du secteur privé. Dans le sens que ces États sont généralement forts, c'est-à-dire capables de définir des choix stratégiques et de réaliser les mesures nécessaires correspondantes, tout en résistant aux lobbies menaçants ou opposés à ces changements. Cette capacité de mise en œuvre de décisions constitue l'une des principales différences entre les États développeurs des NPI et ceux d'Afrique.
2. la deuxième caractéristique est l'autonomie de l'administration : les États assurent une relative autonomie des responsables politiques et des fonctionnaires chargés de l'élaboration des stratégies et de l'application des programmes économiques, pour éviter qu'ils deviennent les instruments d'intérêts privés. L'administration constitue en général une élite, recrutée et promue sur des critères méritocratiques, qui bénéficient de salaires comparables à ceux du secteur privé, mais qui dispose d'un pouvoir et d'un prestige supérieurs. Ces systèmes certes ne sont pas parfaits et il existe de nombreux exemples de corruption. Mais ils disposent d'un pouvoir effectif d'orientation du secteur privé qui passe par l'imposition de critères de performance stricts.
3. la troisième caractéristique des « États développeurs » est de fixer des objectifs économiques précis, et généralement ambitieux, inscrits dans une démarche planifiée, mais qui doivent être atteints par le secteur privé. L'une des principales forces de ce modèle institutionnel réside dans cette collaboration entre l'administration et les entreprises. L'État ne donne pas des ordres, mais il influence les entreprises à travers des recommandations et des incitations. Les entreprises qui répondent à ces signaux de l'administration obtiennent divers avantages, essentiels pour leur croissance.
4. une quatrième caractéristique fréquente en Asie est l'adoption d'une politique macroéconomique relativement conservatrice, sans pour autant être orthodoxe. Une gestion

budgétaire prudente, un endettement public mesuré dans la plupart des cas et une influence modérée en sont les traits principaux. En effet, un faible niveau de dette publique renforce la capacité d'absorber des chocs et constitue une forme de biens publics, car les dépenses publiques peuvent facilement être augmentées si nécessaire. Quant à la prudence budgétaire, elle s'accompagne de politiques de change offensives et d'une généralisation des sous-évaluations compétitives ; actuellement en Chine, comme auparavant au Japon, en Corée du Sud ou même à Taïwan.

La croissance réussie des pays de l'Asie de l'Est a été accompagnée d'un cadre institutionnel puissant

Sans revenir aux détails, la littérature sur les « États développeurs » a en gros répertorié deux grandes caractéristiques de cet État : une idéologie développementiste, et une structure ; structure en termes d'institutions, de normes et de standard propres à appuyer les processus de développement (CNUCED, 2007). Certains auteurs ont caractérisé ces deux éléments comme le « logiciel » et « le matériel » des « États développeurs ». Les faits mentionnés dans de nombreuses études indiquent que les NPI ont réalisé une profonde transformation économique structurelle ainsi qu'une croissance soutenue en l'espace de trois décennies, grâce essentiellement à l'adoption d'une approche de planification rigoureuse. Les institutions de planification du développement ont pour rôle la détermination des priorités nationales, la fixation des objectifs, l'élaboration des stratégies, la facilitation de la coordination et l'établissement des mécanismes d'évaluation et de suivi pour atteindre des objectifs de développement à court et à long terme. En Corée du Sud par exemple, il y a des plans économiques quinquennaux élaborés par le Conseil de planification économique, considéré comme le « cerveau et le moteur du miracle économique coréen ». Au Japon, l'État a créé des institutions comme le Ministère japonais du commerce international et de l'industrie (MITI) et redynamisait son ministère des Finances en soutenant son secteur des entreprises, en lui fournissant des incitations fiscales, et l'accompagner jusqu'à maturité pour qu'il réalise une plus grande productivité et entre dans la concurrence mondiale. L'État a également investi dans la technologie et l'innovation en tant qu'outils de progrès économique. D'autres NPI allaient peu après suivre l'exemple du Japon à partir des années 60.

Les expériences de la Malaisie, de Taïwan et de Singapour[28] soulignent la nécessité de processus de politique industrielle inclusifs, d'institutions innovantes et dynamiques qui facilitent la coordination entre l'ensemble des politiques d'une part et l'ensemble d'intervenants d'autre part. De ce point de vue, il y a beaucoup d'enseignements à tirer de l'expérience de ces pays, qui peuvent servir à comprendre les échecs et les réussites de la politique industrielle dans les pays africains.

En Malaisie, la Nouvelle Politique Économique (NEP) lancée en 1971 et achevée en 1991 qui avait comme objectifs d'éradiquer la pauvreté et d'assurer la restructuration par la croissance accompagnée d'une redistribution, a connu un succès phénoménal : le PIB par habitant est passé de 1222 $ en 1975 à 8927 $ en 2000 et l'incidence de la pauvreté, qui était d'environ 50 % en 1970, est descendue bien en dessous de 10 % en 2000. À partir du début des années 90, la Malaisie a tenté de se transformer davantage pour devenir une économie fondée sur la connaissance. Une nouvelle institution est créée : l'Unité de Planification Économique (EPU) implantée au cabinet du Premier ministre, le Ministère des finances et la Banque centrale. Les organismes chargés du développement des divers secteurs économiques sont également impliqués. L'EPU est chargée de formuler les plans de développement quinquennaux ainsi que les plans de développement à long terme s'étalant sur 15 ou 20 ans, coordonner le contenu de ses plans avec les plans directeurs industriels à plus long terme et coordonner avec les cadres supérieurs et les dirigeants de sociétés. Le résultat est spectaculaire, le revenu réel par habitant a connu une augmentation croissante, qui s'est accompagnée d'une baisse de la part de l'agriculture dans le PIB et d'une augmentation de la part des activités industrielles et manufacturières.

À Taïwan, le Bureau de Développement Industriel (IDB) crée en 1970 avait comme fonction principale de surveiller étroitement les capacités de production des sociétés de Taïwan, de chercher des moyens de renforcer ses capacités et améliorer leur capacité technologique. Sur la base de l'expérience de l'IDB à Taïwan, Wade (2009) identifie les aspects suivants de la politique industrielle. Premièrement, les mesures à l'appuie de la politique industrielle étaient conçues de manière à permettre de cibler de nouveaux produits ainsi que la technologie.

[28] Les données et informations concernant ces trois pays sont inspirées du Rapport Économique sur l'Afrique 2014.

Deuxièmement, les fonctionnaires de l'IDB ont aidé les entreprises à obtenir une assistance financière. Troisièmement, les fonctionnaires de l'IDB étaient, pour la plupart, recrutés sur la base du mérite. Quatrièmement, la politique industrielle était du ressort de deux ministères de haut rang qui supervisaient le travail d'autres IPI importantes, ce qui assure une bonne coordination. Le résultat est surprenant, entre 1970 et 1986, la manufacture s'est développée de 650 % en termes réels et atteint presque 40 % du PIB[29].

Singapour est l'un des exemples qui, ces quatre décennies passées, illustre les efforts entrepris sous l'impulsion d'un État pour s'industrialiser et relever rapidement le niveau de vie. Au cœur de cette transformation, s'est trouvé le Conseil de développement économique de Singapour (EDB), une agence quasi publique créée en 1961, qui a été l'agence de pilotage pour la coordination de la politique industrielle. Dans quelques années qui ont suivi sa création, le Conseil a ouvert un bureau à New York. Au début des années 90, il avait des bureaux dans 15 pays du monde. Le Conseil s'est défini comme un guichet unique chargé de promouvoir l'établissement de nouvelles industries à Singapour et d'accélérer la croissance des entreprises existantes. Une fois qu'une entreprise manifestait de l'intérêt, le Conseil lui trouvait un terrain, l'aidait à recruter et à former une main- d'œuvre locale, mettait en place les infrastructures nécessaires, accordait des exonérations fiscales et des incitations et même prenait le contrôle partiel des fonds d'investissements. Le résultat : en 1990, le PIB réel par habitant était cinq fois celui de 1970 et la valeur ajoutée manufacturière réelle a été multipliée par sept au cours de la même période. Quant aux exportations en dollars nominaux, elles ont été multipliées par environ 50.

En guise de conclusion, l'expérience vécue par les pays émergents offre trois grands enseignements. Premièrement, il existe des caractéristiques communes tangibles dans les modes de changement structurel et de développement économique en général. Deuxièmement, les pays qui ont réussi à réaliser des taux de croissance élevés ces dernières années, ne sont pas ceux qui ont appliqué les prescriptions du consensus de Washington, tels que la déréglementation, la privatisation, le maintien d'un budget en équilibre et la réduction du rôle de l'État dans l'économie. Troisièmement, c'est l'enseignement le plus important, l'État, par l'intermédiaire d'un cadre institutionnel puis-

[29] Chiffre consulté à la base de données UNCTAD stat.

sant, peut jouer un rôle central dans la coordination des politiques publiques et par suite il a un rôle fondamental dans la consolidation du développement.

Comment remédier à la défaillance de la coordination des politiques publiques ?

La réalisation de tel objectif nécessite l'instauration d'un fort cadre institutionnel et le renforcement de la formation du capital humain.

Instauration d'un cadre institutionnel fort chapeauté par un « État développeur »

Nous avons montré dans la section précédente que l'État a joué un rôle primordial dans l'ascension de la Chine en tant que puissance économique mondiale et a favorisé la transformation et le développement économique rapides des pays de l'Asie de l'Est telle que la Corée du Sud, Taïwan et Singapour. En raison des crises survenues au niveau mondial, le discours a changé, la question n'est plus de savoir si oui ou non l'État est essentiel au développement, mais bien quel type d'État il faut construire pour faciliter le développement économique, notamment dans les pays pauvres et sous-développés ? Le consensus qui se dégage à ce sujet, c'est qu'un « État développeur » est essentiel au processus de croissance économique accélérée et de transformation sociale d'un pays, quel qu'il soit. Un « État développeur » est un « *État qui fait du développement économique la priorité première de la politique du gouvernement et est apte à concevoir des instruments efficaces favorisant la réalisation d'un tel objectif. Les instruments pour ce faire, seraient, notamment la mise en place de nouvelles institutions formelles, l'établissement de réseaux formels et informels de collaboration entre les citoyens et les fonctionnaires et l'utilisation de nouvelles opportunités de commerce et de production rentable* » (Bagchi, 2000)[30].

En réalité, notre argument en faveur de « l'État développeur » réside dans sa capacité à concevoir des politiques publiques cohérentes capables d'améliorer la compétitivité, de booster la croissance économique et de consolider le développement du continent.

---

[30] Bagchi, Amiya Kumar, 2000. "The Past and Future of the Developmental State", Journal of World Systems Research, vol. 11, no. 2, Summer/Fall, pp. 398-442 (Citation emprunter au Rapport Economique sur l'Afrique 2011 : « Gérer le développement : Le rôle de l'État dans la transformation économique ».

Pour construire des « États développeurs » en Afrique, il faudra placer au pouvoir des dirigeants politiques compétents, engagés et nationalistes aptes à élaborer une vision et une idéologie développementiste, mettre en place un groupe puissant au sein de l'État et de la société pour les soutenir, s'engager à développer une classe d'entrepreneurs forte, à promouvoir la stabilité macroéconomique, à investir dans l'innovation, la science et la technologie, à mettre en place des institutions fortes et compétentes et à réformer la politique sociale tout en développant l'infrastructure sociale et économique dans le continent.

Renforcement des mécanismes de formation du capital humain

La création d'emplois adéquat et de qualité exige un système éducatif performant cohérent avec la politique industrielle, elle est même basée sur l'innovation et la politique commerciale. La technologie, la recherche et l'innovation, sont primordiales à toute politique qui vise à améliorer la compétitivité de l'économie et à l'amélioration de la productivité préalable à la transformation structurelle.

De plus, l'inadéquation des compétences requises sur le marché du travail et la formation purement académique des diplômés, constitue un énorme gaspillage de capital humain. Si dans les courts et moyens termes, la solution réside dans le fait de mettre en place une politique de valorisation des ressources humaines qui devrait s'orienter vers le recyclage des diplômés des établissements d'enseignement secondaire et supérieur au chômage afin de satisfaire la demande croissante de diverses compétences sur le marché du travail. Alors, à long terme, il faut mettre en place une politique éducative et de recherche et innovation cohérentes avec la politique industrielle et la politique d'emploi adéquate.

Certains auteurs ont conclu que, dans toute société basée sur le savoir, l'université, l'industrie et l'État ont des fonctions complémentaires. Parmi les différentes théories développées autour de cette relation et l'impact de celle-ci sur l'innovation et le développement, on note la théorie de la Triple Hélice[31]. Le modèle de la Triple Hélice met en relation les catégories de l'économie de l'innovation et l'évolution institutionnelle, en regroupant les trois secteurs institutionnels principaux : le public, le privé et l'universitaire. À partir de cette approche, des relations réciproques se créent entre les trois sphères qui peuvent

[31] Etzkowitz, H., Leydesdorff. L. (Ed.) (1997). « University in the Global Economy: A Triple Helix of University-Industry-Goverment Relations », London Cassell Academic.

se concrétiser à différents moments du processus de capitalisation du savoir. Ces interactions créent un flux important d'échange et de transfert de connaissances qui se développe et s'adapte aux conditions requises d'utilisation, s'adaptant aux conditions juridiques et économiques pour pouvoir être utilisé en respectant les droits des deux parties. Les interactions génèrent, elles aussi, du capital relationnel basé sur la créativité qui provient de l'échange d'idées et sa conversion en de nouvelles activités économiques.

L'interaction entre l'université, les entreprises et les administrations publiques vise à stimuler le développement économique et social du territoire. Cette synergie est obtenue à partir de la combinaison entre le potentiel de savoir concentré au sein des universités, les ressources économiques, l'expérience dans les affaires et le marché des entreprises, et les incitations et le déploiement d'initiatives publiques organisées par les administrations.

Ce qui est souvent négligé par les décideurs africains et quasi absent dans la conception de leurs politiques de recherche et d'innovation c'est l'importance des interdépendances industrie-université, dans le sens que l'industrie peut aussi jouer un rôle important dans la formation, la recherche et le développement au même degré que l'université. En plus, s'il manque des industries basées sur la connaissance, les interactions université-gouvernement peuvent aider à sa création, et si elles existent, elles peuvent aider à sa croissance.

Dans le cadre du transfert de connaissances, le rôle de l'État est de générer des politiques publiques qui favorisent un environnement propice à la réalisation d'activités liées à ce sujet. Ainsi le gouvernement doit définir les axes stratégiques des politiques publiques favorisant la recherche et l'innovation, les domaines prioritaires pour la mise en œuvre et les instruments à sa disposition. En plus, l'État doit créer un cadre institutionnel solide capable d'assumer la responsabilité de cette stratégie et des lignes d'action qui conduiront à sa mise en place, ainsi que son évaluation et son suivi. Finalement, il est aussi important de fournir un cadre juridique régulateur qui permet d'encourager l'innovation, il doit être compatible avec les standards internationaux, en établissant des normes qui facilitent les processus de transfert de connaissances, avec une réglementation nationale sur la protection intellectuelle et industrielle clairement définie et mise en place, des incitations fiscales à l'innovation et à la provision de capital risque.

D'autre part, les politiques publiques doivent développer les compétences en recherche et innovation, technologique ou autres, des universités, centres de recherche et entreprises, en particulier les PME. Pour atteindre cet objectif, l'État doit soutenir les efforts des universités pour la recherche et le transfert de connaissances. Pour cela, elle peut encourager des stratégies cohérentes au sein de l'université en favorisant une meilleure compréhension des besoins de l'industrie par les chercheurs, et l'évaluation des résultats de la recherche et les conséquences en actions commerciales.

Sur le plan d'investissement et afin de promouvoir une croissance durable et la transformation économique, les pays africains devraient intensifier leurs investissements dans la recherche - développement (R-D), qui étaient de 0, 4 % du PIB en 2007, alors que l'Asie consacrait à la R-D des dépenses intérieures brutes qui représentaient 1, 6 % du PIB. Sauf pour l'Afrique du Sud qui a investi 0, 9 %, les dépenses intérieures brutes en pourcentage du PIB de la plupart des pays africains subsahariens, étaient inférieures à 0, 3 % en 2007. En Asie, la Corée par exemple a dépensé 3, 2 %, la Chine 1, 4 % (Série de données de l'Institut de statistiques de l'UNESCO, 2010). Étant donné que le niveau de la R-D de l'Afrique est très faible, les dépenses intérieures brutes sur la R-D devraient être portées à plus de 1, 6 % du PIB (le taux de l'Asie). Cela devrait être assorti de mesures efficaces pour améliorer la qualité et la pertinence des résultats par rapport aux besoins du marché de l'emploi.

Conclusion

Au long de ce travail, on a essayé de montrer l'importance de la coordination d'un ensemble de politiques publiques dans la consolidation du niveau de développement économique dans le continent africain. En effet, la croissance économique réalisée n'a pas créé suffisamment d'emploi de qualité et par conséquent n'a pas décliné la pauvreté.

Dans un premier temps et sur le plan théorique, on a montré comment les modèles de la croissance endogène peuvent représenter un cadre théorique approprié pour traiter la question d'interdépendance d'un ensemble de politiques publiques. Dans cette interdépendance, c'est la politique de recherche et d'innovation qui fait le lien entre les autres politiques publiques.

Dans un deuxième temps, on a présenté un état de lieu d'un ensemble de politiques publiques (la politique éducative, la politique de recherche et d'innovation, la politique industrielle, la politique commerciale et la politique d'emploi) en Afrique. Le principal résultat dégagé est que ces politiques ne sont pas cohérentes et par conséquent elles ont échoué dans l'élévation du niveau du développement des pays africains. Donc, la cohérence de ces politiques représente un grand défi à lever dans le futur.

Dans un troisième temps, on a étudié l'expérience d'autres pays asiatiques en matière du rôle de l'État dans la coordination de ces politiques publiques pour renforcer leur cohérence. Le principal résultat dégagé est que « l'État développeur » a joué un grand rôle dans le développement économique et social de cette région.

Enfin, sur la base de notre réflexion théorique, l'état de lieu des politiques publiques en Afrique, les leçons tirées des pays asiatiques, on a recommandé l'instauration d'un cadre institutionnel chapeauté par un « État développeur » pour s'occuper de la coordination des politiques publiques.. Ainsi que le renforcement de la formation du capital humain.

Donc, l'élévation du niveau du développement économique et social reste dépendant du niveau de cohérence d'un ensemble de politiques publiques. De même, dans la coordination de ces politiques publiques il y a plusieurs acteurs. Mais, l'acteur principal est l'État. Il s'agit d'un État, fort, compétent, indépendant et qui défend l'idéologie développementiste : c'est « l'État développeur ».

Références bibliographiques

AFD (Agence Française de Développement), 2011, « Transition démographique et emploi en Afrique Subsaharienne : comment remettre l'emploi au cœur des politiques de développement. », collection A SAVOIR, département de la recherche AFD, Paris.

Aghion, P. et Howitt, P., 1992. « A model of growth through creative destruction»,

Econometrica, vol. 60, n°. 2, mars, pp. 323-351.

Banque mondiale, 1993. The East Asian Miracle: Economic Growth and Public Policy,

Oxford University Press, Washington, D. C.

Barro, R., 1990. « Government spending in a simple model of endogenous growth», *Journal of Political Economy*, vol. 98, n°5, pp. 103-125.

CEA et UA, Rapport Economique sur l'Afrique 2011, 2013, 2014 et2015.

Chaponnière J-R. et Lautier M., 2014, "Le modèle de développement de l'Asie de l'Est ", in Recherches internationales, n° 98, Janvier-Mars 2014, pp. 121-146.

CNUCED, 2007. Le développement économique en Afrique : Retrouver une marge d'action : la mobilisation des ressources intérieures et l'État développementiste, New York et Genève.

CNUCED, 2009. Rapport sur les pays africains les moins avancés : État, gouvernance et développement, New York et Genève.

CNUCED, ONUDI, 2011, « Le développement Economique en Afrique : Promouvoir le développement industriel en Afrique dans le nouvel environnement mondial ».

Deon Filmer et Luise Fox, 2014, "L'emploi des jeunes en Afrique Subsaharienne", Série Forum pour le Développement de l'Afrique, Washington DC : Banque Mondiale.

Etzkowitz, H., Leydesdorff. L., (Ed.) (1997). « University in the Global Economy : A Triple

Helix of University-Industry-Goverment Relations », London Cassell Academic.

Gault F. and Zhang G., 2010, «The role of innovation in the area of development». In
« Innovation and the development Agenda », Ed. Kraemer-Mbula E and Wamae W.
Grossman, G. M. and Helpman, Ed, 1991, *Innovation and growth in the global economy*,
Cambridge, Massachusetts, MIT Press.
Gyimah-Brempong, Kwabena et Peter Ondieg, 2011, »Reforming Higher Education: Acces, Equity, and Financing in Botswana, Ethiopia, Kenya, South Africa and Tunisia», dans Forum économique mondial, The Africa Competitiveness Report 2011. pp.39-66.
Johnson, C,. 1982. « MITI and Japanese Miracle: The Growth of Industrial Policy, 1925- 1975. Stanford University Press, Stanford ».
Lall S., 2005, «Is African industry competing?», Working Paper 121. Queen Elizabeth House,
University of Oxford.
Lall, S., (2004), « Stimulating Industrial competitiveness in Africa: lessons from East Asia on the role of FDI and technology acquisition ». Paper prepared for the NEPAD/TICAD conference on Asia-Africa Trade and Investment.
Lucas, R. E., 1988, « On the mechanisms of economic development », *Journal of Monetary Economics*, vol. 22, n° 1, pp. 3-42.
Nation Unies, Commission de l'Union africaine, 2013, "L'industrialisation au service de l'émergence de l'Afrique", Abidjan, 25 et 26 mars 2013. Document de synthèse.
OCDE, 2009, Comité d'Aide au Développement, « Making Economic Growth More Pro- Poor: the Role of Employment and Social protection », Draft Policy Statement, OCDE, Paris.
Oyelaran-Oyeyinka B., (2006), « Learning to compete in African Industry: Institutions and Technology in Development », Ashgate Publishing Limited. Alderscot.
Pagano M., 1993, « Financial Markets and Growth: an Overview », *European Economic Review*, 37, pp 613-622.
Romer, P. M., 1986. « Increasing returns and long-run growth », *Journal of Political Economy*, vol. 94, n°5, pp. 1002-1037.
Romer, P. M., 1990. Endogenous technological change », *Journal of Political Economy*, vol
98, n° 5, pp. 71-102.
Sabates, R., K. Akeampong, J. Westbrook and F. Hunt, 2010, « School Dropout: Patterns, Causes, Changes and policies ». Document commandité pour le rapport de suivi mondial « Education pour tous » 2011. The hidden crisis : Armed Conflict and Education.
Shen J., Dunn D. and Shen Y., 2007, «Challenges facing U. S. Manufacturing and strategies», Journal of industrial Technology. 23(2) : 2-10.

UNECA and African Union Commission, 2008. « Economic Report on Africa 2008. Africa and the Monterry consensus: tracking performance and progress », Addis Ababa.

Wade, Robert H., 2009, « Rethinking Industrial Policy for low Income Counteries ». Africa Development Review. 21(2), pp 352-366.

ÉTUDES

Le concept de résilience : dimension et portée

Camille Sarri
Président de l'Institut eruro-maghrébin d'études et de prospectives

Résumé

L'auteur met en relief l'ampleur de la capacité d'adaptation des États africains aux vulnérabilités, aux phénomènes extrêmes liés au climat et à d'autres chocs et catastrophes d'ordre économique, social et environnemental, inégalité des revenus et déficit en soins de santé.

Mots-clés : Fragilité, adaptation, catastrophes, chocs.

Abstract

The author highlights the extent to which African states are adaptable to vulnerabilities, climate-related extremes and other economic, social and environmental shocks and disasters, income inequality and Health care.

Keywords: Fragility, adaptation, disasters, shocks.

Nous avons assisté ces dernières années à la recrudescence des catastrophes naturelles : inondations, tempêtes, tsunamis, typhons, canicule, sècheresse, feux de forêts et les changements brutaux de températures. L'accord de Paris sur le climat suivi de celui de Marrakech s'il n'avait pas été torpillé par le président des États-Unis n'aurait peut-être pas réglé tous les problèmes du réchauffement climatique mais au moins minimisé l'émission d'effets de serre. Il est vrai que les effets les plus néfastes se feront sentir à long terme, mais les dirigeants des nations qui polluent le plus ne doivent pas perdre de vue que c'est la santé de leurs enfants et petits-enfants qui est compromise.

Le réchauffement climatique sans équivoque, s'est traduit par une hausse de températures moyennes de l'atmosphère et de l'océan, une fonte de la glace, sans précédent et le risque de disparition des iles, suite à la montée de la mer.

Déjà en 2007, un rapport du GIEC prédisait une « modification des régimes du vent, des précipitations et de certains aspects des phénomènes extrêmes ».

Nous avons constaté ces dernières années une hausse faramineuse des précipitations violentes suivies d'inondations, de glissement de terrain plus fréquents et de coulée de boue.

Les chutes de pluie sont irrégulières alternant sècheresse aux périodes de semences et de labourage et des pluies ininterrompues à des moments anachroniques. En janvier et février 2018, des régions comme au Maghreb qui n 'ont jamais connu la neige ont été couvertes telle une robe blanche. Dans le sud de l'Europe, des mouvements des sols résultant de l'alternance sécheresse, inondations ont accentué le phénomène accordéon des sols argileux qui a touché des milliers de communes. Selon un rapport de l'Observatoire national sur les effets du réchauffement climatique (ONERC), « la hausse de fréquence et d'intensité des sécheresses en lien avec le changement climatique devrait amplifier le risque de retrait-gonflement des argiles. En l'absence d'urbanisation nouvelle, l'analyse réalisée fait état d'un coût moyen annuel des dommages passant d'environ 220 millions d'euros (référence sur la période 1989-2003) à 700 millions d'euros ou 1 300 millions d'euros [selon les scénarios] en 2100 ; il est donc multiplié par un facteur compris entre 3 et 6 » (ONERC, 2009). La prise en compte de l'urbanisation dans ces données augmenterait quant à lui le coût d'environ 17 %.

Hausse du niveau de la mer, pouvant être à l'origine d'inondations côtières et d'une érosion accrue en raison des tempêtes et de la hausse du niveau de la mer, avec des impacts certains sur l'efficacité des ouvrages maritimes de protection (digues), voire même de la tenue de ces ouvrages face à la modification des pressions auxquelles ils seront soumis.

Malgré les dénégations de M. Trump, notre planète est en danger si rien n'est fait.

On note déjà, à l'échelle du globe, une hausse des températures moyennes de l'atmosphère et de l'océan, une fonte massive de la neige et de la glace et une élévation du niveau moyen de la mer.

Par ailleurs les industries non polluantes et les énergies renouvelables deviendront de plus en plus compétitives et il sera possible de réduire le recours aux énergies fossiles et aux processus de production altérant notre écosystème.

La prévention des risques et leur prise en compte sont nécessaires à la gestion de l'aménagement urbain, des activités industrielles productives, de l'agriculture, des mers et des océans et plus généralement tout ce qui concerne l'homme et la nature dans leurs relations conflictuels parfois et espérons plus souvent mutuellement avantageux.

Dans les plans d'aménagement urbain, la prévention des risques doit être prise en compte, par la modélisation et l'anticipation des comportements, afin de mieux gérer les risques naturels. Parfois il s'agit de tenter d'en limiter les conséquences désastreuses.

En France des études prospectives sont menées dans l'objectif d'évaluer les évolutions futures des températures et pluviométries moyennes en métropole. Selon le rapport des groupes de travail de la concertation nationale pour le Plan National d'Adaptation au Changement Climatique (PNACC), « suivant le scénario à « fortes » émissions, une forte diminution des pluies estivales (de 20 à 35 %) », et « des évolutions accentuées de certains extrême changements climatiques » seront à prévoir.

La multiplication des séquences de sécheresse pourrait engendrer une exposition encore plus fréquente de la population aux rayonnements ultra-violets, avec des risques sur la santé humaine comme le souligne un rapport interministériel en ces termes : « en France, entre 1978 et 2000, l'incidence de cancers cutanés a augmenté chez l'homme de 5, 9 % par an et la mortalité de 2, 9 % par an. ».

La pénurie d'eau pourrait ralentir et même altérer non pas seulement les activités agricoles et agroalimentaires mais aussi certaines industries fortement utilisatrices du liquide naturel comme les centrales nucléaires, les stations de traitements de surfaces, le traitement du bois…

La grande question est comment modéliser les impacts et les comportements des humains face aux crises et comment les anticiper, voire les contourner ? Il s'agit également de circonscrire l'impact du changement climatique sur la vulnérabilité des populations face à des risques majeurs naturels.

Les modifications des régimes du vent, des précipitations et de certains aspects des phénomènes extrêmes ont des effets qui peuvent se résumer en ces points :

- hausse des précipitations violentes à l'origine d'un risque croissant d'inondations.
- diminution des précipitations dans le sud de l'Europe et en Afrique, pouvant accentuer les effets des mouvements des sols, notamment le phénomène de retrait-gonflement des sols argileux qui a touché plus de 7300 communes en 2003.
- hausse du niveau de la mer, pouvant être à l'origine d'inondations côtières
- montée de certains risques industriels qui peuvent être impactées par une modification des conditions climatiques.
- aggravation de l'impact du changement climatique et des risques naturels majeurs sur la santé.

Les changements climatiques représentent un risque sérieux aggravant la pauvreté et les inégalités en remettant en cause plusieurs décennies d'efforts de développement. Comme le souligne la déclaration de Johannesburg sur le développement durable, « les effets préjudiciables des changements climatiques sont déjà évidents, les catastrophes naturelles sont de plus en plus fréquentes et dévastatrices, les pays en développement de plus en plus vulnérables ».

Les populations et les pays pauvres sont tout particulièrement vulnérables en raison de leur forte dépendance à l'égard des ressources naturelles ainsi que de leur capacité limitée à faire face à la variabilité climatique et aux phénomènes météorologiques extrêmes.

Afin de préserver les conditions de vie des populations pauvres, il convient d'intégrer les mesures d'adaptation dans la planification du développement et de réduire la pauvreté. Il appartient aux pays industrialisés d'être à l'avant-garde de la lutte contre les changements climatiques et ses effets néfastes, en partageant un engagement commun d'assistance et de collaboration avec les populations pauvres du sud, leurs gouvernements partenaires, la société civile et le secteur privé en vue de réduire la vulnérabilité des pauvres.

Le réchauffement climatique rendra l'eau potable et l'eau destinée à l'élevage et à l'agriculture rare, d'où le risque de famine et de menace sur la sécurité alimentaire en Afrique, en Asie et en Amérique latine. La solution qui s'impose est d'améliorer la capacité d'adaptation des populations et des pays pauvres exposés et d'entamer un processus de ré industrialisation de l'Afrique grâce à ce que j'appelle la Trilatérale du XXIème siècle. Il s'agit de faire co produire et co financer trois blocs de pays : le Machreq, l'Afrique et l'Union Européenne. Faire de l'Afrique l'eldorado non pas des exportations de biens et de services en sa direction, mais une terre d'investissements et de progrès avec des infrastructures, des formations techniques et technologiques qui en feraient une destination de la technologie européenne et de son savoir-faire, dans une démarche gagnant-gagnant. Les pays arabes pétroliers au lieu d'investir dans les bons du trésor et autres obligations et actions, pourraient s'associer à des projets productifs dans une chaine de création de valeurs dont chaque bloc de pays est associé dans le processus de production et de distribution.

Selon une étude publiée le 14 février 2018 dans la revue Nature, portant le titre :

« Une ville sur deux manquera d'eau en 2050 », Stéphane Senet affirme que plus d'une métropole sur deux pourrait connaître des ruptures d'approvisionnement en eau potable en 2050, alors que la demande a quasiment quadruplé dans le monde au cours des 60 dernières années, en raison de l'essor démographique, d'un meilleur accès aux infrastructures et de l'augmentation des besoins, elle pourrait encore s'accroître de 80 % d'ici 2050. Ce fort accroissement de la demande tombe mal, alors que les ressources se tarissent en raison du changement climatique et de l'urbanisation galopante, qui touchera 66 % de la population mondiale dans 30 ans contre 50 % aujourd'hui.

C'est ce qui a conduit les chercheurs de l'université de Kassel (Allemagne) à étudier l'évolution des ressources (en eaux de surface et souterraines) en 2050 et ses conséquences sur l'approvisionnement. Ils se sont penchés sur l'approvisionnement de 482 grandes villes à travers le monde, accueillant 736 millions d'habitants, en prenant notamment en compte ainsi qu'un scénario socio-économique de type *business as usual*. Ils ont ensuite étudié deux hypothèses politiques : les urbains sont prioritaires pour l'accès à l'eau, ou au contraire les besoins de l'industrie et de l'agriculture sont considérés comme primordiaux.

Passant à la loupe 482 villes comptant plus de 600 millions d'habitats près de 36 % des villes (440 millions de personnes) connaîtront des problèmes d'approvisionnement dans 30 ans. Pire encore 673 millions de personnes, habitant 55% des villes étudiées, seraient rationnées. Soit plus d'une métropole sur deux en déficit hydrique.

Les villes d'Asie du Sud et d'Amérique du Nord seraient les plus menacées.

La réforme de l'irrigation est préconisée comme moyen de rompre le conflits entre les usages des villes et des campagnes ainsi que la mise en place des systèmes d'aspersion et de goutte-à-goutte et la réduction des fuites dans les infrastructures et le changement de variétés de plantes cultivées Ces changements permettraient d'augmenter de 10 % la performance de l'irrigation dans le monde et de réduire le déficit hydrique de 236 millions de citadins.

Les émissions de CO2 et l'effet de serre aggravent les conditions de vie des populations les plus pauvres et compromettent tous les efforts de développement. La déclaration de Johannesburg sur le développement durable, affirme : « les effets préjudiciables des changements climatiques sont déjà évidents, les catastrophes naturelles sont de plus en plus fréquentes et dévastatrices, les pays en développement de plus en plus vulnérables ». Ces derniers n'ont ni les moyens financiers, ni le potentiel afin de fournir les aliments et produits de base pour contrecarrer les effets des catastrophes naturelles et les phénomènes météorologiques extrêmes.

Il est paradoxal que les pays les plus industrialisés sont ceux qui polluent le plus aussi bien du fait des activités économiques urbaines et rurales qu'en raison d'un nombre important de véhicules en circulation. Des fonds ont été prévus par les accords de Paris sur le Climat s'élevant à 100 mds de dollars.

Ils auraient servi à aider les pays émergents et en voie de développement à promouvoir des industries non polluantes. Le retrait inopiné des États-Unis sous la houlette d'un président Trump par trop climato sceptique.

La réduction de la vulnérabilité des pauvres face aux changements climatiques doit mobiliser les gouvernements, la société civile et le secteur privé avec le soutien des institutions internationales publiques et non gouvernementales.

Si les effets de l'évolution du climat sur les populations pauvres sont très variables, les changements climatiques aggravent les vulnérabilités existantes comme l'accès à l'eau potable, de plus en plus difficile, la santé des personnes pauvres qui se dégrade et la sécurité alimentaire de nombreux pays africains, asiatiques et latino-américains qui est menacée.

L'aridité de certaines zones et la dégradation des conditions d'exploitations des terres agricoles risque de provoquer des famines chroniques, l'exode rurale et l'émigration.

D'après le troisième rapport d'évaluation du GIEC, les pays en voie de développement pourraient souffrir des conséquences du réchauffement climatique, en raison de la dépendance de leur agriculture et leurs activités piscicoles, des ressources naturelles. Leurs capacités humaines, capitalistiques et financières ne sont pas outillées pour répondre aux effets directs et indirects des changements climatiques. Les pays les plus pauvres des régions tropicales et subtropicales présentent généralement une vulnérabilité maximale aux changements climatiques.

Plus de 96 % des décès dus à des catastrophes naturelles ont eu lieu dans des pays en développement. Plus d'un milliard de personnes, dont les deux tiers vivent dans la pauvreté absolue, avec moins d'un dollar par jour. Si l'on utilise la norme de deux dollars par jour, ce chiffre passe à 2, 8 milliards de personnes (OCDE 2001).

Certains écosystèmes étant extrêmement sensibles, d'infimes modifications peuvent avoir de lourdes conséquences. Une hausse de température de l'eau, par exemple, peut engendrer la destruction des récifs coralliens et exacerber d'autres agressions telles que la pollution et la surpêche, entraînant une diminution des stocks halieutiques et menaçant les moyens d'existence des populations qui dépendent de la pêche et du tourisme.

D'après les prévisions, le nombre de personnes affectées par la raréfaction de l'eau devrait passer de 1, 7 milliard à 5 milliards d'ici 2025, indépendamment des changements climatiques (GIEC 2001b). L'insuffisance de disponibilité d'eau dans les zones exposées au stress hydrique, notamment dans les régions subtropicales, s'expliquent par la fréquence accrue des sécheresses, de l'augmentation de l'évaporation ainsi que des modifications des régimes de précipitations et des ruissellements.

En Afrique, le PIB par habitant moyen est l'un des faibles au monde avec seulement 3 513 dollars US (ajusté pour assurer la parité des pouvoirs d'achat), alors que la moyenne mondiale se situe à 14 956 dollars US. Ces chiffres sont à mettre en parallèle avec le taux de croissance de la population africaine, le plus élevé au monde et qui dépasse 2, 42 % en moyenne en 2015, surtout dans les pays les moins développés en Afrique de l'Est, de l'Ouest et Centrale. La démographie peut être une chance eu égard au rajeunissement de la population, à l'expansion de la consommation et au renouvellement des personnes en activité. Cependant le faible niveau de production des biens et services et l'insuffisance de l'industrialisation empêchent l'émergence d'activités productives créatrices d'emplois :

- gérer en commun le problème de l'alimentation en eau.

Les taux de croissance des PIB du Maroc, de la Tunisie et de la Mauritanie, dépendent en partie de la pluviométrie. L'Algérie et la Libye deux producteurs de pétrole et de gaz, sont aussi concernées par l'approvisionnement en eau de leurs populations.

Il serait utile de commencer par gérer en commun les barrages et nappes phréatiques frontalières pour étendre cette coopération, en mettant au travail les structures nationales au service d'une coordination des actions, des technologies et des recherches ainsi que des échanges d'expériences.

- les problèmes de logement, de l'exode rural, de la politique d'aménagement des territoires et la nécessaire décentralisation avec un transfert des prérogatives de l'Etat vers les régions, les départements et les communes sont à traiter immédiatement. Beaucoup de retard a été pris dans le traitement des problèmes de la gouvernance des administrations et des services publics, des établissements publics et privés.

L'État qui centralise tous les pouvoirs ne doit-il pas en transférer au profit des communes, des départements et des régions. La décentralisation à la française initiée en mars 1982 fut incontestablement facteur de progrès. La régionalisation à l'allemande a structuré le développement économique et social de l'Allemagne réunifiée. Les provinces chinoises disposent de larges pouvoirs économiques, urbanistiques et administratifs et rivalisent entre elles en matière d'infrastructures et de développement économique. Les pays du Maghreb doivent opter pour des modèles qui leur sont propres respectant leurs spécificités historiques, sociologiques, culturelles et comportementales.

- -sortir de la pauvreté et des inégalités sociales, c'est la priorité des priorités. Au- delà de la polémique sur les indicateurs du développement humain, l'amélioration doit être perceptible parmi les populations. Le saupoudrage ne sert à rien, ni les solutions éphémères.
- -la formation initiale et professionnelle sera le grand défi à relever dans une région où la moitié des habitants ont moins de

35 ans. C'est une situation explosive et aucun système politique ne pourra y résister.

La dépendance des pays du Maghreb est structurelle pour certains produits comme les céréales (66, 7 %) dont 69 % pour le blé tendre, 75, 6 % pour le riz, 92 % pour le maïs, destiné à l'alimentation animale, 83, 9 % des sucres, 82, 8 % pour les huiles végétales. En ce qui concerne le lait, la dépendance s'accroît, même si elle n'atteint que 36, 3 %. La demande sera plus forte à cause de la croissance démographique. Les possibilités d'extension des superficies, en particulier celles du secteur irrigué limitent les performances des agricultures maghrébines. La difficile mobilisation pour une meilleure gestion de l'eau et la lutte contre la désertification en sont aussi des freins.

La future communauté économique maghrébine (CEM) serait un outil de centralisation des achats et même de leurs planifications grâce à des systèmes de prévisions.

Dans le même registre, les matières premières qui connaîtront à l'avenir une décroissance de leur extraction devraient bénéficier d'une mise en commun communautaire des politiques d'achat, d'études et de prospectives et de recherche de partenariats durables.

Mais la CEM doit viser une augmentation de la productivité et du rendement par la recherche-développement en aridoculture, ainsi que la conservation et la valorisation des ressources phytogénétiques domestiques, l'amélioration de la conduite des cultures en zones arides et la valorisation des eaux géothermiques et non conventionnelles en agriculture.

En matière de politique de la pêche, s'il est possible de fermer les frontières terrestres, il est impossible d'en faire de même pour celles maritimes. Alors une coordination s'impose pour traquer les trafiquants transfrontaliers mais aussi pour exploiter utilement les richesses des deux mers qui baignent le Maghreb, la Méditerranée et l'Océan atlantique. Face aux gros moyens utilisés par les flottes russes américaines, japonaises et européennes, les chalutiers maghrébins devraient unir leur force et les gouvernements devraient donner la priorité aux pêcheurs maghrébins : Le transport maritime devrait se développer à tous les niveaux ; marchandises et personnes.

La croissance économique africaine a été de 3, 79 % par an en moyenne sur la période 2008-2014 et fut supérieure à la croissance mondiale. Les niveaux des PIB de départ sont très bas. En outre ce sont les pays exportateurs d'hydrocarbures et des autres matières premières qui ont tiré vers le haut les valeurs ajoutées.

Bien évidemment au sein des pays africains, les disparités sont substantielles Certains comme la Côte d'Ivoire, le Gabon, le Ghana, l'Afrique du sud, le Nigéria, le Cameroun, le Tchad, le Sénégal, la Guinée Equatoriale, l'Angola, le Mozambique peuvent accéder au statut de pays en développement. D'autres comme le Mali, le Libéria, la République Centrafricaine, le Congo, la Somalie peuvent prétendre au statut de pays pauvres. La Banque Mondial estime que la plupart des économies africaines sont candidates à rejoindre la catégorie des pays à revenu intermédiaires avant 2025. C'est possible mais ce n'est pas acquis d'avance.

Mais l'Afrique doit surmonter ses propres écueils en premier lieu une gouvernance qui doit atteindre les standards internationaux, une démographie non maitrisée avec tout ce qui s'en suit : exode vers les grandes villes devenues des métropoles ingérables et l'incapacité des Etats à dégager des ressources financières et humaines afin de construire les infrastructures appropriées en matière d'éducation, de formation, de santé et d'insertion par l'économique. Les guerres civiles et/ou entre des pays voisins ont ruiné la stabilité du continent et ont fait perdre la confiance des investisseurs y compris de la part de la diaspora africaine. Le changement de modèles économiques basé sur l'exportation de matières premières brutes fera l'objet d'une analyse novatrice en quatrième sous partie.

Les perspectives économiques en Afrique dépendent souvent de facteurs exogènes ; conjoncture internationale, cours des matières premières, pluviométrie, le tourisme, les Investissements directs étranger, les transferts des migrants.

En plus de ces variables venant d'ailleurs, les pays africains sont impactés par l'insécurité régnant dans certaines zones géographiques, les conflits armés et les révoltes (comme en Tunisie, Egypte, Libye..), la corruption et une gouvernance dégradée, etc.

Il convient de réfléchir sur les enjeux et perspectives géostratégiques du continent africain mais également sur ses progrès ou ses retard pour son développement et surtout des conséquences des luttes géostratégiques qui fragilisent et empêchent l'Afrique de décoller.

Les richesses africaines contrastent avec les difficultés qu'éprouve la population en matière d'accès à l'eau potable, à l'électricité, à des soins de santé primaire. La mortalité maternelle ne cesse d'augmenter lors des accouchements, etc.

Comment éradiquer la faim et l'insécurité alimentaire dans cette Afrique subsaharienne ou 25°/° des 856 millions d'habitants sont sous alimentés et que 15 millions sont exposés aux risque de famine dans le Sahel et dans la Corne de l'Afrique.

Selon les Nations Unies l'Afrique subsaharienne est la région du monde qui connait la plus grande insécurité alimentaire et où la pauvreté est particulièrement alarmante.

Jusqu'à 25 % des 856 millions d'Africains sont sous-alimentés et 15 millions sont exposés au risque de famine au Sahel ainsi que dans la Corne de l'Afrique.

Le secteur agricole emploie toujours la majorité des Africains (62 % en 201 2[12]) et reste un secteur peu productif. Le continent présente ainsi le plus grand écart de rendement de la planète : quand les producteurs céréaliers aux États-Unis, en Chine et dans les pays de la zone euro obtiennent quelque 6 tonnes de céréales par hectare, les paysans d'Afrique subsaharienne n'en produisent que 1 t en moyenne.

L'Afrique possède 16, 5 % des terres arables mondiales, pour 16 % de la population.

Cependant, L'Afrique est considérée aujourd'hui comme le continent le plus riche en ressources minières, on parle du potentiel des richesses naturelles exceptionnelles. La question posée est de savoir à qui profite leur exploitation : les populations ou les multinationales détentrices des outils de production et de la technologie et des circuits de commercialisation.

L'Afrique bénéficie d'atouts climatiques et géologiques qui lui confèrent une richesse en variété de production agricole, sans pour autant lui éviter d'importer une large gamme de produits agricoles et alimentaires qui pourraient être produites localement. Il est primordial de repenser le modèle de développement agroalimentaire en envisageant d'utiliser tous les leviers qui font éclore un secteur tourné à la fois sur les marchés domestique, régional et international. Il s'agit de :

- créer les infrastructures de commercialisation des produits agricoles aussi bien par route, par fer et par mer. Les pays sub-sahariens subissent d'énormes pertes après- récolte, pouvant atteindre dans le cas des denrées agricoles périssables comme les fruits et les légumes, une moyenne de 35-50 % de la récolte.
- développer les formations et l'apprentissage dans le domaine agronomique et agroindustriel et favoriser les financements pour la création de fermes agroalimentaires.

- en rendant attractif le travail dans le milieu rural, il serait possible de fixer les populations paysannes dans leurs villages,
- élaborer une stratégie de réduction des pertes après-récolte afin de favoriser la stratégie de développement agroindustriel.

Le dossier énergétique est celui où les partenariats inter maghrébins peuvent se concrétiser tout de suite. L'Institut Euro Maghrébin d'Etudes et de Prospectives, que je préside a mis en place un groupe de travail sur la création d'une Communauté maghrébine de l'environnement et de l'énergie (CMEE).

Il s'agit de changer de doctrine énergétique. Favoriser les énergies renouvelables c'est allonger la durée des ressources fossiles et en même temps préparer l'après hydrocarbures. Le potentiel solaire thermique du Sahara équivaut à 10 fois la consommation mondiale globale d'énergie et le développement de nouvelles innovations technologiques permet de l'exploiter. Le dossier énergétique est celui où les partenariats inter maghrébins peuvent se concrétiser à très court terme.

L'Union pour la Méditerranée, propose un Plan solaire méditerranéen (PSM) qui prévoit de produire en Afrique du Nord, d'ici à 2020, quelque 20 000 MW d'énergie solaire. Les nouvelles interconnexions transnationales et transméditerranéennes qui pourraient servir de base à un « super-réseau » euro-méditerranéen aideront à la réalisation de ce projet. Cependant, afin d'exporter de l'énergie propre de l'Afrique du Nord vers l'Europe, il est prévu de renforcer l'interconnexion Maroc-Espagne à l'aide d'une troisième ligne d'une capacité de 1 000 MW dont la mise en service est prévue au cours de la seconde phase du Plan solaire méditerranéen (2013-2016), selon le rapport de la BAD.

Une étude de l'Institut Fraunhofer, sur les mécanismes d'énergie solaire, publiée le 24 février 2015, pourra servir à dégager de nouvelles pistes de réflexion, quant aux gisements énergétiques au sud de la Méditerranée. La baisse des coûts du solaire pourrait cannibaliser le charbon et le gaz d'ici à 2020. En outre des avancées technologiques et des innovations majeures dans le domaine du solaire, pourraient rendre l'électricité moins coûteuse.

Les conclusions de l'étude rappellent toutefois que des primes de risque élevées ou une mauvaise réglementation pourraient multiplier les coûts par deux.

« L'étude montre que les prix de l'énergie solaire ont baissé beaucoup plus rapidement que ce qu'avaient prévu les experts et continuent de chuter », a déclaré le docteur Patrick Graichen, directeur d'Agora Energiewende.

« Les projets de futurs systèmes d'approvisionnement en énergie devraient être examinés à l'échelle mondiale. Jusqu'à présent, la majorité des projets n'inclut qu'une part minime d'énergie solaire ».

Alors que le prix de l'électricité provenant de nouvelles centrales à charbon et à gaz se situe entre 5 et 10 cents par kilowatts-heure et 11 cents pour l'électricité provenant des centrales nucléaires, les grandes centrales solaires en Allemagne fournissent de l'énergie solaire pour moins de 9 cents.

L'étude indique qu'une mauvaise réglementation et des primes de risque élevées peuvent faire flamber les coûts des installations solaires de 50 %, ce qui réduit de moitié les avantages coûts. Selon Patrick Graichen « une situation financière favorable et un cadre juridique stable sont donc des conditions nécessaires pour une électricité solaire propre et peu chère. C'est aux décideurs politiques de créer et de préserver ces conditions »..

Le réchauffement climatique doit inciter les pays du Maghreb à multiplier les efforts pour chercher d'autres sources d'énergies renouvelables en partenariat avec l'Union Européenne. Alger et Rabat ont déjà annoncé qu'ils souhaitaient mettre en place un marché maghrébin de l'électricité en vue de son intégration au marché européen. Actuellement, les échanges d'électricité entre les deux pays ne concernent que 1 % des capacités de l'interconnexion électrique. Mais c'est une base pour d'autres projets.

La coopération énergétique algéro-marocaine se renforce d'un partenariat entre Sonelgaz et le bureau national de l'électricité et du gaz du Maroc.

Toutes les actions mentionnées ci-dessus peuvent être structurées au sein d'une communauté maghrébine de l'environnement et de l'énergie (CMEE).

C'est pourquoi il convient de mettre en commun les programmes de recherche- développement à l'échelle des États (les énergies renouvelables, la lutte contre la désertification, la gestion de l'eau, la pêche et la pisciculture..) et à l'échelle des entreprises. Pour transformer les phosphates marocains en engrais, il faut de l'énergie, du soufre et de l'ammoniac, trois inputs dont l'Algérie dispose. Un partenariat entre l'Office chérifien des phosphates (OCP), et Sonatrach ferait du

Maghreb un grand exportateur d'engrais vers l'Inde, le Brésil, la Chine et les autres pays africains. Ces derniers ont des terres peu traités par les engrais et peuvent augmenter considérablement leurs productions agricoles respectives.

Le gazoduc, Medgaz, qui doit relier directement l'Algérie à l'Espagne ne paraît pas d'une grande utilité. Transméditerranéen ou le gazoduc Enrico Mattei est un pipeline de gaz naturel qui relie l'Algérie via la Tunisie à la Sicile et de là vers l'Italie.

L'accent doit être mis sur le projet très ambitieux d'alimentation de l'Europe en énergie électrique, à partir de centrales solaires implantées au Maghreb connectées à des lignes de transport reliées à l'Europe via des câbles sous-marins. L'UE et le Maghreb doivent aller vers le développement de l'énergie solaire. L'électricité produite par ces moyens sera non seulement utilisée dans le Maghreb, mais également en Europe. Il convient de réaliser un nombre important d'infrastructures (des centrales solaires) du Maroc jusqu'au Moyen-Orient, d'un côté et de l'autre, du Portugal à la Grèce. Pour créer cet espace, il faut créer des infrastructures très modernes, très puissantes comme pour le projet Desertec, dans le cadre d'un marché intégré de l'énergie maghrébin et après suppression des barrières à cette intégration.

Il est nécessaire d'identifier les projets fédérateurs dans le secteur énergétique, les infrastructures adéquates, les ressources conventionnelles et non conventionnelles, les équipements, les services d'études publics et les cabinets d'experts privés.

L'environnement économique, le contexte géostratégique et la stabilité sont au cœur des décisions d'investir dans des projets de long terme. Telles sont les conclusions de la 3e *conférence* annuelle Desertec Industrial Initiative *(DII)* sur les énergies renouvelables qui s'est tenue à Berlin du 7 au 9 novembre 2012.

Shilpa Patel, ministre de l'État allemand, dans son allocution d'ouverture souligne « les pays arabes ont fait un long chemin et nous les encourageons (…) La stabilité dans cette région est d'une grande importance pour le Desertec ».

- Paul Van Son, directeur du DII, enfonce le clou en estimant que ce projet ne pourra pas se faire sans la création de conditions favorables dans le marché pour faire travailler les entreprises dans le domaine. « Sans stabilité politique dans ces pays, les progrès ne sont pas pour demain. Ils seront certainement à long terme ». Afin d'anticiper la révolution énergétique, chaque pays doit créer des BTS, spécialisés en gestion des fluides (eau, gaz, électricité…) et des filières d'ingéniorat énergétique.

- Dans une mission d'étude des économies d'énergie menée pour le compte des villes de l'est parisien j'ai pu vérifier et implémenter l'adage selon lequel l'énergie la moins cher est celle que l'on ne consomme pas. À cet égard des actions visant à rationaliser la consommation des fluides ont porté sur les outils favorisant les économies à réaliser :
- remplacement des ampoules classiques par des ampoules Led, isolation des bâtiments (combles et toitures isolation des murs, isolation du plancher, isolation des fenêtres, isolation des toitures -terrasses, étanche) ;
- changement de la robinetterie ;
- contrôle des consommations à distance grâce à des logiciels ;
- programmes display dans les écoles et les bâtiments publics alliant sensibilisation ; changements des habitudes des enfants et des enseignants.
- changement des chaudières énergivores par des chaudières modernes et économes (à condensation individuelle, de type micro-cogénération ou les chauffe-eau thermodynamique) ;
- l'installation de pompes à chaleur (PAC) aérothermiques et géothermiques ;
- favoriser les systèmes solaires thermiques (panneaux thermiques et chauffe-eau solaire individuel) et les systèmes solaires photovoltaïques ;
- intensifier l'installation de petite éolienne individuelle raccordée au réseau électrique et les forêts d'éoliennes à grande échelle Ia CEM sera un catalyseur des investissements directs étrangers, mais aussi inter maghrébin, dès lors que la région offre des avancées significatives en matière d'innovation technologique et un haut niveau de qualification ;
- rapprocher les entreprises et les universités ;
- maîtriser le foncier et favoriser les acquisitions immobilières par des Maghrébins dans un autre pays du Maghreb, en accordant des facilités fiscales et patrimoniales et en réservant un accueil privilégié.
- Plusieurs objectifs sont aisément atteignables :
- réaliser des économies d'échelle, par l'élargissement du marché ;

- développer des spécialisations dans les pays et dans les régions selon les avantages
- comparatifs ;
- lutter contre la désertification qui menace des régions entières ;
- développer la recherche agronomique en s'appuyant sur les instituts de recherche (l'INRA en Algérie et l'INRA au Maroc). Il s'agit d'opérer une amélioration génétique des espèces végétales et animales et une lutte implacable contre la sécheresse et les changements climatiques ;
- implanter des cultures dans les milieux désertiques, en collaboration avec des laboratoires internationaux ;
- gérer en commun le problème de l'alimentation en eau ;
- réunir les moyens et les forces vives pour investir en Afrique subsaharienne ;
- développer des réseaux de distribution et des actions de prospection maghrébines
- dans les pays tiers ;
- participer conjointement à des foires et salons économiques internationaux comme le salon de l'agriculture à Paris ;
- permettre aux services commerciaux des ambassades maghrébines de devenir des portes d'entrée conjointes aux exportateurs et aux investisseurs maghrébins dans les pays tiers ;
- regrouper les achats de produits pharmaceutiques, agricoles et manufacturiers, afin
- d'obtenir les meilleures conditions ;
- faciliter les transferts des travailleurs maghrébins à l'étranger par la mise en commun des réseaux des banques maghrébines au moindre coût ;
- développer la transformation des produits agricoles et des matières premières comme les phosphates en produits finis ou semi-finis ;
- créer des partenariats industriels afin d'aller vers une intégration par la production
- et atteindre la taille critique ;
- favoriser la création de joint-ventures et des coproductions pour réaliser des économies d'échelle et économiser des devises, sur la base des avantages comparatifs et l'expérience acquise dans tel ou tel secteur ?

- développer la sous-traitance conjointe en collaboration avec des investisseurs européens ;
- développer des plans de formation et des organismes communs afin de réaliser de vraies synergies et des adéquations emploi-formation.

ÉTUDES

Fragilité et diplomatie économique, climat des affaires et intégration nationale, régionale et continentale

Ezzeddine ZAYANI
Tunisie - Ancien ambassadeur -

Résumé

L'Afrique dispose de multiples potentialités et richesses. La diplomatie économique africaine en tant que clef de voûte du développement se heurte dans son processus d'opérationnalisation à de multiples aspects de fragilité tels que le climat des affaires, les contraintes de l'intégration nationale, régionale et continentale.
Mots–clés : Fragilité, diplomatie économique, climat des affaires, intégration.

Abstract

Africa has many potentialities and wealth. African economic diplomacy as a keystone of development faces in its process of operationalization to multiple aspects of fragility such as the business climate, the constraints of national, regional and continental integration.
Keywords: Economic diplomacy, business climate, integration.

L'Afrique c'est un continent de l'espoir et c'est un grand gisement pour les opportunités économiques, L'Afrique c'est encore moins de 1 % de la production industrielle mondiale, 650 millions de personnes qui n'accèdent pas à l'électricité, 350 millions d'individus qui n'accèdent pas non plus à l'eau potable. L'Afrique abrite la plus grande surface de terre arable mais non cultivée dans le monde. Toutefois, le continent africain importe annuellement des produits alimentaires pour la bagatelle de 35 milliards de dollars, d'où les convoitises et la concurrence rude et âpre pour avoir une part, même modeste de ce marché où l'on achète de tout.

Certes, le continent africain réalise depuis plus de deux décennies une croissance économique impressionnante se situant entre 5 et 6 % par an. À signaler qu'il y a des pays africains qui font une croissance à 2 chiffres tels le Congo Brazzaville, le Rwanda, l'Éthiopie, etc.

Cependant, l'Afrique c'est aussi le continent de toutes les fragilités, particulièrement les conflits armés. En 2016, sur 19 foyers de tension dans le monde, sous le contrôle de l'ONU, 13 se trouvent en Afrique. Aux conflits s'ajoutent les épidémies qui sévissent sans relâche. À lui seul, l'Ebola a causé plus de 5 mille morts en Afrique. Ceci étant dit, force est de constater que la fragilité n'est pas uniquement d'ordre conflictuel. Elle peut concerner les fonctions et les tâches qu'un État doit assumer, où qu'il soit à la quête d'une légitimité non reconnue. L'on peut citer à ce titre les fragilités institutionnelles, la mauvaise gouvernance, ou le manque de moyens pour assurer une scolarisation continue, une éducation gratuite, une couverture sociale, des soins médicaux, l'accès à l'eau, à l'électricité (des délestages permanents) et souvent l'incapacité d'assurer une sécurité couvrant tout le territoire. La fragilité n'est pas uniforme. Elle diffère d'un pays à l'autre et d'une communauté à une autre.

En Afrique, les États fragiles sont ceux appelés communément les pays de l'Afrique subsaharienne et centrale, tels le Mali, le Tchad, le Burkina Faso, la RDC, la république centrafricaine etc. La pauvreté, la malnutrition, le taux élevé de mortalité infantile, le faible taux de scolarisation et l'insécurité sont les principales caractéristiques d'un État fragile, or la pierre angulaire à la résilience et à la stabilité est sans aucun doute la sécurité. Par ailleurs, la fragilité peut apparaître comme un cercle vicieux. On y entre facilement mais l'on a toutes les peines du monde à en sortir. La Banque Mondiale avait recensé35 pays fragiles en 1979. 30 ans plus tard en 2009, ce sont les mêmes pays, aucun n'avait réussi à quitter le groupe comme si les composantes de la fragilité s'alimentent les unes des autres.

Richesse africaine, crise et convoitises internationales

Un continent africain plus ou moins fragile voire fragilisé par une crise économique mais qui recèle des richesses inestimables face aux convoitises internationales de plus en plus imposantes. Comment peut-il procéder et comment peut - il y faire face pour mettre en valeur ses richesses, réduire sa fragilité et surtout offrir de l'espoir à une jeunesse majoritairement sans travail et sujette à toutes les formes de séduction exercées par les groupes terroristes toutes obédiences confondues. Pour ne donner qu'un exemple révélateur, en Tunisie et sur une population de 11, 5 millions d'habitants, 788 milles le nombre de chômeurs dont 33 % des chômeurs diplômés du supérieur. Toute la dichotomie réside à ce niveau. Un continent considéré par les analystes comme un eldorado économique de premier ordre et des économies qui rament difficilement pour ne pas dire qui pataugent. Pourtant les recherches effectuées parlent de l'existence de 300 millions d'africains constituants la classe moyenne sur 1 milliard d'habitants sur le continent. Ces 300 millions ont un revenu fixe allant de 2 à 20 dollars par jour. Il y a des pays qui ont saisi à sa juste valeur l'importance de ce marché africain et en proposant un éventail de produits ciblant cette classe dite moyenne. La Turquie est l'exemple type de ce genre de pays qui ont misé sur l'Afrique dès le début des années 2000. Le président turc effectue régulièrement des visites en Afrique. En 3 ans, entre 2010 et 2013 la Turquie a augmenté le nombre de ses représentations diplomatiques de 12 à 34. Sa compagnie aérienne la turkish airlines dessert plus de 35 destinations africaines.

Les échanges commerciaux de la Turquie ont grimpé successivement de 2 milliards en 2002, à 17 milliards en 2011 et 50 milliards de dollars en 2016. Le Maroc à lui aussi réaliser des prouesses à ce niveau, il est plus présent en Afrique grâce à sa dynamique diplomatie économique. Faut-il rappeler à cet égard que de nos jours, un grand intérêt est accordé à la diplomatie économique qui a gagné du terrain sur celui de la diplomatie traditionnelle. De nos jours, les stratégies des Etats ne reposent plus sur les échanges classiques mais sur la conquête de nouveaux marchés afin de créer de nouveaux débouchés aux entreprises. La diplomatie économique s'articule autour de 3 axes, soutenir les exportateurs de produits nationaux, attirer les investissements vers le pays et enfin veiller sur la bonne application des règles internationales par rapport aux données nationales tout en défendant les intérêts nationaux. La diplomatie économique s'applique normalement aux États, mais depuis quelques années, des organisations internationales se sont affirmées en tant qu'acteur principal dans ce sens. On peut citer l'OMC, le FMI, la Banque mondiale etc. La diplomatie économique a comme champ d'action le commerce, les investissements, les marchés, la sécurité économique, la migration, etc. Les outils de la diplomatie économique ce sont les négociations et l'influence. Nonobstant la qualité des diplomates qui sont déployés dans les ambassades et à travers le monde, il n'en reste pas moins que le climat des affaires compte pour beaucoup dans l'interaction entre la diplomatie et l'intérêt suscité pour que l'investisseur prenne la peine de venir s'intéresser au marché local. Il faut reconnaître quelques États africains, telle l'île Maurice, le Maroc, la Tunisie, l'Afrique du sud, l'Égypte ont déployé des efforts louables pour améliorer le climat des affaires et se sont rapprochés des standards internationaux, surtout vis- à- vis des 10 critères pour un climat idéal à savoir des facilités de tous genres pour, la création des entreprises, l'octroi du permis de construire, le raccordement à l'électricité, le transfert de propriété, l'obtention de prêts, la protection des investisseurs, le paiement des impôts, le commerce transfrontalier, l'exécution des contrats et le règlement de l'insolvabilité. Le Royaume du Maroc peut être cité comme un État africain qui a réussi grâce à une batterie de mesures à bien se positionner vis à vis des IDE.

Intégration politique, économique, régionale et continentale

Incontestablement le tableau n'est pas rose comme on l'aurait souhaité pour plusieurs raisons :

- - l'intégration politique et économique à l'échelle nationale n'est pas bien achevée quelquefois. Dans de nombreux pays de notre continent africain, la frustration peut attiser le feu et les relations entre citoyens de diverses régions du même pays laissent entendre malheureusement que l'idéal national n'est pas encore bien assimilé. Quelque fois les diversités régionales, au lieu de servir comme atout particulier, deviennent un frein voire une nouvelle fragilité sous forme de disparités qui enclenchent des animosités et de la mésentente pouvant décourager les investisseurs nationaux et étrangers. Des gouvernements africains, en accordant peu d'intérêt dans leurs programmes de développement réduisent les chances des régions marginalisées à attirer les bons projets de développement.

En Tunisie des voix se sont levées demandant l'appropriation des richesses extraites dans ces régions.

- l'intégration régionale n'est pas souvent perçue comme une panacée surtout quand la politique pèse de tout son poids. Pour ne citer qu'un exemple, celui de l'Union du Maghreb Arabe, une institution en état d'hibernation depuis quelques années, démontre l'étendue de l'échec et de son impact sur les économies des pays de la région. Les experts martèlent à qui veut les entendre que l'absence de l'UMA coûte 2 points en terme de croissance. Initialement l'idée de concrétiser une aspiration populaire maghrébine était louable. Très vite l'on s'est aperçu du gap qui empêchait cette intégration. L'UMA est devenue une coquille vide sans grande influence. Le Maroc, un pays en plein essor économique s'est tourné légitimement vers la CEDEAO pour s'accomplir à l'échelle régionale. En tant que Maghrébin j'aurais aimé que l'on aille au- delà de l'UMA et qu'un DAVOS du Maghreb naisse pour consolider les relations économiques entre les 5 pays et peut- être d'autres qui voudraient se joindre à nous.
- l'intégration continentale est elle un mythe ou une réalité ? L'Union Africaine et la Commission économique pour l'Afrique CEA avaient-elles consenti les efforts nécessaires pour favoriser l'intégration économique du continent ?

La réponse est mitigée. Sur le plan des textes, les 2 organisations régionales n'ont pas failli à leurs obligations. C'est plutôt au niveau de la mise en pratique de ces textes que le bât blesse. Les réticences sont fortes ainsi que les pressions étrangères au continent. Les enjeux sont importants. Ce qu'il faut maintenant et c'est peut- être un rôle qu'un pays modéré et connu pour sa sagesse politique pourra jouer tel le Maroc, c'est de persuader les partenaires africains de puiser d'abord dans le terroir africain proche des réalités spécifiques africaines avant de faire appel aux partenaires étrangers au continent.

Conclusion

Peut-on faire cavalier seul de nos jours ? La réponse est également mitigée. À court et à moyen terme les États peuvent tenter leurs chances seules sans se soucier de la création d'une certaine alliance. Toutefois, à long terme et crise économique aiguë entravant l'édification de ce genre de gageure unilatérale, les tentatives en solo risquent d'achopper. Tout en préservant ses intérêts propres il faudra désormais penser aux partenaires et prendre en considération ses difficultés même passagères pour pouvoir construire un partenariat fiable et durable et rompre avec les idées anciennes qui avaient entretenu le colonialisme que nombreux pays africains avaient connu et payé son lourd tribut.

ÉTUDES

Fragilité des institutions étatiques en Afrique : quel paradoxe en matière de gouvernance et intelligence économique ?

Hamid Aït Lemqeddem
Enseignant – Chercheur à l'ENCG Kenitra,

Abderahim Amam
doctorant - Chercheur à l'ENCG Kenitra

Résumé

Les paradoxes d'ordre interne et externe de la gouvernance représentent une source de la fragilité de l'institution en Afrique. En s'appuyant sur une analyse dialectique autour de la gouvernance et l'intelligence économique, ces deux systèmes sont-ils dépendants ou indépendants pour la lutte contre cette fragilité des institutions étatiques en Afrique ? Pour remédier à de telle fragilité, les États fragiles en Afrique devront être dotés d'un système boucle entre la gouvernance et l'intelligence économique.

Mots-clés : Institution, Fragilité, Afrique, Gouvernance, Intelligence économique, Dialectique

Abstract

The paradox of internal and external of governance is a source of fragility of the institution in Africa. Based on a dialectical analysis of governance and economic intelligence, are these two systems dependent or independent for the fight against this fragility of state institutions in Africa? To address such fragility, fragile states in Africa will need to have a loop system between governance and economic intelligence.

Introduction

Toute institution étatique se caractérise par trois propriétés : la pérennité, la légitimité et l'encadrement. Si l'institution est définie par sa capacité à structurer la vie en société, elle doit pouvoir bénéficier d'une certaine durabilité (pérennité), elle doit être reconnue comme tel par les membres de la société (légitimité), et elle doit aider à « normaliser » les comportements individuels (encadrement)[1].

Les ressources internes et le comportement d'une institution représentent les principales sources de la fragilité de l'institution. Une mauvaise gestion de ses ressources internes ou un mauvais comportement causé par l'influence de l'environnement peuvent toucher ses trois propriétés (la pérennité, la légitimité et l'encadrement). Les systèmes de gestion de la gouvernance et de l'intelligence économique regroupent plusieurs principes qui pourront pallier toute fragilité de l'institution étatique.

Le système de gouvernance peut être défini comme un outil de gestion, basé sur la rationalité de gestion des ressources et compétences des institutions, sur la synergie entre les acteurs de développement de l'institution et sur les principes de la bonne gouvernance : l'efficacité, l'efficience, la participation, la gestion de l'information, la subsidiarité, la transparence, la responsabilité la responsabilisation, l'obligation de rendre compte, le contrôle…

Le système d'intelligence se définit comme un système d'aide à la décision, fondé sur la bonne gestion de l'information qui permet de doter l'institution d'un système de veille efficace, bien protégé et qui permet en plus d'influencer l'environnement de l'institution.

Certes ces deux systèmes ayant pour objectif de pallier toute fragilité de l'institution ; mais, il existe plusieurs paradoxes selon les différentes approches adoptées par les auteurs. Pourtant, si l'on comprend que la gouvernance et l'intelligence sont deux systèmes dépendants, la

---

[1] Elena Lasida, Luc Champagne, Jacques Debouverie, Jean-Luc Dubois, Michel Lepetit, Bernard Perret et André Talbot, 2014, « Revisiter l'Institution à partir de la fragilité », In www. revue-etudes. com

fragilité de l'institution sera abordée en donnant soit une priorité aux ressources internes de l'institution en dépit de l'influence de l'environnement sur son comportement ou le contraire. Et si on les considère indépendants, comment peut – on assurer la liaison entre les deux systèmes pour la lutte contre la fragilité de l'institution ?

Notre étude met l'accent sur ces paradoxes existant en matière de la gouvernance et de l'intelligence économique. L'objectif principal est d'essayer de découvrir les théories et principes encadrant les deux systèmes dans la lutte contre la fragilité des institutions étatiques en Afrique.

Notre problématique d'étude sera concentrée autour de la question suivante : Est- ce-que la gouvernance et l'intelligence économique sont des systèmes dépendants ou indépendants pour la lutte contre la fragilité de l'institution ?

Pour ce faire, on propose une analyse dialectique autour des paradoxes existant

en matière de la gouvernance et de l'intelligence économique. Nous allons faire une juxtaposition simpliste des deux opinions opposées, puis nous allons essayer de donner une synthèse inconsistante à la problématique.

Méthodologie de la recherche : méthode dialectique

En appliquant la méthode dialectique, premièrement, une exposition de la problématique ; deuxièmement, la défense du point de vue traitant la gouvernance comme solution à la problématique de la fragilité (thèse) ; troisièmement, l'apport d'arguments opposés à la thèse défendue précédemment ; on aboutit à une contradiction apparente (l'antithèse) et dernièrement, l'établissement d'une vérité moyenne plus nuancée, ou mieux, dépassement de la contradiction apparente à laquelle on avait abouti par l'apport d'éléments nouveaux.

- l'établissement d'une vérité moyenne plus nuancée, ou mieux, dépassement de la contradiction apparente à laquelle on avait abouti par l'apport d'éléments nouveaux.
- fragilité externe : c'est celle résultante des facteurs externes de l'institution lui causant une fragilité soit au niveau de la durabilité, la légitimité ou l'encadrement. Ces facteurs externes sont causés par des problèmes provenant de l'influence de l'environnement sur l'institution. L'existence continue de ces problèmes implique des impacts négatifs sur les principes constituant une solide institution.

Ce paradoxe de l'interne et l'externe de la gouvernance dans la résolution de la fragilité est un paradoxe des ressources et compétences de l'institution et de l'influence de l'environnement sur l'institution ; qui s'explique par des défaillances dans la conjonction des deux systèmes de la gouvernance et de l'intelligence économique.

Donc, comment agencer entre l'interne et l'externe de l'institution pour lutter contre la fragilité ? Autrement dit comment agencer entre Gouvernance et Intelligence Economique dans la résolution de la problématique de la fragilité ?

Parce que même si on assure une gestion rationnelle et une meilleure synergie entre acteurs dans la gestion des ressources et compétences on peut avoir une fragilité, du fait que l'impact négatif de l'environnement sur l'institution (concurrents, catastrophes…) peut toucher cette meilleure gestion rationnelle et synergétique. Ce qui s'explique par une fragilité extérieure, dans laquelle l'institution est appelée à résoudre les facteurs externes fragilisant ses trois propriétés d'existence. D'où la place du système d'intelligence parait très demandée pour la résilience de tout type de fragilité de ce genre.

Aussi bien, même si on assure une meilleure protection de l'impact négatif de l'environnement, des problèmes dans les R/C (incapacité, pénurie, manque, insuffisance, gaspillage, non- coordination) peuvent engendrer une fragilité de l'institution. Ce qui s'explique par une fragilité intérieure, dans laquelle l'institution est appelée à résoudre les facteurs internes causant une fragilité au niveau de ses trois propriétés d'existence. D'où la place de la gouvernance paraît très demandée pour la résilience de tous types de fragilité de ce genre.

Rôle de la gouvernance dans la lutte contre la fragilité interne

La gouvernance de l'institution, dans la problématique de la fragilité, se fonde sur la rationalité et la synergie entre les acteurs sur des facteurs internes de l'institution, alors que d'autres facteurs peuvent handicaper les fonctions de ses acteurs, qui représentent une cause directe de la fragilité de l'institution et même la disparition de celle-ci.

Afin de remédier à ce paradoxe interne/externe, les institutions étatiques face à de telles situations de fragilité essayent d'utiliser le système de la gouvernance avec tous ses principes en introduisant certaines intelligences basées sur la bonne gestion de l'information telle est le cas des pays africains, mais la question qui se pose c'est qu'on n'arrive pas à impliquer tous les acteurs dans la gestion de la problématique de développement[2].

Pour cette raison, si on observe que cette gouvernance est toujours handicapée par ce paradoxe on peut assimiler ce dysdfonctionnement à une asymétrie de l'information dans la gestion des ressources et des compétences causées principalement à l'intérieur des institutions étatiques.

Ressources

En Afrique, les ressources sont à la fois un vecteur de conflit, si mal gérées, et une source de résilience, si bien gérées[3]. L'Afrique peut exploiter son potentiel dans le secteur de l'eau, de l'agriculture, des énergies renouvelables et d'autres secteurs, plus particulièrement ceux du pétrole, du gaz et d'autres minerais[4].

Les États fragiles continuent d'être handicapés par la pauvreté généralisée, les conflits fréquents, la mauvaise gouvernance, les faibles capacités administratives, la forte perception de la corruption et d'un climat des affaires peu propice – la plupart de ces problèmes ont trait à la gestion des ressources, cette gestion est relative à la manière dont le pouvoir est exercé dans la gestion de l'économie d'un pays et les ressources sociales pour le développement »[5].

Sur la base d'un consensus sur la classification des pays dans lesquels la fragilité constitue un problème majeur de développement, 20 pays en Afrique ont été classés comme États fragiles en 2014[6]. Vingt États africains sont classés dans la liste harmonisée des situations de fragilité de l'année fiscale 2014[7].

Au cours des 60 années écoulées, quelle que soit l'année, les ressources naturelles sont à l'origine de 40 % à 60 % des conflits armés internes. (Rustad et Binningsbo 2010). Les ressources ont été la cause

[2] Gwenaëlle Otando et Dimitri Uzunidis, 2011, « Le renouveau des théories du développement : institutions et bonne gouvernance », In Revue Recherches internationales, n° 90, avril-juin 2011, pp. 9-30.

[3] Rapport OCDE, 2016, « de la fragilité à la résilience : gestion des ressources naturelles dans le cas des situations fragiles en Afrique », pp. 8-10.

[4] Rapport publié par le Groupe de la Banque Africaine de Développement (BAD). Pages 28-33 https://www.afdb.org/fileadmin/uploads/afdb/Documents/Publications/Rapport_annuel_2013. pdf

[5] Daniel Kaufmann, Aart Kraay and Massimo Mastruzzi, (2010), "The Worldwide Governance Indicators: Methodology and Analytical Issues", in http://info. worldbank. org/governance/wgi/pdf/wgi. pdf, pp. 2- 6.

[6] OCDE (2016), « États de fragilité 2016 : Comprendre la violence ». grip. org/sites/grip. org/files/Breves/2017/Rapport%202016%20OCDE. pdf

[7] Pour la liste récente des pays éligibles à la FEF, accédez à la page http://fragilestates. afdb. org/

d'au moins 14 conflits dans les États fragiles en Afrique ou ont permis de les financer en Sierra Leone, au Libéria et en Somalie....[8] (PNUE 2009 ; Webersik et Crawford 2013). La concurrence et les revendications concurrentes concernant l'accès au peu de ressources disponibles (terre, aires de pâturage et sources d'eau) ont donné lieu à des conflits localisés dans de nombreux États fragiles en Afrique (Rustad et Binningsbø 2010)[9].

Les ressources peuvent jouer trois rôles essentiels dans les États fragiles : Elles peuvent être un atout pour la consolidation de la paix et l'édification de l'État ; les pratiques de gestion des ressources peuvent être un facteur de conflit ; et les ressources peuvent être une source de financement de conflits. Les facteurs qui déclenchent des conflits liés aux ressources sont, entre autres, la concurrence pour l'accès aux rares ressources disponibles, la mauvaise gouvernance des ressources et la dynamique transfrontalière.

Les défis de la fragilité commandent d'accorder une attention particulière à la collecte et à la gestion des données sur les ressources par les acteurs publics ainsi que privés et des banques des données[10], à la participation des populations vulnérables au processus public de prise de décision et à la lutte contre la corruption. Une gouvernance efficace des ressources passe par l'amélioration de la transparence, la partici-

---

[8] Les exemples où des litiges concernant la terre ont alimenté la survenue de conflits dans les États fragiles comprennent la RDC, le Liberia, la Sierra Leone et la partie méridionale du Soudan (UA, BAD et CEA 2010a) ; Burundi (Brachet et Wolpe 2005) ; Tchad (USAID 2010b) ; Comores (Larrabure et Ouledi 2012) ; Côte d'Ivoire (USAID 2011) ; Liberia (Hartman 2010) ; Mali (ARD 2010) ; Sierra Leone (USAID 2010c) ; Soudan du Sud (Forojalla and Galla 2010) ; Soudan (El-Tayeb, Nimir et El Hassan 2006). Pour ce qui concerne l'eau, lire Pacific Institute n. d. (RDC, Érythrée et Soudan) ; PNUE 2007 (Soudan), 2010 (Sierra Leone), 2011b (RDC). Pour les conflits entre éleveurs et les conflits agro-pastoraux, lire BBC 2011 (Soudan du Sud) ; Bevan 2007 (RCA, Tchad, Soudan) ; Jones-Casey et Knox 2011 (Mali) ; Djibouti (LOG Associates 2010) ; Manzubaze 2012 (RDC) ; WANEP 2011 (Côte d'Ivoire) ; Banque mondiale 2005b (Somalie). Les ressources naturelles ont permis de financer le conflit dans des pays tels que le Congo, la Côte d'Ivoire, la RDC, la Sierra Leone, la Somalie et le Soudan (PNUE 2009a)

[9] Les exemples où des litiges concernant la terre ont alimenté la survenue de conflits dans les États fragiles comprennent la RDC, le Liberia, la Sierra Leone et la partie méridionale du Soudan (UA, BAD et CEA 2010a) ; Burundi (Brachet et Wolpe 2005) ; Tchad (USAID 2010b) ; Comores (Larrabure and Ouledi 2012) ; Côte d'Ivoire (USAID 2011) ; Liberia (Hartman 2010) ; Mali (ARD 2010) ; Sierra Leone (USAID 2010c) ; Soudan du Sud (Forojalla et Galla 2010) ; Soudan (El-Tayeb, Nimir, et El Hassan 2006). Pour ce qui concerne l'eau, lire Pacific Institute n. d. (RDC, Érythrée et Soudan) ; PNUE 2007 (Soudan), 2010 (Sierra Leone), 2011b (RDC). Pour les conflits entre éleveurs et agro-pastoraux, lire BBC 2011 (Soudan du Sud) ; Bevan 2007 (RCA, Tchad, Soudan) ; Jones-Casey et Knox 2011 (Mali) ; Manzubaze 2012 (RDC) ; WANEP 2011 (Côte d'Ivoire) ; Banque mondiale 2005b (Somalie).

[10] Bouzid Azzouzi, 1997, « P. M. E et stratégie de développement ». p.285.

pation à la prise de décision, l'accès à la justice, et la subsidiarité[11]. Les États fragiles devraient s'appuyer dans les domaines de la gouvernance des ressources et compétences sur la collecte et la gestion des données pour la prise de décision. (BAD 2011).

Compétences

Au niveau des Compétences des institutions étatiques en Afrique, les États doivent s'efforcer de soutenir le perfectionnement des compétences et l'acquisition de technologies. La mise en commun des compétences est également essentielle pour développer des cadres cohérents pour la gestion des ressources. Au Libéria, par exemple, l'Initiative pour les forêts du Libéria (IFL) a été lancée pour coordonner les efforts d'un éventail d'institutions internationales, de donateurs bilatéraux et d'organisations non gouvernementales.

En outre, le renforcement des capacités doit être suivi de fortes réformes institutionnelles qui créent des cadres pour le développement continu des compétences et le maintien des avantages.

Au niveau de la réalisation des évaluations de tout projet qui a pour objectif la résolution de la fragilité ou suppression des conflits causant la fragilité, les compétences et les expertises spécialisées sont très sollicités. D'où la nécessité, d'évaluer les compétences existantes et examiner l'étendue des lacunes en matière de capacités au sein du gouvernement, de la société civile et des entités du secteur privé.

À cet égard, le renforcement des capacités peut permettre aux pays de se doter des compétences humaines, technologiques et financières qui sont nécessaires pour entretenir, mettre à jour et adapter les systèmes de gestion de façon indépendante, permettant d'assurer la rationalité et la synergie entre les acteurs.

Mais en se basant sur les facteurs internes de l'institution, le problème de l'asymétrie entre acteurs et les compétences en matière de la collecte, le traitement des données relatives aux ressources reste une cause permanente handicapant les fonctions de ses acteurs, et qui représentent une cause directe de la fragilité de l'institution et même la disparition de celle-ci.

Afin de remédier à ce paradoxe interne/externe, certes les institutions étatiques en Afrique face à de telles situations de fragilité es-

[11] Conférence des Nations unies sur l'environnement et le développement, Déclaration de Rio sur l'environnement et le développement, U. N. Doc. A/CONF. 151/5/Rev. 1, 31 I. L. M. 874 (1992). www. un. org/documents/ga/conf151/ aconf15126-1annex1. htm

sayent d'utiliser un système de la gouvernance en introduisant certaines intelligences basées sur la bonne gestion, mais la question qui s'impose c'est qu'on n'arrive pas à réaliser un système de gouvernance résiliant qui permet de résoudre la problématique de fragilité qu'on peut assimiler à une fragilité interne, causée par une mauvaise gestion des ressources et compétences, provenant des facteurs intérieurs aux institutions étatiques.

Mais, d'autres expériences à l'inverse, dans le cadre de la protection et la stabilisation de niveau de progrès de la résolution de la fragilité, préconisent des facteurs d'ordre externes provenant de l'impact de l'environnement sur les institutions étatiques, et qui sont tellement écartés par les États fragiles africains, sont à exposer.

Rôle de l'intelligence économique dans la lutte contre la fragilité externe

L'environnement de l'institution étatique est complexe, il est formé par des réseaux d'interrelations, d'interdépendance, de cooptation et de compétition à la fois, influence la construction et la mise en œuvre de l'utilisation stratégique des ressources et compétences, notamment par le biais des processus d'acquisition d'informations et de production de connaissances efficaces (Delbecque, 2006).

À l'échelon international, il sera essentiel de s'attaquer ensemble aux déterminants extérieurs de la fragilité pour endiguer les flux mondiaux illicites des capitaux, de stupéfiants extérieurs, de personnes et d'armes. Les politiques menées dans les différents pays du monde en matière de stupéfiants, de magistrats et de flux de capitaux offrent aux malfaiteurs des possibilités d'arbitrage qu'ils peuvent avantageusement exploiter (Gilman et al. 2011). Comme il est indiqué dans Kilcullen (2013), ces derniers confèrent aux acteurs violents la capacité de « manipuler et mobiliser les populations de l'autre côté du globe, et inversement », les pays aux institutions faibles seront tout particulièrement vulnérables face à ces menaces mondiales car les institutions étatiques n'ont pas les moyens requis en matière de maintien de l'ordre et de réglementation, ni parfois la volonté politique, pour lutter contre les bénéfices illégaux et les réseaux criminels et enrayer la montée de la violence locale (asurni 2009)[12].

Il existe déjà d'importantes initiatives internationales visant à lutter contre la fraude, combattre l'évasion fiscale, réduire les flux financiers

[12] OCDE, 2015, « États de fragilité : Réaliser les ambitions de l'après 2015 ».

illicites, accroitre la transparence des concessions de ressources naturelles, mettre un terme au commerce de minéraux provenant de zones en conflit, rendre les chaines d'approvisionnement plus responsables, faire reculer la corruption des entreprises à l'étranger, renforcer le devoir de diligence dans les environnements exposés au risque de diligence dans les environnements exposés au risque de conflit, et lutter contre la prolifération des armes de petit calibre et armes légères[13].

La mise en œuvre d'une utilisation stratégique des ressources et compétences fait donc appel à l'intelligence, précisément à l'intelligence économique car, comme l'indique la citation bien connue de Morin (1986), « L'intelligence est l'aptitude à s'aventurer stratégiquement dans l'incertain, l'ambigu, l'aléatoire, en recherchant et utilisant le maximum de certitudes, de précisions, d'informations. L'intelligence est la vertu d'un sujet qui ne se laisse pas duper par les habitudes, craintes, souhaits subjectifs. C'est la vertu de ne pas se laisser prendre aux apparences. C'est la vertu qui se développe dans la lutte permanente contre l'illusion et l'erreur (...) »[14].

À cet effet, la question de la fragilité peut être abordée selon l'approche externe de l'institution tout en impliquant l'influence de l'environnement sur l'institution. De fait, un contexte paradoxal interne/externe implique la présence simultanée d'éléments contradictoires et mutuellement exclusifs, opérant dans le même temps (Cameron, Quinn, 1988). Il correspond au constat que l'utilisation rationnelle des ressources et compétences de l'institution en considération des effets négatifs de l'environnement.[15]

En ce sens, le paradoxe qualifie très justement les situations dans lesquelles les acteurs impliqués dans le développement des États travaillent. Ceux-ci se situent au cœur d'un nœud serré d'interactions, qui toutes doivent être prises en compte, à un moment ou un autre. Précisément, les paradoxes émergent quand le choix est interdit (Perret, Josserand, 2003).

En s'appuyant sur la théorie des parties prenantes (Freeman, 1984, Carroll, Näsi, 1997), les travaux de K. Weick (1969, 1979), et ceux des néo-institutionnalistes (Scott, 1987, Greenwood, Hinings, 1993,

---

[13] OCDE, 2015, Op. cit.

[14] Solange Hernandez, 2008, « Paradoxes et management stratégique des territoires : Étude comparée de métropoles européennes » in Revue « Vie & sciences de l'entreprise ». 2008/1 (N° 178). pp. 54-74

[15] Solange Hernandez, Op. cit.

1996), la nature paradoxale des pratiques des acteurs impliqués dans la résolution de la fragilité est déterminée, comme suit :

Premièrement, l'institution étatique a des compétences pour gérer ses ressources, mais pas toutes. Quelquefois, des imprévus de l'extérieur de l'institution l'empêchent de les gérer, elle partage avec son environnement plusieurs facteurs qui se traduisent soit par des opportunités soit par des faiblesses.. L'institution devra exercer des compétences, mais elle devra les orienter vers la protection de ses ressources contre tout événement nuisible et profiter de tout bénéfice provenant de son environnement. Autrement dit, une mauvaise gouvernance des ressources et des compétences principalement de la mauvaise gestion de l'information entre tous les acteurs de développements gouvernementaux (l'État et ses institutions) ou non gouvernementaux (les acteurs de la société civile) implique nécessairement des portes ouvertes aux effets négatifs de l'environnement.

Deuxièmement, le contexte n'est pas choisi par les États fragiles. Or les situations paradoxales désignent des situations où le choix est interdit. Les acteurs de développement des institutions étatiques fragiles n'ont pas le choix dans beaucoup de domaines fondamentaux. Ils ne sont ni informés des ressources à gérer, non plus des effets nuisibles à leur survie.

Ces interactions peuvent être de nature politique, matérielle, financière, en lien avec les valeurs, les sentiments, les croyances (Rindova, Fombrun, 1999). Elles se manifestent à l'intérieur des institutions par des intérêts particuliers et non collectifs. Les interactions s'envisagent aussi à une échelle plus large, que nous avons appelé environnement c'est-à-dire à l'extérieur des institutions par la protection des intérêts particuliers. D'où l'obligation de l'instauration d'un système efficace permettant d'assurer l'efficacité au système de la gouvernance contre tout événement imprévu pouvant mettre en péril la gestion rationnelle des ressources et compétences des institutions étatiques.

Le système d'intelligence économique en offrant un cadre plus sur et plus certain de toutes interventions aux acteurs appelés à résoudre une situation de fragilité, grâce à ses sous système le constituant : à savoir la veille stratégique, la protection et l'influence sur l'environnement contre toutes faiblesses engendrant des effets néfastes aux ressources et compétences de l'institution et en permettant même de bénéficier des opportunités offertes par l'environnement. À titre d'exemple, cinq expériences (A Porto Alegre, un wiki relie habitants et édiles ; aux États-Unis, la finance participative gagne les projets publics Citizinvestor. com ; en France, les électeurs passent à l'ère numérique ; l'Irlande a créé un site pour combattre l'euroscepticisme et en Finlande, chacun légifère en ligne) qui illustrent les enjeux d'un système d'intelligence économique collective[16] dans l'implication complète des acteurs concernés comme des bonnes pratiques dans la résolution des facteurs externes cause de fragilité[17].

Conclusion

Au regard de cette évolution, Il n'est donc pas étonnant de constater que le concept de gouvernance est au centre de la réflexion théorique, sur les plans politique et économique des pays de l'OCDE, de la Banque mondiale, du Fonds monétaire international ou de la Banque africaine de développement, afin de trouver des solutions de résilience à la fragilité des institutions étatiques en Afrique[18].

Mais, ce système de gouvernance basé sur la rationalité de gestion des ressources et compétences des États fragiles, sur la synergie entre les acteurs de développement social et sur les principes de la bonne gouvernance, ne peut être efficace que par un système d'intelligence fondé sur la bonne gestion de l'information qui permet de doter le système de gouvernance d'un système de veille efficace, bien protégé et qui permet en plus d'influencer l'environnement contre tout effet nuisible à l'institution.

Un système de gouvernance ne pourra résilier la fragilité de l'État que s'il est accompagné par un système d'intelligence économique permettant d'offrir aux décideurs les meilleurs outils pour mieux gérer les ressources et les compétences dans un environnement certain et sûr.

Le paradoxe de l'interne et de l'externe de la gouvernance dans la lutte contre toute fragilité externe ou interne implique de s'appuyer sur les deux systèmes de la gouvernance et de l'intelligence économique comme des systèmes indépendants et dépendants à la fois.

---

[16] Olivier Zara, 2008, 2ème édition « Le management de l'intelligence collective : vers une nouvelle gouvernance », Pages 23-49.

[17] http://www. lemonde. fr/actualite-medias/article/2013/11/25/cinq-experiences-de-democratie-2-0_3519922_3236. html#F3TCSp26zRPQWewq. 99 LE MONDE | 25. 11. 2013 à 16 h 17.

Mis à jour le 26. 11. 2013 à 13 h 30 | Par Anne-Sophie Novel (journaliste). Du 23 au 27 novembre, à Strasbourg, les participants au Forum mondial pour la démocratie examineront des initiatives de démocratie participative à l'œuvre sur tous les continents.

[18] Tino Raphaël Toupane, 2009, « La gouvernance : évolution, approches théoriques et critiques du concept », In Revue Seminarul Geografic "D. Cantemir" NR. 29.

Indépendants, parce que la gouvernance est un système efficace pour résoudre la problématique de fragilité, elle permet même une meilleure gestion de l'information contre tous les effets internes ou externes de l'institution, elle permet de garantir une gestion rationnelle au profit de tous les acteurs de l'institution. De l'autre côté, le système d'intelligence est un système indépendant de la gouvernance, il permet aux acteurs de développement de l'État fragile de se doter des informations utiles (détection des besoins, collecte des données, traitement de l'information et la diffusion de l'information), permettant à la fois de protéger les intérêts collectifs des acteurs et même d'influencer l'environnement en faveur des institutions étatiques (minimiser les risques intérieurs et extérieurs à l'institution étatique et bénéficier des opportunités offertes de l'environnement)[19].

Aussi, les deux systèmes de la gouvernance et de l'intelligence économique sont considérés dépendants, c'est cette dépendance qui explique le paradoxe de l'interne et externe. Les acteurs des États fragiles se fondent dans leurs démarches sur l'approche de fragilité interne (les facteurs internes), or on ne peut parler de l'existence des facteurs internes sans l'existence des facteurs de fragilité externes. Car, si on est fragile de l'intérieur les portes sont ouvertes pour plus de fragilité infiltrant de l'extérieur de l'institution et ses répercussions dans l'aggravation de la situation de fragilité. Les facteurs internes et externes de la fragilité de l'institution étatique sont reliés ; du moment que les facteurs de la fragilité interne augmentent, les facteurs externes s'infiltrent et du moment que les facteurs de la fragilité externe augmentent les facteurs internes s'accentuent. C'est un système bouclé.

Pour remédier à de telle situation les États fragiles en Afrique devront être dotés d'un système boucle entre la gouvernance et l'intelligence économique. Car, on ne peut avoir une bonne gouvernance, permettant de résoudre la problématique de la fragilité, que par l'instauration d'un système d'intelligence économique et de l'autre côté on ne peut avoir un système efficace d'intelligence économique, permettant de surmonter la fragilité, que par l'instauration d'un système de gouvernance.

[19] Daniel Linlaud, 2003, « Sécurité de l'information », pp. 5-6.

Références bibliographiques

Elena Lasida, Luc Champagne, Jacques Debouverie, Jean-Luc Dubois, Michel Lepetit, Bernard Perret et André Talbot, 2014, « Revisiter l'Institution à partir de la fragilité », In www.revue-etudes com

Gwenaëlle Otando et Dimitri Uzunidis, 2011, « Le renouveau des théories du développement : institutions et bonne gouvernance », In Revue Recherches internationales, n° 90, avril-juin 2011, p. 9-30

Rapport OCDE, 2016, « de la fragilité à la résilience : gestion des ressources naturelles dans le cas des situations fragiles en Afrique », p. 8-10.

Rapport publié par le Groupe de la Banque Africaine de Développement (BAD), p. 28-33.

https://www.afdb.org/fileadmin/uploads/afdb/Documents/Publications/Rapport_annuel_2013.pdf

Daniel Kaufmann, Aart Kraay and Massimo Mastruzzi, (2010), "The Worldwide Governance Indicators: Methodology and Analytical Issues", in http://info. worldbank. org/ governance/wgi/pdf/wgi. pdf, p. 2.

OCDE (2016), « États de fragilité 2016 : Comprendre la violence », in https://www.grip.org/sites/grip.org/files/BREVES/2017/Rapport%202016%20OCDE. pdf

Conférence des Nations unies sur l'environnement et le développement, Déclaration de Rio sur l'environnement et le développement, U. N. Doc. A/CONF. 151/5/Rev. 1, 31 I. L. M 874 (1992)

www.un.org/documents/ga/conf151/aconf15126-1annex1.htm

Bouzid Azzouzi, 1997, « P. M. E et stratégie de développement », p. 285.

Banque Africaine de Développement, (2016), « l'information météorologique par satellite au service de la résilience aux catastrophes en Afrique (sawidra) », in https://wwwafdb.org/en/documents/

OCDE, 2015, « États de fragilité : Réaliser les ambitions de l'après 2015 ».

Solange Hernandez, 2008, « Paradoxes et management stratégique des territoires : Étude comparée de métropoles européennes » in Revue « Vie & sciences de l'entreprise ». 2008/1 (N° 178), p. 54-74.

Olivier Zara, 2008, 2ème édition « Le management de l'intelligence collective : vers une nouvelle gouvernance », p. 23-49.

http://www.lemonde.fr/actualite-medias/article/2013/11/25/cinq-experiences-de-democratie-2-0_3519922_3236.html#F3TCSp26zRPQWewq. 99 LE MONDE | 25.11. 2013 à 16 h 17. Mis à jour le 26. 11. 2013 à 13 h 30 | Par Anne-Sophie Novel (journaliste). Du 23 au 27 novembre, à Strasbourg, les participants au Forum mondial pour la démocratie examineront des initiatives de démocratie participative à l'œuvre sur tous les continents.

Tino Raphaël Toupane, 2009, « La gouvernance : évolution, approches théoriques et critiques du concept », In Revue Seminarul Geografic "D. Cantemir" NR. 29.

Daniel Linlaud, 2003, « Sécurité de l'information », pp. 5-6.

ÉTUDES

Fragilité économique et impact sur la coopération économique internationale : le cas de l'Algérie et de l'Union Européenne

Farida SI-Mansour & Djamal SI-Mohammed,
Enseignants chercheurs Université Mouloud Mammeri
de Tizi Ouzou - FSECG, Alger

Résumé

Cette communication se propose d'abord d'exposer les facteurs de fragilité des pays en développement notamment ceux qui sont considérés comme rentiers. Ensuite, il sera question de développer le cas particulier de l'Algérie en insistant sur son partenariat avec les pays de l'Union Européenne dans le secteur énergétique où nous montrerons comment ce secteur et ce partenariat pourraient fragiliser davantage l'économie algérienne. L'objectif est de démontrer qu'une gouvernance économique forte dans ce domaine est à même de réduire la fragilité de cette économie.

Mots-clés : Fragilité économique, partenariat, Gouvernance économique, Modèle énergétique, Développement durable.

Abstract

This paper first proposes to expose the fragility factors of developing countries, especially those considered as rentier. Then, it will be a question of developing the particular case of Algeria by insisting on its

partnership with the countries of the European Union in the energy sector where we will show how this sector and this partnership could further weaken the Algerian economy. The objective is to demonstrate that strong economic governance in this area is able to reduce the fragility of this economy.
Keywords: Economic Fragility, Partnership, Economic Governance, Energy
Model, Sustainable Development

Introduction

Les questions de la croissance et du développement économiques occupent depuis toujours un pan important des réflexions académiques aussi bien dans les pays développés que dans les pays en développement. Les difficultés de ces derniers à faire décoller leurs économies mais également leur fragilité face aux bouleversements récurrents de l'économie mondiale expliquent en grande partie la profusion des recherches dans le domaine.

La « fragilité économique » donne une indication sur le risque pour un pays de voir son développement entravé par les chocs exogènes ou endogènes auxquels il fait face. Ces chocs peuvent être environnementaux ou « naturels » (les tremblements de terre ou les éruptions volcaniques) et les chocs climatiques (les typhons, les ouragans, les sécheresses, les inondations) ; liés au commerce et au change (les chutes de la demande extérieure, l'instabilité des prix mondiaux des produits de base, les fluctuations internationales des termes de l'échange). Certains chocs peuvent venir de l'intérieur et être la résultante de l'instabilité politique.

Cependant, cette fragilité n'a pas le même impact sur les économies, les plus fortes d'entre elles, caractérisées par une gouvernance économique rigoureuse, dépassent les crises avec l'adoption de mesures adaptées (Crise des subprimes, crise asiatique, crise de l'Euro,…). D'autres, ayant des structures économiques non fiables et adoptant des modèles de développement discutables, éprouvent des difficultés à enrayer les crises ou les chocs exogènes, et il en résulte que leur bien être s'en trouve menacé.

Ces pays ont pour point commun un type de gouvernance économique qui, au fil de l'histoire, a créé une vulnérabilité structurelle comme celle des pays qui exportent des matières premières et qui sont devenues rentières. Ce choix est souvent imposé compte tenu des handicaps structurels et d'un avantage comparatif certain mais conduisant à une situation de dépendance (Claire GOAVEC, Jean-François Hoarau, 2015) et accentuant la vulnérabilité notamment au niveau des pays africains (Patrick Guillaumont, 2006).

Les économies de rente qui tirent profit d'un montant supplémentaire payé pour quelque chose dont l'offre est limitée soit par nature, soit en raison de l'ingéniosité humaine[1], semblent les plus exposées à cette situation de fragilité/vulnérabilité. Cet aspect est évident dans le cas de l'Algérie en raison des choix économiques structurels faits, donnant naissance à un État rentier qui reçoit « sur une base régulière des montants substantiels de rentes externes, les rentes externes sont les redevances payées par des étrangers ; des entreprises, des gouvernements ou des individus à des individus ou au gouvernement du pays hôte »[2].

Par ailleurs, maintenir cette rente oblige les tenants de la décision économique et politique en Algérie à perpétuer des modèles de gouvernance inadaptés ou en déphasage avec les logiques de développement contemporaines, phénomène qui tend à entretenir les situations de dépendance sectorielle et à fragiliser aussi bien la situation interne du pays mais également ses relations avec ses partenaires.

En effet, l'économie algérienne, malgré de réels atouts, continue d'enregistrer des résultats économiques bien en deçà de ses potentialités et continue de souffrir des interférences politiques des pouvoirs, formel et informel, qui empêchent le fonctionnement et le développement des institutions indispensables à la création d'un environnement propice à la croissance. Au-delà de la diversification économique nécessaire, elle peine à sortir d'un modèle énergétique fondé sur les énergies fossiles épuisables. Ses revenus extérieurs au regard des retournements récurrents des marchés pétroliers et gaziers, s'exposent ainsi à un risque d'amenuisement si le bouquet énergétique qu'elle propose à ses partenaires, principalement européens, n'est pas revisité d'autant plus que ces derniers définissent leurs systèmes énergétiques avec des objectifs évolutifs en lien avec les impératifs de développement durable.

Aussi, il est légitime de s'interroger quel est le type de partenariat énergétique à instaurer avec l'Union Européenne qui serait capable d'amoindrir la fragilité économique de l'Algérie ?

---

[1] B. Eifert, A. Gelb et N. B. Tallroth « Gérer la manne pétrolière : les raisons de l'échec de l'économie politique de certains pays exportateurs de pétrole », p. 41.

[2] A. Sid Ahmed « Paradigme rentier en question : l'expérience des pays arabes producteurs de brut. Analyse et éléments de stratégies », p. 503.

De la notion de fragilité

La notion de faiblesse des États a attisé les convoitises et suscité la curiosité des chercheurs académiciens et des experts. La défaillance ou la résilience d'un État est ici analysée quant à son acceptation économique. Cette dernière ; même si elle reste influencée par des paramètres politiques, juridiques ou sociaux, demeure fondamentalement liée à des choix de gouvernance économique et à des approches de croissance et de développement. Tous ces concepts traitent de manière explicite ou implicite de la fragilité qui est définie comme la conjonction d'une exposition à des risques et d'une capacité insuffisante de l'État, d'un système ou d'une communauté à gérer, absorber ou atténuer ces risques. La fragilité peut avoir des conséquences dommageables comme la violence, la déliquescence des institutions, des déplacements, des crises humanitaires ou d'autres situations d'urgence[3].

La fragilité d'un État est souvent rattachée à la notion de faillite mais ce terme ne se réfère pas à une simple « faillite » financière, il s'agit d'un « échec » étatique relatif à un « effondrement »[4]. Elle relève des problèmes de stabilisation de l'ordre international qui s'expriment aussi « par le bas et à la périphérie, dans les multiples déficiences et tensions de ce que l'on nomme désormais, faute de mieux, les « États faillis » ou « États fragiles », dont les déficiences particulières s'accumulent pour dessiner un risque de déstabilisation générale à partir de zones mal contrôlées »[5]. Un État est fragile lorsque les instances étatiques n'ont pas la capacité et/ou la volonté politique d'assumer les fonctions essentielles requises pour faire reculer la pauvreté et promouvoir le développement, ni d'assurer la sécurité de la population et le respect des droits de l'homme[6].

La définition de l'OCDE est particulièrement distinctive puisqu'elle adopte depuis 2005, des principes d'engagement pour les États fragiles. Dans son rapport de 2011, il est écrit qu'un État fragile est celui qui « n'a qu'une faible capacité à effectuer les fonctions essentielles qui consistent à gouverner une population et son territoire et n'a pas la capacité de développer des relations constructives et mutuellement

---

[3] États de Fragilité 2016 : Comprendre la violence © OCDE, 2016.

[4] Jared Diamond Effondrement Comment les sociétés décident de leur disparition ou de leur survie, Courrier de l'environnement de l'INRA n° 54, septembre 2007 pp 144-148.

[5] Gaulme François, « » États faillis », « États fragiles » : concepts jumelés d'une nouvelle réflexion mondiale », *Politique étrangère*, 2011/1 (Printemps), p. 17-29. DOI : 10. 3917/pe. 111. 0017. URL : https://www.cairn.info/revue-politique-etrangere-2011-1-page-17.htm

[6] http://www.oecd.org/document/9/0, 3746, fr_2649_33693550_39254537_1_1_1_1,00.html

avantageuses avec la société. Par conséquent, la confiance et les obligations mutuelles entre l'État et ses citoyens en sortent affaiblies… Plutôt que de résoudre les conflits au sein d'un large ensemble de groupes sociaux, les conflits ou les différences sont souvent utilisés pour protéger l'existence d'institutions fortes et répressives. Les États fragiles sont aussi plus vulnérables face aux chocs (internes et externes) et aux effets du changement climatique, des catastrophes naturelles et des crises économiques régionales ou internationales »[7].

L'OCDE propose, pour l'après-2015, un nouveau cadre de suivi multidimensionnel de la fragilité axé sur cinq dimensions : violence, justice, institutions, fondamentaux économiques et résilience.

Figure N° 1 : Les facteurs

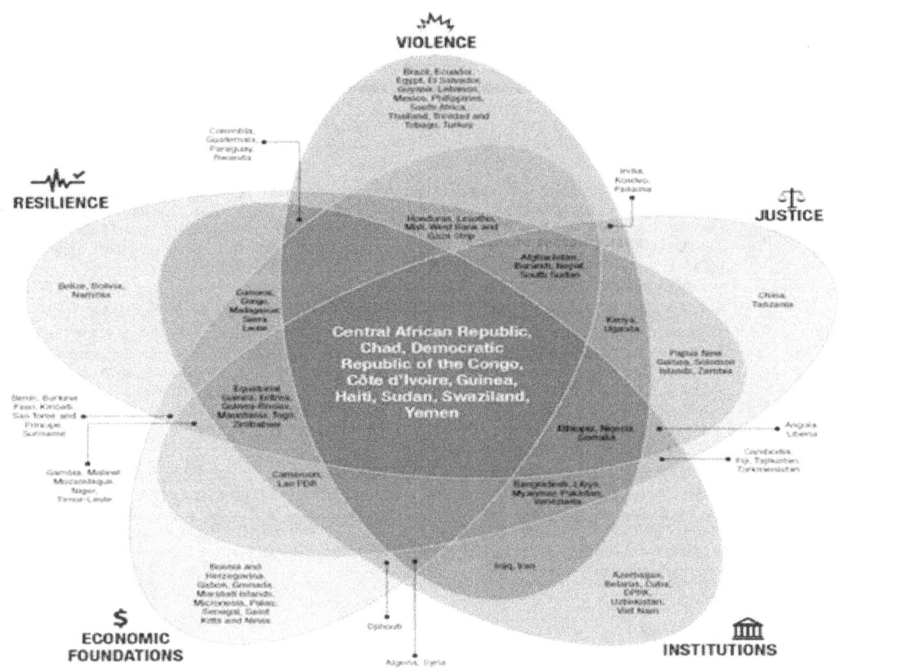

Source : OCDE ; 2015.

La fragilité est diagnostiquée notamment par la juxtaposition d'un certain nombre de causes : « la première série met l'accent sur les déterminismes d'ordre culturel (conflictualités du type identitaire, ethnique, religieuse) ; la seconde série sur des considérations écono-

[7] OCDE, CAD 2011.

miques (faible couverture des besoins essentiels, inégal accès aux richesses, sentiment d'injustice par rapport aux élites) ; la troisième série met en avant des considérations politiques (inefficacité de l'État quant à la délivrance des services relevant du domaine régalien, incapacité d'assurer la sécurité des personnes, des biens enfin incapacité à représenter la population, les groupes qui la constituent) »[8].

Tableau N° 1 : Les dimensions

Dimension	Description
Économique	Vulnérabilité face aux risques induits par la faiblesse des fondations économiques et du capital humain, comme les chocs macroéconomiques, la croissance inégalitaire ou le chômage élevé des jeunes. Parmi les facteurs de risque mesurés figurent la dépendance vis-à-vis d'une rente de ressource ; la part des emplois vulnérables dans l'emploi total ; la dette publique ; le nombre de jeunes sans emplois et ni scolarisés ni en formation ; la dépendance vis-à-vis de l'aide ; la croissance du PIB ; et le taux de chômage. Les indicateurs relatifs à la capacité d'adaptation comprennent le niveau d'instruction, la capacité réglementaire de l'État, l'éloignement par rapport aux marchés mondiaux, et la proportion d'hommes et de femmes dans la population active. La sécurité alimentaire est également un élément important dans l'environnement économique global.
Environnementale	Vulnérabilité face aux risques environnementaux, climatiques et sanitaires qui influent sur la vie et les moyens d'existence des citoyens. Ces facteurs de risque peuvent être externes ou internes ; il s'agit notamment de l'exposition aux catastrophes naturelles, et de la qualité de l'air, de l'eau et de l'assainissement ; de la prévalence de maladies infectieuses ; du nombre de personnes déracinées ; et de la vulnérabilité des moyens de subsistance des ménages. Les changements climatiques accroissent la vulnérabilité aux risques environnementaux dans bon nombre de contextes fragiles. Les variables permettant d'atténuer ces risques sont : une société civile forte, un état de droit et des dispositifs de gouvernance solides, et la sécurité alimentaire.
Politique	Vulnérabilité face aux risques inhérents aux processus, événements ou décisions politiques ; déficit d'inclusivité sur le plan politique (y compris des élites) ; niveau de transparence, de corruption et capacité de la société à s'adapter au changement et à éviter l'oppression. Les facteurs de risque ont trait à la persistance du régime, aux actes de violence soutenus par l'État ou à la terreur politique, et au niveau de corruption. Les moyens d'adaptation sont globalement liés aux dispositifs de gouvernance comme les élections, les contraintes du judiciaire et du législatif sur le pouvoir exécutif, et la redevabilité des pouvoirs publics. La législation sur le viol et les violences domestiques témoigne par ailleurs de la capacité de réponse de la communauté nationale à un vecteur majeur de fragilité.
Sécurité	Vulnérabilité de la sécurité globale face à la violence et à la criminalité, notamment la violence politique et la violence sociale. Les risques se mesurent à l'aune du taux d'homicides, du niveau d'activités criminelles violentes, du nombre de décès dus à des acteurs non étatiques ou au terrorisme, du nombre de décès liés aux combats dans le cadre de conflits classiques, et du niveau de violences domestiques. Les indicateurs relatifs aux moyens d'adaptation comprennent le nombre d'agents de police et d'agents de sécurité en proportion du nombre d'habitants, la présence d'un état de droit, l'ampleur du contrôle que l'État est en mesure d'exercer sur le territoire, et l'existence d'alliances officielles permettant de limiter les conflits entre États.
Sociétale	Vulnérabilité face aux risques qui menacent la cohésion sociale induits par des inégalités verticales et horizontales, notamment les inégalités entre des groupes culturellement définis ou construits et les fractures sociales. Parmi les indicateurs de risque figurent les inégalités de revenu (verticales) et les inégalités sociales liées au genre, la croissance de l'urbanisation et le nombre de personnes déplacées. Au nombre des variables d'adaptation se trouve la robustesse de la société civile, l'accès à la justice dont bénéficient les citoyens pour résoudre des litiges et faire entendre leur voix, et la redevabilité État-collectivité.

Source : OCDE, 2016.

La fragilité d'un État est donc un concept polysémique dont nous proposons de clarifier ci-après son volet économique.

La fragilité d'un État, un concept à forte consonance économique

La fragilité peut être le résultat d'une situation économique instable avec des fondamentaux macroéconomiques fluctuants ou dans le

[8] Mouton Jean-Denis, « » État fragile », une notion du droit international ? », *Civitas Europa*, 2012/1 (N° 28), p. 5-18. URL :. cairn. info/revue-civitas-europa-2012-1-page-5. htm

rouge ce qui peut contribuer à intensifier ou pérenniser la fragilité, perpétuant ainsi un cercle vicieux (Loayza et al, 2007). La faiblesse des institutions et la dépendance économique vis- à-vis des revenus des ressources naturelles et/ou de l'aide qui accentuent le phénomène.

Dans ces contextes, les chocs économiques mondiaux (les chocs de demande, les chocs d'offre, le cycle du crédit et la déflation par la dette) peuvent avoir des répercussions disproportionnées sur les fondamentaux économiques comme la croissance, l'inflation et les recettes publiques. Le « choc » donnera lieu à une modification, brutale et inattendue de l'environnement économique provoquant des variations sur le niveau de la production des entreprises, et par la suite du PIB, affectant ainsi soit la demande, soit l'offre. L'histoire de la croissance économique montre qu'il y a alternance des périodes d'expansion et des périodes de récession qui se caractérisent par un ralentissement de la croissance, voire une baisse de la production ; et par différentes manifestations (baisse de l'emploi, des salaires et des profits et généralement des prix).

Dans les contextes fragiles et extrêmement fragiles, les chocs peuvent conduire à une volatilité de l'inflation préjudiciable à la croissance économique, dégradant leurs perspectives économiques (Judson et Orphanides, 1999). Ils sont susceptibles de connaître des périodes d'inflation et d'hyperinflation chroniques, pouvant être facteurs de déstabilisation politiques.

Ces risques économiques sont atténués par un ensemble de facteurs liés à la capacité d'adaptation (capital humain, politiques publiques de soutien au développement du secteur privé, intégration dans l'économie mondiale et sécurité alimentaire).

La fragilité économique peut - être donc appréhendée via le rapport de l'État aux questions de croissance économique qui mesure la croissance du revenu national d'une année à l'autre ou de développement économique. Jusqu'à la fin des années 1950, les auteurs ont eu tendance à assimiler accroissement du revenu par tête et développement. Significatif à cet égard est l'intitulé des ouvrages de l'époque. Il fait référence à la seule croissance économique, comme le livre de Lewis, *Theory of Economic Growth* (1955) ou celui de Walt Whitman Rostow, *The Stages of Economic Growth* (1958)[9]. La théorie de la stagnation via l'approche Malthusienne a permis d'expliquer pourquoi, pen-

[9] https://www.universalis.fr/encyclopedie/developpement-economique-et-social-histoire/1-ledeveloppement-definition-et-finalite/

dant des siècles, le progrès technique, n'a pas amélioré les conditions de vie. Ainsi, les situations de vulnérabilité ou de fragilité sont liées à une croissance démographique démesurée. Les innovations technologiques mènent finalement à une plus grande population et non à de meilleures conditions de vie. Dans ce cas, la croissance sera proportionnelle à l'investissement, que cet investissement vienne de l'économie locale via l'épargne, ou du reste du monde.

La théorie néoclassique de la croissance selon Solow (1956) conclut que le progrès technique, exogène, est le moteur de la croissance à long terme prédisant une convergence des niveaux de revenu par tête au niveau international. Une orientation de capitaux des pays du nord vers les pays du Sud devrait alors permettre aux écarts de revenus entre les deux grandes zones de se réduire. Lucas (1990) contredit cette idée en avançant que les fondamentaux des pays du Sud seraient différents des fondamentaux des pays du Nord. Les défenseurs de la croissance zéro tout comme les néoclassiques comprendront vite que pour se perpétuer, la marche technologique devra permettre de produire plus avec moins de ressources naturelles, les contributions d'économistes néoclassiques aussi célèbres que Solow (1974), Stiglitz (1974) et Dasgupta & Heal (1974) ont depuis longtemps fait ce constat. Par ailleurs, les théoriciens de la croissance mettront l'accent sur le niveau de création de richesses impulsée par le secteur de la recherche et développement (Aghion & Howitt, 1992 / Helpman & Grossman, 1991). Améliorer la qualité de sa force de travail est un autre moyen de soutenir le processus de croissance en agissant de manière significative sur l'éducation[10], l'expérience et le capital santé des travailleurs. La qualité des politiques économiques est aussi présentée comme moteur de croissance économique dans les modèles de croissance endogène en lien avec la qualité de la gouvernance. Cet ensemble de décisions cohérentes, prises par les pouvoirs publics vise, à l'aide de divers instruments à atteindre des objectifs afin d'orienter l'économie dans le sens souhaitable en retenant quatre objectifs principaux que les économistes appellent depuis les travaux de Nicolas Kaldor (1971), le Carré Magique[11]. Structurelles ou conjoncturelles,

[10] Hugon Philippe, « La scolarisation et l'éducation : facteurs de croissance ou catalyseurs du développement ? », *Mondes en développement*, 2005/4 (n° 132), pp. 13-28, DOI : 10.3917/med. 132.0013. URL :. cairn. info/revue-mondes-en-developpement-2005-4-page-13. htm

[11] Cahiers Francais (1998), Les politiques économiques, n° 284, jan - fév, La Documentation Française.

l'impact des politiques économiques sur la croissance économique et donc sur la fragilisation économique de l'État n'est plus à démonter. Pareillement, la qualité des institutions impacte la croissance et le développement économiques ; par la qualité du processus politique et la qualité de l'environnement institutionnel[12]. Outre le concept de croissance qui est rattaché à celui de la fragilité ; le développement économique est aussi en étroite relation avec ce dernier. En effet, la fragilité économique est le résultat d'une défaillance dans le processus de développement économique. La « *bonne gouvernance* » est effectivement un facteur clé d'établissements de la confiance dans les pays développés, procurant, *via* le respect des règles formelles, un niveau élevé de sécurité des transactions et des anticipations à un niveau systémique ce qui procure au final *un avantage décisif* dans la capacité des sociétés développées à produire de la richesse[13]. Le décollage et donc l'éloignement de la fragilité a été une quête permanente des pays en développement et ceux émergents à travers le recours à plusieurs modèles de politique économique qui correspondent à plusieurs phases de l'histoire du développement de ces pays :

- le modèle de la colonisation, basé sur la production et l'exportation des produits agricoles et des matières premières ;
- le modèle communiste et révolutionnaire ;
- le modèle de l'industrialisation par substitution aux importations (ISI) ;
- le modèle de l'industrialisation par promotion des exportations ;
- le modèle néolibéral du « consensus de Washington », avec l'impact de la crise financière de la fin des années 1990 ;
- et la montée en puissance des pays émergents, avec l'impact de la crise financière et économique de 2008.

Nous nous intéresserons ici aux pays dont la fragilité économique vient du fait de leur dépendance viscérale de la rente pétrolière. Le Venezuela est à ce titre un cas édifiant. Citée, il ya peu comme un modèle d'émancipation vis-à-vis des pays du nord, l'économie du Vene-

---

[12] Belaïd Rabah, Gasmi Farid, Recuero Virto Laura, « La qualité des institutions influence-t-elle la performance économique ? Le cas des télécommunications dans les pays en voie de développement », *Revue d'économie du développement*, 2009/3 (Vol 17), p 51-81 DOI : 10 3917/edd. 233. 0051. URL : https://www.cairn.info/revue-d-economie-du-developpement-2009-3-page-51.htm

[13] Meisel Nicolas, Aoudia Jacques Ould, « L'insaisissable relation entre « bonne gouvernance » et développement », Revue économique, 2008/6 (Vol. 59), p. 1159-1191. DOI : 10.3917/reco. 596. 1159. URL : www.cairn.info/revue-economique-2008-6-page-1159.htm

zuela se débat aujourd'hui dans une crise sans précédent car fortement dépendante des hydrocarbures, elle a subi les contrecoups de la dernière crise pétrolière.

Tableau N° 2 : Principaux indicateurs économiques

	2014	2015	2016 (p)
Croissance PIB (%)	-3, 9	-6, 2	-10, 0
Inflation (moyenne annuelle)	62, 2	122	476

Source : COFACE, 2017.

L'économie vénézuélienne connaît depuis 2014 une croissance négative. En 2016, le PIB a plongé de 18 % alors que l'inflation et le chômage atteignaient respectivement 255 % et 21, 2 %. Les exportations du pays sont générées à 95 % par le pétrole, chose qui a fait qu'il a été durement touché par la baisse des cours de l'or noir · Le modèle économique du Venezuela est fortement centralisé et caractérisé par la prépondérance du secteur public, le contrôle des changes et des prix ; autant de critères qui favorisent sa vulnérabilité.

Économie de la rente, syndrome hollandais, croissance appauvrissante ou la fragilité économique induite par l'échange international

La théorie de la rente de Malthus et Smith considèrent que la rente introduit le principe que comme la terre est limitée, les rendements sont décroissants ; les nouvelles exploitations seront de moins en moins fertiles. Ce problème est récurrent pour les pays pétroliers à l'instar du Venezuela ou de l'Algérie. Le théorème d'Hotelling illustre cette idée comme pour tous les marchés, l'évolution des prix des ressources est dictée par l'offre et la demande. La différence essentielle par rapport aux autres marchés tient à la pénurie naturelle de l'offre : une ressource renouvelable (bois, poisson, etc.) peut se régénérer dans l'espace d'un délai « économiquement raisonnable », si bien qu'il y aura toujours une offre, pourvu que la ressource ne soit pas exploitée au-delà de son potentiel de reproduction. Pour les ressources non renouvelables (pétrole, charbon, etc.), il n'y aura en revanche plus d'offre une fois que tous les gisements auront été exploités, même si les prix croissent indéfiniment[14]. En conséquence, c'est la capacité de régénération des ressources qui dicte leur extraction idéale et le cours optimal des prix. Pour un pays dépendant de la rente d'une ressource naturelle, le processus de fragilisation de l'économie en sera davantage marqué.

Le syndrome hollandais[15] est une autre lecture de ce processus de fragilisation par le fait que l'exploitation d'une ressource naturelle tend à faire monter les salaires et les taux de change et handicape les secteurs industriels exposés à la concurrence internationale.

La théorie de la dépendance et de la domination rend compte identiquement des blocages du développement des pays producteurs des produits primaires par l'échange international en incriminant la dégradation des termes de l'échange des pays du Tiers-Monde (S. Amin, C. Furtardo, A. Gunder Franck, etc.). Les modalités de l'échange international, maîtrisées par le centre (les pays développés), contribuent au renforcement de la division internationale du travail, à un accroissement des inégalités internationales et à la dépendance des pays de la périphérie (les pays du Tiers-Monde). L'échange international libre ne peut-être qu'inégal puisque les pays du Nord et du Sud n'ont pas la même capacité de s'imposer sur le marché et de fixer les prix. Dans ce contexte, l'accroissement des recettes d'exportation en période de hausse des cours des matières premières est perçu par les partisans de cette école de pensée comme une situation conjoncturelle qui n'est pas susceptible d'induire une diversification de la base productive des pays du Tiers-Monde surtout avec la faible diffusion des effets d'entraînement des secteurs d'exportation sur le reste de l'économie. Dans ce cadre d'analyse, l'industrie pétrolière est considérée comme une enclave ; ses liens avec le reste de l'économie passent par le budget de l'État. Les spécificités des modèles du syndrome hollandais par rapport à la théorie de la dépendance et de la domination tiennent principalement au fait que les modèles du Dutch Disease, qui sont des instruments d'analyse néoclassiques, ne se situent pas véritablement dans une problématique de développement dans la moyenne ou longue

---

[14] Bertrand Lépinoy, Economie et énergie, quels avenirs pour le Tiers Monde ? : une approche modélisée, Editions TECHNIP, Paris, 1985.

[15] La rente tirée de la différence entre le prix de vente et le coût d'exploitation des hydrocarbures peut avoir des effets pervers importants. Les Pays-Bas l'ont appris à leurs dépens dans les années 70, après que fut découvert et exploité l'important gisement de gaz de Groningue. Le gonflement soudain des exportations tira vers le haut le taux de change de la devise néerlandaise, réduisant d'autant la compétitivité internationale des produits locaux.

période mais s'inscrivent dans une perspective « d'ajustement » dont l'horizon temporel est le « court moyen terme ».

Le syndrome hollandais observable, dans une grande partie des pays disposant de ressources naturelles abondantes est aggravé par la persistance des comportements rentiers qui ont été observés empiriquement dans les économies pétrolières du Tiers- Monde. Sid Ahmed (1983) a constaté qu'après les chocs pétroliers, la plupart des pays arabes exportateurs de pétrole étaient sujets à des comportements rentiers se traduisant par une consommation publique et privée atteignant des seuils de diversification comparables et parfois même supérieurs à ceux atteints par les pays déjà développés tandis que les structures productives et d'exportation restent archaïques, voire s'atrophient.

La croissance appauvrissante, théorisée par J. Bhagwati (Immiserizing growth, a geometrical note, 1958) se situe encore dans une problématique du blocage de la croissance par le commerce international. La croissance économique, liée à une hausse de la dotation factorielle ou à un progrès technique, est susceptible de conduire à la baisse du prix mondial du bien exporté entraînant une détérioration si forte de ses termes de l'échange que la perte de revenu qui en résulte pour lui excède le supplément de revenu obtenu d'abord de sa propre croissance interne. En d'autres termes, le pays produit plus pour gagner moins.

Cette situation a d'autant plus de chances de se produire que la croissance provient essentiellement du seul secteur des exportations, que l'élasticité prix de la demande du produit exporté est faible (la pente de la courbe de demande est à pente très raide), que le pays en question a été le seul à connaître ces améliorations et que le pays est un gros exportateur mondial du produit si bien que la hausse des exportations modifie sensiblement l'équilibre mondial.

Selon Bhagwati, la spécialisation peut conduire à une croissance appauvrissante si :

- la croissance est systématiquement orientée vers le bien exportable ;
- l'économie à un fort degré d'ouverture (ratio Exportations/PIB élevé) ;
- la demande mondiale faiblement élastique au prix (l'excès d'offre fera fortement
- chuter le prix d'équilibre) ;
- le pays est un gros exportateur (forte part de marché), c'est-à-dire que l'augmentation de ses exportations modifie les con-

ditions de l'équilibre mondial. Ces conditions sont donc extrêmes, ce qui rend cette situation très peu probable.

« La plupart des économistes voient aujourd'hui dans le concept de croissance appauvrissante plus un point théorique qu'un modèle du monde réel »[16].

Fragilité économique : Le cas de l'Algérie

L'Algérie est sans nul doute un acteur prépondérant sur le marché mondial de l'énergie car disposant de réserves relativement conséquentes aussi bien en matière de ressources fossiles (conventionnelles et non conventionnelles) qu'en terme de potentialités en énergies renouvelables.

L'intérêt porté au pétrole et au gaz n'est pas fortuit. Le secteur des hydrocarbures représente à lui seul 1/3 du PIB algérien, 2/3 des recettes budgétaires et entre 95 % à 98 % des exportations. Les réserves prouvées en gaz sont équivalentes à 12 200 mb soit l'équivalent de 4, 504 (billion standard cu m). La Sonatrach, fer de lance de l'industrie pétrolière et gazière en Algérie, est à ce titre classée au 14éme rang des plus grandes compagnies mondiales[17].

L'histoire des hydrocarbures remonte déjà à la fin du 19ème siècle, avec les premières explorations en 1877, dans l'Ouest de l'Algérie et un potentiel en augmentation croissante notamment par la découverte d'importants gisements en 1956 à Edjeleh et Hassi Messaoud poussant à une exploitation intensive sous le règne colonial. La période d'indépendance a été marquée par la nationalisation des hydrocarbures en 1971 donnant, dans un premier temps, toute la latitude en matière de recherche et d'exploration à la SONATRACH jusqu'en 1991 où il sera permis aux partenaires étrangers, avec un apport d'expérience, de technologies et de moyens financiers, de participer à l'exploration du domaine minier national et au développement de gisements de pétrole et de gaz.

Cette ouverture fut confirmée par la loi sur les hydrocarbures, promulguée en 2005 (loi 05-07) modifiée et complétée en 2006. Un virage important est alors amorcé et a même valu à l'Algérie d'être classée première (dans les années 1990) en matière de découvertes. De-

---

[16] P. Krugman et M. Obstfeld, Économie internationale, (9e édition) Edition Pearson, 2014.

[17] http://www2.energyintel.com/PIW_Top_50_ranking_about

puis, le potentiel énergétique algérien ne cesse de croître montrant un caractère de pluralité énergétique possible pour l'économie algérienne.

Selon Mourad Preure « Il y a un catastrophisme autour des réserves algériennes d'hydrocarbures, inspiré notamment par les compétiteurs moyen-orientaux de l'Algérie sur le marché gazier européen. En effet, notre domaine minier, largement sous-exploré, est unanimement reconnu comme prospectif, notamment et surtout en réserves d'hydrocarbures conventionnels »[18]. Ce dernier explique que c'est l'arrêt du développement de l'amont algérien qui est à l'origine de la baisse de production.

Toutefois et malgré la conjoncture défavorable actuelle, l'économie algérienne demeure fondamentalement rentière en ce sens où ses revenus viennent essentiellement de sources extérieures et non de sources de taxation locales[19] permettant de réaliser les résultats suivants en matière de commerce international. Ainsi, il est constaté une augmentation de la valeur des exportations jusqu'en 2011 à partir de là, il y a un fléchissement remarqué et qui continue jusqu'en 2015 à cause de la chute spectaculaire des prix du pétrole. Ainsi, le prix du baril de pétrole Brent qui valait 110 $ fin juin 2014 ne valait que 63 $ fin juin 2015 et est même descendu en deçà des 50 $ en août 2015, soit une baisse de plus de 40 %, avec un minimum à 48 $ au mois de janvier et une moyenne de 60 $ pour les six premiers mois de 2015.

Pour le mois d'août 2015, le volume global des exportations était de 3,26 milliards $ soit une diminution de 40, 83 % par rapport aux résultats du mois d'août 2014. Cela s'est traduit par un déficit de la balance commerciale de 869 millions $ pour le mois d'août 2015. Le taux de couverture des importations par les exportations s'est établi autour de 79 % pour le mois d'aout 2015 contre 114 % durant la même période 2014[20].

Les développements récents du marché mondial de l'énergie ont induit un effondrement des exportations[21] au cours des cinq premiers mois de l'année 2015 s'établissant à 15,94 milliards $ contre 28,31 milliards à la même période de 2014, soit une baisse de 43,67.

---

[18] http://mouradpreure. unblog. fr/category/articles-energie-geopolitique/

[19] Hossein Mahdavy (1970), « *The Pattern and Problems of Economic Development in Rentier States: the Case of Iran"*, in: M. Cook (ed), Studies in the Economic History of the Middle East, Oxford University Press, London.

[20] Statistiques du commerce extérieur de l'Algérie (Période Août 2015) sur http://www.douane.gov.dz/pdf/r_periodique/Aout%202015.pdf consulté le 30/08/2015.

[21] Raouf Boucekkine, Rafik Bouklia-Hassane et Nour Meddahi, Un an après le contre-choc pétrolier : Bilan, Enjeux et Perspectives, 6 juillet 2015.

En 1962, le conte de fées devait commencer avec l'indépendance ; la misère et les conséquences néfastes du sous-développement auraient dû commencer à disparaître avec la réappropriation des richesses. « Les revenus de la manne pétrolière, judicieusement utilisés, devaient lui permettre d'affronter les affres du sous-développement et de prendre à bras-le-corps les problèmes de la reconstruction du pays »[22].

On peut parler de « la malédiction des hydrocarbures » car un demi-siècle après son indépendance, l'économie algérienne est toujours en mal de stratégie adaptée aboutissant à une sorte de « dutch disease » dont les causes sont liées à l'abondance d'une richesse unique et subite. Dans le même temps, naissaient en Australie des modèles dits de booming sector (secteur en boum) montrant qu'un nombre d'épisodes historiques étaient caractérisés « par des boums sectoriels comportant des effets adverses sur les autres secteurs de l'économie »[23].

Il est certes admis que l'économie algérienne reste largement ancrée sur un modèle rentier fondamentalement tiré des hydrocarbures. Nombre de spécialistes insistent sur la nécessaire diversification de l'économie algérienne afin d'en réduire la vulnérabilité tout en assurant la promotion des facteurs de production à priori abondants sur son territoire.

Cette vulnérabilité est principalement liée aux politiques de développement jusque -là adoptées. Le scénario vécu ces 15 dernières années nous renvoie aux chocs pétroliers de 1973 et 1986. L'on retrouve ainsi la même trajectoire économique avec une courbe de croissance des revenus pétroliers suivie d'une chute brutale de ces derniers en conséquence aux réductions de prix mondiaux présentés plus haut. « L'histoire des marchés est marquée par un enchainement simultané de phases pluriannuelles de baisses et de hausses des prix de nombreuses matières premières »[24]. Pour un pays dont l'économie est rentière, le problème de viabilité de la trajectoire de développement est alors encore plus complexe à l'image des économies pétrolières souvent instables[25] qui présentent une macroéconomie spécifique avec des

---

22 Malti. H. *Histroire secrète du pétrole algérien,* Ed. La découverte, Paris, 2010, p. 8.

23 Jean-Philippe Koutassila, Le syndrome Hollandais : théorie et vérification empirique au Congo et au Cameroun, Centre d'économie du développement Université Montesquieu-Bordeaux IV - France.

24 Hadj Saadi, *L'économie des matières premières*, Série le monde en question/collection l'esprit économique, Edition l'Harmattan, Paris, 2005.

25 D. Seers soulignait l'instabilité extrême de l'économie pétrolière prenant exemple sur la crise du Vénézuela de 1958.

traits particuliers[26] : Problématique d'épuisement des ressources exportables, difficultés d'absorption locale de la rente, tendance à l'appréciation du taux de change, contraction du secteur productif local, tendance à la tertiarisation de l'économie, et vulnérabilité externe, renforcement du rôle de l'État et rôle primordial de la consommation et de l'importation.

Ces traits induisent deux phases récurrentes ; l'une marquée par une augmentation des revenus pétroliers et donc une marge de manœuvre plus importante et l'autre par une diminution brutale de ces derniers induisant une vulnérabilité extrême. Cette faiblesse en matière de prise de décision économique entraine la complexité de l'équation croissance de l'exploitation des hydrocarbures et développement économique. Or, les programmes de développement de nombreux pays continuent à se fonder en pratique sur les revenus de la rente. « Les recettes tirées des produits d'exportation permettent de financer les importations de biens de consommation et de services destinés à l'investissement ; et de dégager un surplus pouvant être affecté à l'investissement »[27].

Les effets induits de la croissance des exportations sur le développement économique semblent ne pas être vérifiés dans le cas des économies pétrolières. La théorie des principales ressources, d'Harold A. Innis et W. A. Mackintosh, affirme « que l'exportation des ressources naturelles, ou des matières premières, du Canada vers les économies plus avancées a un impact profond sur l'économie ainsi que sur les systèmes politiques et sociaux »[28]. Ils conviennent tous les deux que le Canada s'est créé à partir d'une économie de matières premières, mais divergent toutefois d'opinion. En effet, W. A .Mackintosh y voit une constante évolution vers une économie industrialisée mature basée sur la production de denrées de première nécessité, alors que H. A. Innis voit plutôt que le Canada a une tendance à s'enfermer en permanence dans une dépendance d'arrière-pays à ressources.

Cette thèse atteste qu'une économie de ressources naturelles est en mesure de dépasser la dépendance en s'insérant de manière active dans une logique de développement. Le problème se pose ainsi du point de vue du « recyclage des excédents dégagés par les pays exportateurs

---

[26] Abdelkader Sid Ahmed, *Rente pétrolière* Orstom, Paris, 1988.

[27] Hadj saadi, *op. cit*, p. 255.

[28] http://www.encyclopediecanadienne.ca/fr/article/theorie-des-principales-ressources/ consulté le 09/11/2015.

d'hydrocarbures »[29]. Le scénario de la malédiction pétrolière est alors enclenché à partir du moment où une distorsion des taux de rentabilité sur longue période apparaît par l'encouragement des industries extractives très capitalistiques au détriment des industries manufacturières, créant une dépendance vis-à-vis des pays avancés qui disposent de la technologie nécessaire pour optimiser l'exploitation de la rente.

Par ailleurs, cette intensité capitalistique déployée au profit des hydrocarbures n'est donc pas affectée à des branches susceptibles d'être plus rentables économiquement et avec des influences sociales certaines. Tous les programmes économiques poursuivis par l'Algérie se sont, au final, soldés par un ancrage plus poussé autour des hydrocarbures. La nécessité de diversifier ne représentait, en fait, qu'un effet d'annonce car à chaque épisode de baisse des prix, le débat de la diversification économique est relancé. Durant ces périodes de vaches maigres, la recherche de solutions de développement pour l'émergence économique est réactivée.

L'émergence économique, qui est le résultat du passage par quatre étapes[30], commence du moins pour certains pays en développement par l'économie de la rente[31].

Les caractéristiques qui la singularisent sont observables dans l'économie algérienne avec une forte vulnérabilité aux chocs externes, une inflation élevée, une instabilité politique, une faiblesse des dispositifs de réglementation des affaires et des institutions publiques.

Selon le Mc Kinsey Global institute[32], l'Algérie présente un des PIB les plus élevés en Afrique, avec plus de 5000 dollars par habitant et selon la Banque Africaine de Développement[33], elle est classée au 8ème rang africain en matière de développement des infrastructures avec un score de 47, 78. Cependant, son économie demeure très vulnérable[34], on atteste les récentes conséquences du troisième choc pé-

---

29 Benoît Mafei Rodolphe Greggio, Le pétrole le troisième choc et la malédiction pétrolière. Ed economica 2014, p. 147.

30 Jean Claude TChatchouang, Le décollage économique de l'Afrique, Edition L'Harmattan Paris, 2014, pp 140-141.

31 Les trois autres étapes sont : l'ère de la transition vers la diversification économique, l'ère de la diversification économique et l'ère de l'émergence.

32 Mc Kinsey global institute segmentation des économies africaines selon leur niveau d'exportation et de diversification économique.

33 Banque Africaine de développement, the africa infrastructure Development Index (AIDI), Mai 2013.

34 Il est mesuré par L'indice de vulnérabilité économique qui comprend cinq indicateurs : part du secteur manufacturier et des services non gouvernementaux dans le PIB, concentration des

trolier induisant un réajustement du taux de change[35]. Le troisième choc pétrolier n'a pourtant pas changé grand-chose, l'économie algérienne n'a toujours pas tiré les leçons du passé. Les choix inefficaces d'investissement sont attribués à « la mésallocation des recettes tirées de la vente de pétrole se traduit bien souvent par l'accroissement massif des fonds gaspillés et détournés par l'oligarchie politique et économique »[36]. Le recyclage des revenus pétroliers a créé des déséquilibres, exacerbés par la disproportion entre ressources et emplois en Hydrocarbures.

Dans le cas Algérie, même si les investissements capitalistiques sont importants, la montée des besoins fait que le modèle énergétique algérien est énergivore ce qui explique les disparités dans l'allocation des ressources.

D'autres points de vue avancent que les hydrocarbures peuvent donner lieu à une bénédiction liée à la capacité de ces énergies à permettre le passage vers une économie développée mais elles doivent le faire en se fondant sur leurs dotations en matière de richesses répondant à la logique de la division internationale du Travail. Cependant, l'analyse historique enseigne que devenir un pays à revenu moyen est plus aisé que de passer au statut de pays développé. Le secteur des services y domine alors que l'émergence économique passe par l'industrialisation. Par ailleurs, peu d'alternatives sont offertes aux pays rentiers dans lesquels les gouvernements peuvent disposer ainsi de rentes financières importantes.

En dépit de l'inefficacité des programmes économiques algériens à sortir le pays du sous-développement, l'approche adoptée a permis de répondre à des besoins sociaux importants (logement, emploi,...).

Fragilité économique de l'Algérie : impacts sur la coopération avec l'Union Européenne

L'Union européenne représente le partenaire étranger le plus prépondérant de l'Algérie aussi bien en matière d'importations que d'exportations. Notons que les exportations vers les pays de l'UE sont majoritairement dominées par les hydrocarbures.Les récents boulever-

---

exportations de marchandises ; instabilité de la production agricole instabilité des exportations de biens et services et population du pays.

35 Il est à noter que le taux de change du dinar est déterminé selon un régime de flottement dirigé.

36 Benoît Mafei, Rodolphe Greggio, Le pétrole le troisième choc et la malédiction pétroliè, Éd Economica, Paris, 2014, p. 153.

sements de la scène énergétique mondiale et la politique énergétique de l'UE orientée vers l'économie verte constituent autant de défis que de risques sur la situation de fragilité que traverse actuellement ce pays. Ayant échappé au printemps arabe, le pays a été rattrapé par le dernier choc pétrolier faisant craindre un retour vers la situation de cessation de paiements générée par le choc pétrolier de 1986. La résilience à ladite crise a été possible grâce à des bouleversements aussi bien économiques via le passage à une économie de marché[37] qu'à des bouleversements politiques.

Les réflexes rentiers, très ancrés dans cette économie et le modèle de développement économique centre-périphérie fondée sur une logique colonialiste, étaient persistants et malgré des discours académiques et politiques encourageant la diversification, le changement n'a pourtant pas eu lieu. Jusqu'en 2013/2014, le manque de diversification économique et les choix en matière de gouvernance économique ne posaient pas de réels problèmes hormis le fait que par comparaison à d'autres modèles économiques, il ne s'agissait pas des plus viables. L'avènement des pétroles et des gaz de schiste américains a totalement changé la donne redistribuant intégralement les cartes de la géopolitique mondiale[38]. L'impact sur les pays producteurs de pétrole s'en est fait sentir.

La baisse des cours du pétrole a affaibli les soldes extérieurs et budgétaires des pays exportateurs, y compris des membres du Conseil de coopération du Golfe (CCG). Les risques financiers générés par la situation proviennent de la fragilité des États dont le commerce extérieur dépend fortement du pétrole. Des pays aussi divers que la Russie, le Nigéria, le Venezuela, le Gabon, l'Algérie, l'Arabie Saoudite sont directement impactés via la dégradation de leurs comptes publics.

[37] Condition imposée par le FMI lors des programmes d'ajustements structurels et de stabilisations économiques.

[38] Les cours du pétrole ont diminué d'environ 55 % depuis septembre 2014.

Figure N° 2 : Pertes extérieures imputables à la baisse des cours du pétrole

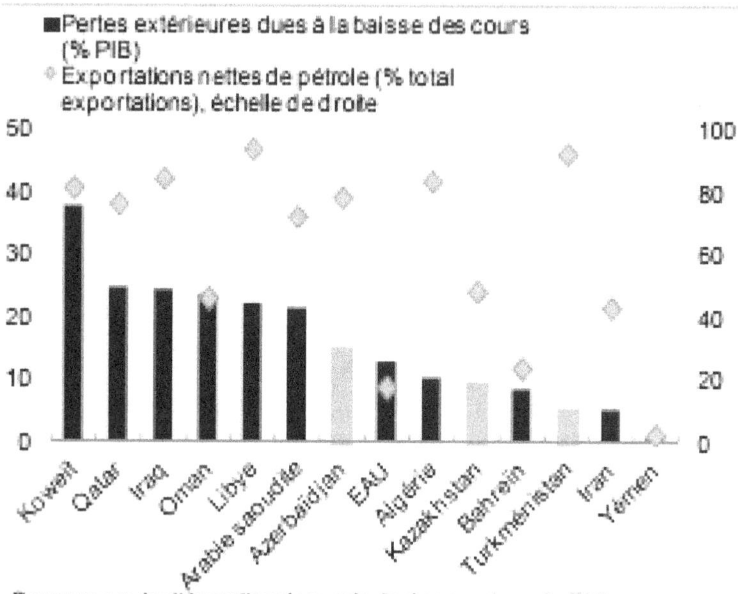

Sources : autorités nationales; calculs des services du FMI.
Note : pertes extérieures calculées à partir de l'écart projeté, en dollars, entre les exportations nettes de pétrole de 2015, basées sur les hypothèses de prix pour 2015 de la Mise à jour des PER de janvier 2015 et des PER d'octobre 2014, et le volume d'exportations nettes de pétrole des PER d'octobre 2014, en apportant des ajustements pour tenir compte des particularités de chaque pays. Les barres bleues (vertes) correspondent aux exportateurs de pétrole de la région MOANAP (CAC).

Dans son rapport du mois d'octobre 2018, le Fonds monétaire international (FMI) prévoit pour l'Algérie une chute de son Produit intérieur brut (PIB) de 3 % à 1, 5 % en 2017. Le PIB devrait encore baisser jusqu'à 0, 8 % en 2018. En matière de solde extérieur courant, les indices sont à une légère hausse : de -16, 5 % à -13 % en 216, et à -10, 8 %. Selon les prévisions du FMI concernant le taux de chômage en Algérie, celui-ci devrait suivre une tendance à la hausse : de 10, 5 % à 11, 7 % en 2107 et devrait atteindre 13, 2 % en 2018[39], signes d'une situation qui risque de se fragiliser davantage dans le futur.

Le poids de l'UE dans l'économie algérienne, notamment en ce qui concerne les exportations pétrolières et gazières, accentue cette fragilité par une politique énergétique qui prend le cap vers des énergies alternatives plus propres.

---

[39] FMI, 2017.

Figure N° 3 : Le triangle européen des politiques énergétiques[40]

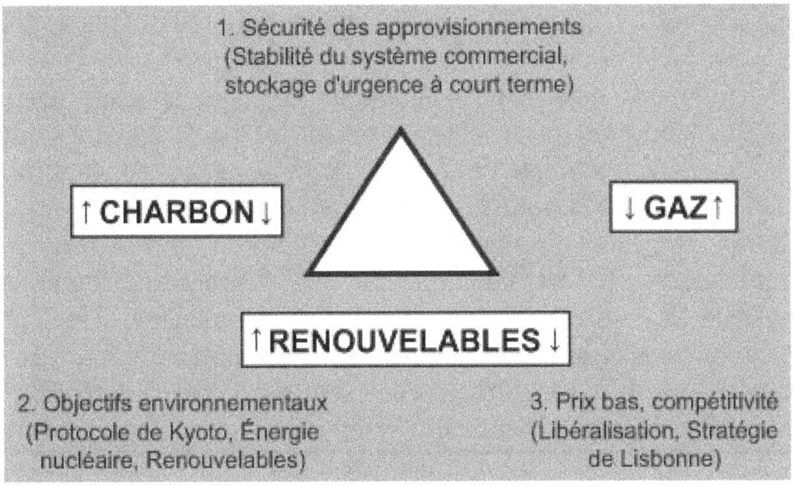

La résilience de l'économie algérienne tient à sa capacité à relever le défi de la diversification économique mais aussi énergétique salutaire aussi bien pour sécuriser ses sources de financement en devises mais aussi pour faire face à un marché interne énergivore.

Tableau N° 3 : Exportations Algérie/UE durant la période 2010-2014 (en Millions de DA)

Années	**2010**	**2011**	**2012**	**2013**	**2014**
Exportations	2127478 2	2728125 0	3147123 2	3315192 3	3157764 0

Source : Douanes algériennes, 2015.

Tableau N° 4 : Exportations Algérie /UE durant la période 2015-2017 (en Millions de US Dollars).

Années	**2015**	**1er Trim 2016**	**1er Trim 2017**
Exportations	22 976	3 851	5 462

Source : Douanes algériennes, 2016/2017.

La mise en œuvre de l'Accord d'association Algérie-UE s'est enrichi par l'utilisation d'instruments privilégiés tels que les jumelages institutionnels entre administrations, les actions ponctuelles et ciblées comme les TAIEX[40].

Le rapport 2017 de l'UE sur la coopération avec l'Algérie précise que l'appui à la

transition économique et au commerce constitue un axe essentiel de la coopération pour le développement de ce pays, dans le contexte d'un modèle économique qui est encore largement dépendant des exportations d'hydrocarbures.

Si la résilience économique peut se définir approximativement comme la capacité de maintenir la production proche de son potentiel malgré un choc, elle comporte au moins deux dimensions : le degré de son atténuation et la vitesse à laquelle les économies retournent à la normale. Les politiques structurelles sont susceptibles d'affecter à la fois la force et la persistance des effets des chocs externes exogènes. Les politiques de stabilisation macroéconomique jouent également un rôle important en matière de résilience, mais leur efficacité est aussi conditionnée par les orientations de politique structurelle. Ces dernières peuvent par exemple affecter la force du mécanisme de transmission de la politique monétaire[41] .Dans ce cas précis, il est difficile de parler de résilience de l'économie algérienne puisque l'évolution des données macroéconomiques (PIB, Inflation,...) montre que le retour à la normale ne s'est pas encore fait. Pour ce qui est du degré d'atténuation des chocs, le fond de régulation des recettes et les réserves de change ont joué jusque-là leur rôle même si le bilan reste mitigé.

La proximité historique et géographique de l'Algérie avec l'UE impose à l'Algérie de pousser plus loin la coopération économique car obtenir des partenariats à court et moyen terme aussi favorables que ceux de l'UE sont loin d'être aisés, la panacée est d'ordre stratégique. Sortir du « tout hydrocarbures » renvoie à une stratégie de développement économique ouverte sur le monde. Cependant, une grande partie de ce « monde » se trouve dans la partie européenne auprès de laquelle il faudra savoir tirer son épingle du jeu notamment avec l'accélération des conflits politiques ou armés, dans le Moyen- orient et en Afrique. Des approches de diplomatie et de stratégies écono-

---

[40] Keppler Jan Horst, « L'Union européenne et sa politique énergétique », *Politique étrangère*, 2007/3 (Automne), p. 529-543. DOI : 10. 3917/pe. 073. 0529. URL : https://www.cairn.info/revue-politique-etrangere-2007-3-page-529. htm

[41] Duval Romain, Vogel Lukas, « Résilience économique aux chocs : Le rôle des politiques structurelles », *Revue économique de l'OCDE*, 2008/1 (n° 44), p. 211-251. URL :. cairn. info/revue-economique-de-l-ocde-2008-1-page-211. htm

miques doivent être déployées pour favoriser la réduction de la fragilité économique en diminuant les facteurs de vulnérabilité.

Conclusion

Pendant que les chercheurs et experts tendent à délimiter les contours de la fragilité et ses facteurs, les États fragiles cherchent à accroître leur résilience en concentrant leurs efforts à court terme sur les institutions qui si elles sont bien encadrées seraient à même d'amorcer des politiques de croissance et de développement économiques durables. Stabiliser la situation économique commence par agir sur les fondamentaux macroéconomiques fluctuants mais ne saurait être possible sans des institutions solides avec des choix de gouvernance adaptés. S'éloigner de la fragilité par un renforcement de la coopération internationale au service du développement de manière à appuyer et compléter les efforts déployés par les pays en développement pour garantir les droits fondamentaux des citoyens, promouvoir la convergence des pays en développement (en particulier les plus pauvres) vers des niveaux plus élevés de revenu et de bien-être en réduisant les inégalités entre pays du nord et du sud dans tous les domaines surtout ceux qui constituent aujourd'hui les éléments-clés de l'économie mondiale à savoir les approches de développement durable.

La coopération internationale entre l'Algérie et l'UE ne sursoit pas aux pratiques récurrentes dans le domaine ; elle se fonde ainsi sur les transferts financiers ou en nature, le renforcement des capacités et l'aide au changement de politique. Sur le volet économique, cette coopération reste largement dominée par des relations dans le domaine énergétique qui risquent d'être fortement impactée par les tendances baissières actuelles du marché mondial fragilisant l'économie algérienne. Cette fragilité menace de s'accentuer avec la politique énergétique européenne axée sur des objectifs en corrélation avec les impératifs du développement durable.

Toutefois la fragilité de l'économie algérienne, même si elle répond à une logique internationale spécifique n'est en fait que le résultat de politiques économiques fondée sur une vision et une idéologie dépassées. Les institutions, les stratégies et les actions doivent être refondées et revues tant dans le cadre interne que dans leur insertion dans l'économie mondiale.

RÉFÉRENCES BIBLIOGRAPHIQUES

Alonso José Antonio et Glennie Jonathan, Qu'est-ce que la coopération pour le développement ?, Notes politiques du Forum pour la coopération en matière de développement – 2016 N° 1, février 2015.

Alternatives economiques N° 279 - 04/2009.

Abdelkader Sid Ahmed, Rente pétrolière ORSTOM, Paris.

Banque Africaine de développement, the africa infrastructure Development Index (AIDI), Mai 2013.

Belaïd Rabah, Gasmi Farid, Recuero Virto Laura, « La qualité des institutions influence-t- elle la performance économique ? Le cas des télécommunications dans les pays en voie de développement », *Revue d'économie du développement*, 2009/3 (Vol. 17), p. 51-81. DOI : 10. 3917/edd. 233. 0051. URL : https://www. cairn. info/revue-d- economie-du-developpement-2009-3-page-51. htm

Boucekkine Raouf, Bouklia-Hassane Rafik et Meddahi Nour, *Un an après le contre-choc pétrolier : Bilan, Enjeux et Perspectives*, 6 juillet 2015.

Cahiers Francais, Les politiques économiques, n° 284, jan-fév 1998, La Documentation Française.

Diamond Jared Effondrement Comment les sociétés décident de leur disparition ou de leur survie Courrier de l'environnement de l'INRA n° 54, septembre 2007 pp 144-148.

Duval Romain, Vogel Lukas, « Résilience économique aux chocs : Le rôle des politiques structurelles », *Revue économique de l'OCDE*, 2008/1 (n° 44), p. 211-251. URL : https://www. cairn. info/revue-economique-de-l-ocde-2008-1-page-211. htm

Gaulme François, « » États faillis », « États fragiles » : concepts jumelés d'une nouvelle réflexion mondiale », *Politique étrangère*, 2011/1 (Printemps), p. 17-29. DOI : 10[illegible]/pe. 111. 0017. URL : https://www. cairn. info/revue-politique-etrangere-2011- 1-page-17. htm

Hadj Saadi, *L'économie des matières premières*, Série le monde en question/collection l'esprit économique, Edition L'Harmattan, Paris, 2005.

http://mouradpreure. unblog. fr/category/articles-energie-geopolitique/

http://www.encyclopediecanadienne.ca/fr/article/theorie-des-principales-ressources/

http://www2. energyintel. com/PIW_Top_50_ranking_about

Hugon Philippe, « La scolarisation et l'éducation : facteurs de croissance ou catalyseurs du développement ? », *Mondes en développement*, 2005/4 (n° 132), p. 13-28. DOI : 10. 3917/med. 132. 0013. URL : https://www. cairn. info/revue-mondes-en- developpement -2005-4-page-13. htm

http://www.oecd.org/document/9/0, 3746, fr_2649_33 693 550_39 254 537_1_1_1_1,00.html

http://www.oecd.org/fr/cad/stats/rapport2011surlacooperationpourledeveloppement. html Keppler Jan Horst, « L'Union européenne et sa politique énergétique », *Politique étrangère*, 2007/3 (Automne), p. 529-543. DOI : 10. 3917/pe. 073. 0529. URL : https://www. cairn. info/revue-politique-etrangere-2007-3-page-529. html

Koutassila Jean-Philippe, *Le syndrome Hollandais : théorie et vérification empirique au Congo et au Cameroun, Centre* d'économie du développement Université Montesquieu-Bordeaux IV – France.

Mafei Benoît, Grégorio Rodolphe Le pétrole le troisième choc et la malédiction pétrolière ed economica 2014, p .147.

Mahdavy Hossein, «*The Pattern and Problems of Economic Development in Rentier States : the Case of Iran",* in: M. COOK (ed.), Studies in the Economic History of the Middle East, Oxford University Press, London, 1970.

Malti .H. *Histroire secrète du pétrole algérien,* Ed. La découverte. Paris, 2010, .p 8.

Meisel Nicolas, Aoudia Jacques Ould, « L'insaisissable relation entre « bonne gouvernance » et développement », Revue économique, 2008/6 (Vol. 59), p. 1159-1191. DOI : 10. 3917/reco. 596. 1159. URL : https://www. cairn. info/revue-economique-2008-6- page-1159. htm

Mouton Jean-Denis, « » État fragile », une notion du droit international ? », *Civitas Europa*, 2012/1 (N° 28), p. 5-18. URL : https://www. cairn. info/revue-civitas-europa-2012- 1-page-5. html

OCDE, États de fragilité 2016 : COMPRENDRE LA VIOLENCE, 2016.

Sierpinski Batyah, « Les États fragiles et le droit international : la fragilité économique », *Civitas Europa*, 2012/1 (N° 28), p. 99-110. URL : https://www. cairn. info/revue-civitas-europa-2012-1-page-99. htm

Porras Laila, « Croissance, inégalités et pauvreté au sein des pays émergents : le cas des BRICS », *Revue de la régulation* [En ligne], 18 | 2e semestre/Autumn 2015, mis en ligne le 22 décembre 2015. URL : revues. org/11480

Statistiques du commerce extérieur de l'Algérie (Période Août 2015) sur http://www. douane. gov. dz/pdf/r_periodique/Aout%202015. pdf consulté le 30/08/2015

Tchatchouang Jean Claude, Le décollage économique de l'Afrique Edition L'Harmattan Paris 2014 pp 140-141.

ÉTUDES

Étude de l'évolution du taux de mortalité des entités économiques de la Wilaya d'Oran de 2006 à 2016 : quel impact sur le tissu économique ?

Belouti Nabil
Maitre de conférences, LAREGE, Université Oran 2, CREAD, Alger

Résumé

La composante principale de n'importe quel tissu économique est l'entreprise. La vie de cette dernière connaît plusieurs phases provoquant des changements affectant l'évolution de l'économie tout entière d'un pays, ou d'une région. Le domaine dans lequel est faite cette étude s'appelle la démographie des entreprises, car comme les êtres humains, les entités économiques connaissent plusieurs étapes dans leur vie. Existe-t-il une particularité ou bien des trames communes avec les caractéristiques du tissu national selon lesquelles les entités de la wilaya d'Oran naissent et disparaissent ?

Mots-clés : Oran, démographie des entreprises, création, disparition, renouvellement, tissu économique, entreprise.

Abstract

The main component of any economic fabric is the enterprise. The life of this one knows several phases causing changes affecting the evolution of the entire economy of a country, or a region. The field in which this study is made is called business demography, because like human beings, economic entities know several stages in their lives. Is there a peculiarity or common features with the characteristics of the national fabric according to which the entities of the wilaya of Oran are born and disappear?

Keywords: Oran, enterprise demography, creation, disappearance, renewal, economic fabric, business.

Les entreprises naissent et disparaissent tout comme les individus. Entre ces deux événements, il y a un cycle de vie au cours duquel elles traversent un certain nombre de phases. L'étude des changements qui affectent dans le temps la taille et la composition de la population d'entreprises résultant de ce processus constitue l'objet de la démographie des entreprises[1]. Sur le plan de l'analyse économique, la littérature théorique comme les travaux empiriques se sont développés autour de trois disciplines ; l'économie industrielle, l'économie du travail et la macroéconomie[2]. Les études théoriques se focalisent sur trois événements majeurs du phénomène démographique : la création des entreprises, la survie (la croissance) et la disparition.

Dans le domaine de la recherche scientifique, l'intérêt réside dans l'explication des défaillances d'entreprises, et l'impact des variables comme la taille, l'appartenance sectorielle ou la structure des marchés sur la probabilité associée à ces trois événements démographiques et, enfin, comment la dynamique démographique impacte les niveaux de création de l'emploi, de l'innovation et de la production[3]. Les vérifications empiriques de ces hypothèses ont été possibles grâce notamment à la constitution de bases de données très détaillées et la multiplication de nombreuses analyses comparatives, au plan international, mais surtout infranational. Ces derniers s'imposaient comme axe nouveau dans la recherche, à cause notamment du fait que la conformité ou non de la démographie des firmes régionales au schéma national n'est pas toujours systématique, et devraient par conséquent être vérifiées et expliquées, tout comme les différences d'évolution entre les régions d'un même pays[4].

---

[1] Leo J. G. Van Wissen, Demography of the firm : a useful metaphor? European journal of population, N° 18, 2002, p. 264.

[2] Caves RE, Industrial organization and new findings on turnovers and mobility of firms, journal of economic literature, Vol 36 N° 4, 1998, p. 1947.

[3] OECD, 2001. Economic Outlook. Paris. 386 p.

[4] Guéliffo Hountondji, Concurrence sectorielle et démographie des firmes industrielles régionales : une étude économétrique sur la région Provence-Alpes-Côte-D'azur, Revue d'économie industrielle. Vol. 45. 3e trimestre 1988. p. 59.

C'est dans cette hypothèse que notre travail tente de mettre en relief les particularités des entreprises de la wilaya d'Oran. Par rapport à l'échelle nationale et avec des comparaisons entres quelques wilayat, les particularités des entreprises de la wilaya d'Oran seront examinées en termes de leurs poids dans le tissu économique, de leur dynamique de création et de disparition, et enfin, en terme de renouvellement dans le temps.

Le tissu économique regroupe les entités de production de biens et de services marchands. Le volume, la structure et notamment l'impact de ces entités sur les niveaux de production et d'emploi sont fortement liés aux jeux de créations et de disparitions dans le temps. En France, par exemple, chaque année ce sont presque 300 000 entreprises qui sont créées ou reprises, et presque autant qui cessent leur activité. La croissance du stock d'entreprises, le plus souvent inférieure à 1 %, concerne plus d'une entreprise sur dix, en terme de création, et plus d'une sur 10, en terme de disparition[5].

D'un autre côté, le renouvellement de ces entreprises transforme en profondeur le tissu productif, en modifiant les hiérarchies entre secteurs, entre entreprises de tailles différentes, entre firmes individuelles et sociétés, et, bien sûr, en redistribuant les activités et les emplois entre les territoires[6]. À cet effet, nous accorderons dans cette communication un intérêt particulier à l'évolution du taux de renouvellement et son impact sur la configuration du tissu économique à la fois au niveau national ainsi qu'au niveau de la wilaya d'Oran. Les évolutions étudiées sont effectuées en utilisant les données du centre national du registre de commerce CNRC. Les entreprises personne physique n'ayant pas une séparation entre le patrimoine affecté à l'activité professionnelle et le patrimoine privé de l'entrepreneur sont exclues de notre champ d'analyse. Pour cette raison notre analyse se focalisera uniquement sur les entreprises ayant une forme de personnes morales et où le principe de « l'affectio societatis »[7] est respecté.

---

[5] Jean-Pierre Huiban et al. La démographie des établissements industriels : une différenciation entre espaces urbains, périurbains et ruraux, Revue d'Économie Régionale & Urbaine 2006/5 – décembre pp 751 - 779, p. 752.

[6] Idem, p. 752.

[7] « L'affectio societatis » est une expression latine évoquant un lien psychologique entre associés qui désigne un élément constitutif de la société dont les composants sont l'absence de subordination entre associés, la volonté de collaborer à la conduite des affaires sociales et l'acceptation d'aléas communs, mais dont l'intensité varie suivant les formes de société et les catégories d'associés.

Dans les développements qui suivent, il est question de donner dans un premier point un aperçu global du tissu économique à Oran, le but étant de cerner son volume, sa structure et son évolution au cours de la période 2006-2016. Ensuite, nous examinerons les données sur les entreprises personne morale. Il s'agit d'analyser le stock global en matière de volume, de structure et de dynamique démographique, notamment par secteur d'activité. Ce qui nous permettra, enfin, d'examiner le renouvellement du parc d'entreprises dans cette wilaya. Tout au long de ces développements, il sera procédé à des comparaisons avec le tissu national, mais aussi avec certaines wilayat.

Structure du parc d'entreprise de la wilaya d'Oran

Nous nous intéressons à présent à la composition du stock d'entreprises en termes de forme juridique et de secteur d'activité. Il sera question de savoir s'il existe une forme juridique dominante et s'il existe une hiérarchie entre les secteurs d'activité, en comparaison avec le stock national.

Les formes juridiques

Les données du Centre National de Registre de Commerce (CNRC) ne permettent pas d'habitude d'identifier les formes juridiques sauf pour la dernière publication des statistiques de l'année 2017 exposant les données relatives à 2016 où ce critère a été intégré ainsi que d'autres critères tels que le genre, la nationalité de l'entrepreneur, le secteur d'activité, etc. Le tableau n° 1 restitue la part de chaque forme juridique dans le stock global d'entreprises à la wilaya d'Oran, à d'autres wilayat et au niveau national.

Le tableau n° 1 révèle que, bien que la SARL constitue la forme juridique dominante à 55. 64 %, 35. 30 % des fondateurs d'entreprises ont cependant choisi une forme juridique qui garantisse un contrôle absolu du capital en l'occurrence l'EURL. Mais la prédominance de ces deux formes juridiques montre aussi le désir des entrepreneurs de protéger leur patrimoine personnel. La même tendance existe lorsqu'on examine les données nationales.

Les sociétés à responsabilité limitée sont aussi dominantes (51. 30 %). En deuxième position la « E. U. R. L » à 35, 2 % suivie de la « S.N.C » 6, 8 %. La « SPA » est la forme la moins fréquente avec5, 7 % du total.

La prédominance des SARL, des EURL et des SNC est observée aussi dans toutes les wilayat :

Tableau N° 1 : Répartition en pourcentage des entreprises de quelques wilayat par forme juridique année 2016 (%)

WILAYA	SNC	SARL	SPA	EPIC	EURL	GOUPE	SCS	SUC	SCA
Blida	4, 77	50, 50	5, 21	0, 49	38, 91	0, 08	0, 00	0, 02	0, 02
Alger	3, 00	59, 59	4, 74	0, 33	31, 66	0, 43	0, 01	0, 24	0, 00
S. B. Abbes	1, 27	52, 87	9, 71	1, 02	34, 93	0, 15	0, 00	0, 05	0, 00
Oran	4, 14	55, 64	4, 21	0, 36	35, 30	0, 18	0, 00	0, 17	0, 00
Tizi -Ouzou	24, 79	44, 67	3, 67	0, 48	26, 00	0, 27	0, 07	0, 04	0, 02
Stock National	6, 81	51, 30	5, 72	0, 61	35, 19	0, 25	0, 01	0, 12	0, 00

Ce tableau confirme que la forme juridique SARL reste la forme la plus sollicitée par les entrepreneurs lors de la création d'entreprises.

Les secteurs d'activités

Le but de ce point est de montrer comment ont évolué les stocks de l'industrie, du commerce et des services, au cours de cette décennie, et en même temps, d'identifier la hiérarchie entre ces secteurs à la wilaya d'Oran, en la comparant avec celle observée au niveau national. Le tableau n° 2 présente, pour les bornes de la période étudiée 2006 et 2016, la part de chaque secteur dans la composition du stock annuel des entreprises. Selon ces chiffres, il existe une hiérarchie en termes de secteur. Le secteur du commerce représente en 2006 un taux de 41,22 % des entreprises existantes, suivi par le secteur des services (30,30 %). En dernière position, le secteur de production contribue curieusement à raison de 28,48 % seulement dans le volume global des entreprises de la wilaya d'Oran. La part du secteur de production dans la formation du stock global de la wilaya est restée presque la même entre 2006 et 2016. Une baisse est enregistrée par contre dans le secteur du commerce qui a perdu 3 points pour atteindre 37, 94 %. Cette baisse a été récupérée par le secteur des services.

Tableau N° 2 : Répartition des entreprises personnes Morales par secteurs, à Oran et au niveau national en %

Secteur	Stock d'entreprises				Rapport 2016/2006	
	2006		2016			
	Oran	National	Oran	National	Oran	National
Production	28. 48 %	33. 68 %	28. 80 %	30. 34 %	1. 01	1. 69 232 403
Commerce	41. 22 %	35. 54 %	37. 94 %	37. 42 %	0. 92	1. 97 786 665
Service	30. 30 %	30. 78 %	33. 26 %	32. 23 %	1. 10	1. 96 712 552
Total	**100. 00 %**	**100. 00 %**	**100. 00 %**	**100. 00 %**		

La situation est différente lorsqu'on compare ces chiffres avec ceux calculés pour les entreprises au niveau national, car le secteur de production ne perd que 3 points en faveur du secteur du commerce et celui des services. Ceci peut être expliqué par le recours fréquent au service des entreprises dans le cadre de la sous-traitance. Les entreprises ont tendance actuellement à externaliser certaines de leurs activités ce qui donne de l'ampleur au tissu du secteur des services.

Ces variations modifient considérablement la hiérarchie des secteurs. Cette situation peut s'expliquer par les mouvements démographiques. Quelle est alors l'ampleur des mouvements de créations et de disparitions de ces entreprises ?

Analyse démographique d'ensemble

Cette partie tente de mettre en relief l'ampleur des événements démographiques sur la formation du tissu des entreprises. Il est question de cerner l'évolution des taux de création, de disparitions et de renouvèlement du parc d'entreprises sur la période 2006- 2016.

La création des entreprises

Bien entendu, la création d'entreprises, pour être considérée ainsi, doit être matérialisée par le démarrage effectif de l'activité (lancement de la production, installation des équipements, ventes). Cependant, faute de données précises concernant la création effective des activités économiques, nous utilisons l'immatriculation comme évènement équivalant à la création d'entreprises. Après retraitement des séries statistiques des immatriculations (CNRC), les taux de création[8] à Oran, à quelques wilayat et au niveau national sont présentés au tableau n° 3.

Durant cette période, les taux de création à la wilaya d'Oran dépassent les 10 % sauf en 2010 et en 2015. Curieusement, l'année 2008, enregistre le taux le plus élevé (15.25 %) après celui de la wilaya d'Alger (15. 33 %). Par ailleurs, le même tableau montre bien que l'évolution des créations à Oran comme celle au niveau national enregistrent des taux relativement semblables. Le taux de création à Oran suit quasiment celui du territoire national sauf en 2008.

Tableau N° 3 : Comparaison de taux de création d'entreprises d'Oran avec d'autres wilayat (%)

Tx. de création	Alger	Tizi -Ouzou	Béjaia	Tlemcen	Sétif	Blida	Sidi Belabbes	Oran	TC National
2006	13. 45	13. 42	13. 70	12. 72	12. 60	8. 85	11. 69	11. 08	11. 52
2007	14. 22	11. 28	12. 07	8. 89	11. 12	10. 32	8. 37	11. 01	10. 77
2008	15. 33	9. 69	14. 95	14. 35	20. 43	12. 60	10. 62	15. 25	12. 80
2009	15. 15	10. 51	14. 01	14. 08	14. 90	11. 41	12. 14	12. 00	1. 241
2010	12. 48	9. 16	13. 56	12. 40	11. 05	10. 06	10. 18	9. 96	10. 31
2011	9. 88	10. 06	11. 86	13. 77	14. 52	11. 13	13. 59	11. 68	10. 72
2012	10. 43	9. 68	12. 32	14. 98	15. 14	12. 41	13. 67	12. 12	11. 36
2013	9. 58	11. 33	11. 56	13. 06	14. 61	10. 71	10. 82	11. 47	11. 17
2014	10. 07	11. 52	12. 68	11. 75	12. 93	12. 23	11. 64	12. 78	11. 77
2015	8. 77	8. 90	10. 98	10. 39	10. 42	10. 90	8. 02	9. 99	9. 85
2016	8. 48	10. 08	10.06	11. 54	11. 32	11. 14	7. 72	10. 36	9. 86

Toutes ces wilayat affichent de 2006 à 2016 une tendance baissière en matière de création de nouvelles entreprises. Mais la forte conjoncture de 2008 et de 2009 est bien visible. Le volume de création croît brutalement au cours de cette année. En effet, ce qui a été créé à Tlemcen et à Sétif représente presque le double de ce qui existait comme stock d'entreprises en début de 2008 pour ces deux wilayat. Cependant, les wilayat qui disposent du stock d'entreprises « personnes morales » le plus élevé ont enregistré les taux de création les plus faibles, en l'occurrence Alger. Après ces deux

[8] Le taux de création se calcule pour l'année N par le rapport des créations nouvelles de l'année N sur le stock existant au début de l'année N . Le calcul de ce taux tient compte des créations nouvelles (immatriculations) de chaque année et n'intègre pas les ré-immatriculations : *TC = (Créations N /stock début N) X 100.*

années exceptionnelles, le taux de création n'atteint pas son niveau de début de période, au contraire, toutes les wilayat du centre (Alger, Blida, Bejaia et Tizi-Ouzou) affichent les taux les plus faibles de la décennie. Cette position particulière de la wilaya d'Oran laisse penser qu'il y avait une conjoncture défavorable pendant ces deux années.

La disparition d'entreprises

Sur toute la période, le taux de disparition[9] calculé pour les deux formes juridiques n'a pas connu un mouvement brutal ni à la hausse ni à la baisse[10]. Il se maintient entre 3 % et 5 %. Par ailleurs, la distribution des taux de disparition pour les personnes physiques et morales montre que la forme juridique est neutre par rapport au phénomène de cessation d'activité (volontaire ou sous contraintes objectives). La situation d'Oran semble en outre particulière par rapport au phénomène de disparition au niveau national. Lorsqu'on observe le tableau n 4, il ressort que sur toute la période, la mortalité des entreprises est bien inférieure à celle enregistrée au niveau national.

Afin de mieux cerner cette situation, il est préférable de comparer l'intensité des disparitions des entreprises de la wilaya d'Oran avec celle des wilayat retenues précédemment. Les calculs effectués, à ce titre, permettent de confectionner le tableau suivant :

Tableau N° 4 : Les taux de disparation des entreprises de quelques wilayat comparés au niveau national (%)

Tx. de disparition	Alger	Tizi – ouzou	Béjaia	Tlemcen	Sétif	Blida	Sidi Belabbes	Oran	TD National
2006	5.33	5.98	7.19	6.25	7.08	4.62	7.67	5.10	5.15
2007	5.52	6.61	6.55	5.21	6.65	3.64	4.70	3.93	4.81
2008	4.01	6.56	7.75	5.99	6.94	4.90	7.49	3.25	4.98
2009	3.69	5.93	7.18	5.64	6.11	3.74	7.05	3.30	4.59
2010	4.26	7.06	7.57	8.18	6.17	4.47	5.55	4.55	6.27
2011	3.45	8.58	7.05	8.28	8.71	6.55	5.89	5.20	6.51
2012	3.02	7.47	6.58	6.88	6.92	5.77	4.24	4.62	5.02
2013	3.46	7.02	5.47	6.01	7.37	5.26	3.65	4.00	5.04

[9] Le taux de disparition (TD) appelé aussi dans certains écrits taux de sortie se calcule comme suit : TD = (Nombre de disparitions année N/stock global début N) X 100

[10] Belouti Nabil (2016) : « Le tissu économique de la wilaya d'Oran : Quelle dynamique démographique ? », Revue administration et développement pour les recherches et les études, N° 10, Décembre 2016, pp 35-48, Université Lounici Ali Blida 2.

2014	4.32	4.90	6.08	6.87	6.50	6.72	5.19	5.16	5.21
2015	4.65	6.13	6.15	6.39	6.59	5.61	2.82	4.64	5.29
2016	4.29	5.99	5.93	7.05	5.74	4.72	4.69	3.82	4.69

Comme le montre ce tableau, la wilaya d'Oran est performante en matière de rétention d'entreprises. Le trait traçant l'évolution des disparitions dans cette wilaya comporte les taux les moins élevés que ceux de la wilaya d'Alger de Blida et de Sidi Bel Abbés. Le même constat semble se dégager pour les personnes physiques ainsi que pour tout le tissu économique (Belouti 2016).

Le renouvellement du parc des entreprises

Sur toute la période, les taux de renouvellement[11] de la wilaya d'Oran sont restés dans l'ensemble supérieurs à 2 (Tableau 5). Mais, le renouvellement dans la wilaya d'Oran semble le plus élevé. En moyenne, pour une disparition il y a 3 créations, ce qui est légèrement supérieur aux proportions du niveau national qui s'élève seulement à 2,72.

Tableau N° 5 : Évolution du taux de renouvellement du parc d'entreprises de la wilaya d'Oran comparée à celle du taux de renouvellement du tissu économique national (personnes-morales)

TR	2006	2007	2008	2009	2010	2011	2012	2013	2014	2015	2016
Oran	2. 17	2. 80	4. 69	3. 64	2. 19	2. 25	2. 62	2. 87	2. 48	2. 15	2. 71
National	2. 24	2. 24	2. 57	2. 70	1. 64	1. 65	2. 26	2. 21	2. 26	1. 86	2. 10

Analyse de la démographie des entreprises de production, commerciales et de services

La dernière partie de cette recherche consiste en l'identification, sur la base des données démographiques sectorielles, des mouvements enregistrés par les entreprises de production, de commerces et de services. Pour chacun de ces secteurs, nous examinerons les évènements de création, de disparition et de renouvellement, en comparaison avec ce qui se passe au niveau national et au niveau de quelques wilayat choisies.

---

[11] Le renouvellement peut être mesuré par le rapport annuel des créations sur les disparitions que nous appellerons taux de renouvellement (TR). Ce taux est calculé pour chaque année (n) par le rapport des créations sur le total des disparitions. TR n = Creations n/Disparitions n) X 100

Les entreprises de production : quel taux de variation et quelle pérennité ?

L'évolution du stock des entreprises de production permet de constater une amélioration en terme de volume. Le stock disponible en 2016 représente 1. 69 fois le stock de 2006, ce qui est nettement presque identique à ce qu'a connu le stock d'entreprises de production au niveau national (1. 67 fois). Mais entre ces deux dates, il y a des variations annuelles qui peuvent renseigner sur le rythme de cette croissance. L'évolution du nombre d'entreprises de production est appréhendée par le taux de variation annuel du stock. Ce dernier se calcule par le rapport de la différence de stock entre l'année n et le niveau national (Tableau n° 6).

Tableau N° 6 : Comparaison du taux de variation et de la pérennité des entreprises de production en %

Production	2006	2007	2008	2009	2010	2011	2012	2013	2014	2015	2016
Tx.Var Oran		9.79	9.47	14.78	8.79	4.94	5.80	7.16	9.16	7.49	5.96
Tx.Var National		6.45	4.12	11.90	4.73	1.58	3.95	5.24	6.65	5.46	4.25
Pérennité Oran	91.08	91.35	87.12	91.92	95.29	94.52	93.32	91.60	93.04	94.37	
Pérennité. national	93.94	96.05	89.37	95.49	98.44	96.20	95.02	93.76	94.83	95.93	

Comme le montre le tableau n° 6, le rythme de croissance du volume du tissu industriel à Oran est nettement inférieur à la croissance enregistrée au niveau national. Cependant, pour ces deux cas depuis 2009, cette variation affiche une diminution importante.

Par ailleurs les chiffres indiquent que le nombre d'entreprises de production pérennes connaît, des taux rassurants sur toute la période d'étude. Sur cette dernière, le taux de pérennité[12] est supérieur à 90 %, comme le montre le tableau 6, sauf en 2008. L'amélioration, c'est-à-dire, l'année à partir de laquelle une croissance supérieure à celle enregistrée en début de période) s'amorce à partir de 2010. Ce qui signi-

[12] La pérennité est une caractéristique démographique qui renseigne sur la capacité d'un territoire donné à conserver chaque année, le stock existant l'année passée. Le taux d'entreprises pérennes (TP) se calcule donc par le rapport suivant : TP= (stock PME année N-1/ stock PME année N) X 100.

fie que cette wilaya garde en moyenne 93 % des entreprises de production qui restent actives. Le même constat se dégage lorsqu'on observe les données nationales. La croissance des entreprises pérennes est régulière, et gagne en moyennes 1 point chaque année. Le nombre moyen d'entreprises de production pérennes est de 94 %.

Le nombre d'entreprises pérennes reste bien entendu fortement déterminé par les jeux de créations et de disparitions de ces entreprises. C'est la différence entre l'intensité de création et celle de disparition qui déterminera le stock qui reste présent, au moins sur le plan de l'existence légale. Les paragraphes qui suivent examinent l'évolution des taux de création et de disparition des entreprises du secteur de l'industrie.

Taux de création

Le taux moyen de création des entreprises de production est supérieur à 9 % pour toute la période. Mais depuis 2010, les nouvelles créations dans ce secteur amorcent une perturbation pour se situer à 11. 96 % en 2014. Cette situation est inquiétante puisqu'elle reflète un recul de la dynamique industrielle dans cette wilaya. Curieusement, le résultat observé pour les créations de ces entreprises au niveau national n'a pas la même tendance. Contrairement à Oran, les entreprises de production au niveau national amorcent une relance à partir de l'année 2013.

Tableau N° 7 : Comparaison des taux de création d'entreprises de production à Oran et au niveau national en %

TC. Production	2007	2008	2009	2010	2011	2012	2013	2014
Oran	14.03	13.21	12.10	10.81	10.10	9.80	16.12	11.96
National	11.82	11.58	11.55	9.92	9.05	8.61	11.08	10.20

L'effet du recul de la création, sur la formation du stock d'entreprises de production, semble être atténué par l'importance des disparitions dans ce secteur, sinon le secteur disparaîtra complètement sur le moyen terme si les taux de disparition étaient de 10 %. Le paragraphe qui suit discutera l'évolution des disparitions des entreprises de production à Oran.

Taux de disparition

Comme le montre le graphique n° 1, la disparition des entreprises de production suit la tendance au niveau national. Les taux calculés dépassent même 5 % en 2013 et atteignent en moyenne 3 % sur la période d'étude.

Graphique N° 1 : Comparaison des taux de disparition d'entreprises de production ; Oran, national en %

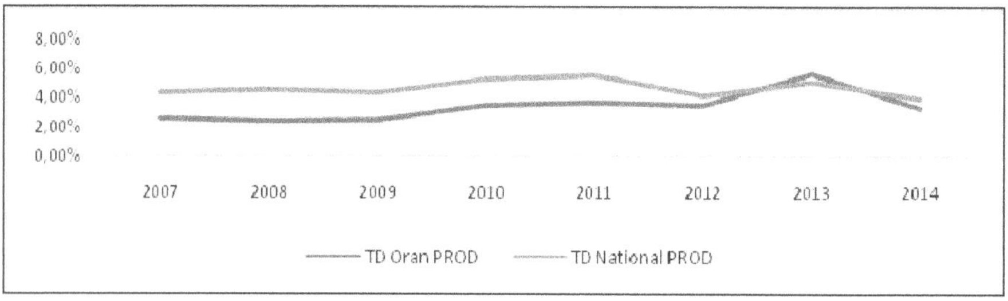

Bien entendu, il faudrait attendre les prochaines années pour se prononcer sur la tendance, mais comparativement aux taux observés sur la période 2006 et 2009, les quatre dernières années affichent des radiations plus élevées. Dès lors, on pourrait se demander si les entreprises de production de la wilaya d'Oran se démarquent par ces caractéristiques ou s'agit-il d'un fait qui concerne tout le territoire national. Pour cela, nous n'avons pas pu établir cette comparaison à cause de l'absence de données démographiques par secteur d'activité.

Le renouvellement des entreprises de production

Le jeu de création et de disparitions des entreprises de production conditionne les capacités d'un territoire à renouveler son parc d'entreprises. Cette capacité est appréhendée par un taux appelé taux de renouvellement (TR). Plus ce taux est élevé, plus on dira que le milieu est favorable à la création de nouvelles activités et à la sédentarisation des entreprises. Le calcul de ce taux s'obtient par le rapport entre le total des créations enregistrées chaque année sur le total de disparitions de la même année. Plus ce taux est élevé plus il indique un renouvèlement important. Le tableau n° 8 met en relief l'évolution du taux de renouvellement à Oran et au niveau national.

Tableau N° 8 : Taux de renouvellement à Oran et à l'échelle nationale 2006-2016

TR. Production	2006	2007	2008	2009	2010	2011	2012	2013	2014

Oran	3.19	5.28	5.46	4.88	3.05	2.69	2.71	2.80	3.58
National	3.16	2.71	2.53	2.62	1.85	1.62	2.04	2.17	2.54

Le principal constat qui s'impose ici est la diminution régulière des capacités de la wilaya à renouveler le parc d'entreprises de production après une relative performance au début de la période. Ce constat concerne aussi tout le territoire national. Les taux les plus faibles sont enregistrés en 2010 et 2011. À présent, nous nous interrogeons si les principales caractéristiques mises en relief pour le secteur de production diffèrent de celles du secteur du commerce. Ce dernier regroupe les entreprises du commerce de gros, de détail et de l'import-export.

Les entreprises de commerce : L'évolution du stock global

Le tableau qui suit montre le volume et la croissance des entreprises de commerce

Tableau N° 9 : Comparaison du taux de variation et de la pérennité du stock d'entreprises de commerce en %

Commerce	**2006**	**2007**	**2008**	**2009**	**2010**	**2011**	**2012**	**2013**	**2014**	**2015**	**2016**
Tx.Var Oran		3.83	14.83	18.27	7.84	3.54	5.32	7.46	5.28	3.62	3.94
Tx.Var National		3.57	12.16	19.62	7.72	3.54	6.23	6.75	5.83	3.32	2.93
Pérennité Oran	96.31	87.08	84.56	92.73	96.58	94.95	93.06	94.99	96.50	96.21	
Pérennité. national	96.55	89.16	83.60	92.84	96.59	94.14	93.68	94.49	96.79	97.15	

Les deux courbes qui retracent l'évolution du stock d'entreprises de commerce se juxtaposent presque sur toute la période. Le rythme d'évolution des entreprises commerciales suit la même tendance enregistrée au niveau national. Le tableau n° 9 montre aussi une certaine volatilité quant à la croissance du tissu commercial. On pourrait repérer en effet trois périodes. La première de 2006 à 2008 enregistre une stagnation de la croissance des entreprises de commerce à Oran comme au niveau national. Au cours de la deuxième période allant de 2008 jusqu'à 2013, la wilaya d'Oran affiche une tendance haussière. Mais, au cours de la période de 2013 à 2016, le taux de variation retourne légèrement à l'horizontale.

Par ailleurs, le nombre d'entreprises pérennes de cette catégorie d'entreprises se stabilise durant les quatre dernières années et atteint en 2015 plus de 9, 21 %, ce qui est nettement supérieur au taux le plus faible enregistré en 2008 (84, 56 %). Mais, par rapport aux entreprises de production, en dépit de cette performance, à partir de 2008, il y a de moins en moins d'entreprises de commerce qui restent actives. En effet, chaque année, la wilaya d'Oran perd en moyenne un point en termes de taux d'entreprises pérennes, comme le montre le tableau n° 9. La situation par rapport au stock national est différente puisque ce dernier affiche une tendance haussière depuis 2008 qui se stabilise autour de 97, 15 %.

Avec une moyenne de 93, 30 % (93, 5 à l'échelle nationale), les entreprises de commerce d'Oran affichent des taux de pérennité relativement supérieurs à ceux de l'industrie qui tourne autour de 92, 36 %. La question qui se pose est de savoir si ce constat est généré par les flux de création et de disparition. Les points suivants examinent leur évolution.

Taux de création

La lecture croisée des données du tableau 10 permet de constater que les entreprises de production tiennent leur pérennité de deux faits qui interviennent en concomitance. D'une part, il y a une augmentation de nouvelles entrées sur le marché des entreprises du commerce, et, d'autre part, on enregistre une régression relative des sorties. Autrement dit, il y a de plus en plus de nouvelles créations et de moins en moins de nouvelles disparitions. Curieusement, le constat n'est pas celui trouvé souvent lorsqu'il y a un volume important d'entreprises qui sont déjà installées et d'autres qui intègrent le marché chaque année. Normalement, le volume important d'entreprises accroît la probabilité de sortie des entreprises existantes du fait notamment de la saturation du marché et c'est l'effet inverse qui est trouvé.

Tableau N° 10 : Taux de création des entreprises de commerce à Oran comparé à la moyenne nationale en %

TC. Commerce	2007	2008	2009	2010	2011	2012	2013	2014
Oran	10.15	20.32	15.02	12.18	13.11	13.77	18.22	12.67
National	10.86	19.79	17.63	13.47	13.84	13.91	14.89	12.34

Taux de mortalité

Par ailleurs, les données montrent une différence substantielle entre le secteur de production et celui du commerce. Ces dernières affichent que les taux de mortalité sont presque aussi importants. En effet, comme le montre le graphique n° 2, les taux de disparition sont compris entre presque 5 % et 6, 86 % avoisinant ceux des entreprises de production qui vont jusqu'à un taux de mortalité de 5, 76 %.

Graphique N° 2 : Les taux de disparition d'entreprises de commerce à Oran comparés à la moyenne nationale

Une dernière remarque mérite d'être soulignée quant à la comparaison des niveaux de mortalité entre les entreprises à Oran et au niveau national. Sur toute la période étudiée, la mortalité dans le secteur du commerce à Oran est inférieure à celle enregistrée au niveau national sauf en 2013 et en 2014. L'importance du nombre des nouvelles créations et le volume relativement faible des disparitions, dans ce secteur, impliquent des renouvellements relativement forts aussi bien à Oran qu'au niveau national. Comme le montre le tableau n° 11, en moyenne, la wilaya d'Oran enregistre presque trois (02,78) créations pour une seule disparition en 2014. Le même rythme de renouvellement caractérise les entreprises de commerce à l'échelle nationale.

Tableau N° 11 : Renouvellement des entreprises de commerce à Oran et à l'échelle nationale

TR. Commerce	2006	2007	2008	2009	2010	2011	2012	2013	2014
Oran	1.58	1.96	4.85	3.63	2.31	2.44	2.75	2.66	1.92
National	1.58	1.85	3.62	3.63	2.17	2.24	2.58	2.31	1.99

Les entreprises de services

Le rythme de croissance du nombre d'entreprises de services semble connaitre une croissance régulière au cours de la période 2006-2016. La situation est identique au niveau national (Tableau n° 12) sauf en 2012 où le stock d'entreprises de service à Oran n'a pas connu de changement et il est resté le même.

Tableau N° 12 : Évolution du taux de variation du parc des entreprises de services à Oran et au niveau national en %

Services	2006	2007	2008	2009	2010	2011	2012	2013	2014	2015	2016
Tx. Var Oran		11.61	12.49	14.97	8.80	14.62	0.00	7.67	10.83	7.14	4.68
Tx. Var National		9.09	5.89	15.00	6.53	2.51	6.59	6.90	8.27	6.14	3.55
Pérennité Oran	89.60	88.90	86.98	91.91	87.24	100.00	92.88	90.23	93.34	95.53	
Pérennité national	91.67	94.44	86.96	93.87	97.55	93.82	93.54	92.36	94.22	96.57	

En termes de pérennité, selon le tableau n° 13, on pourrait déduire que d'un côté, la part des entreprises pérennes à Oran s'améliore à partir de 2009 par rapport aux niveaux enregistrés en 2006 et 2008. D'un autre côté, les performances enregistrées dans la wilaya d'Oran sont semblables à celles des entreprises au niveau national qui tourne au tour de 94 %.

Tableau N° 13 : Entreprises de services pérennes à Oran et à l'échelle nationale

Pérennité	2006	2007	2008	2009	2010	2011	2012	2013	2014	2015
Oran	89.60	88.90	86.98	91.91	87.24	100.00	92.88	90.23	93.34	95.53
National	91.67	94.44	86.96	93.87	97.55	93.82	93.54	92.36	94.22	96.57

Taux de création

Les taux de création demeurent, sur toute la période, supérieurs à 11 %, mais gagnent environ 02 points sur les taux enregistrés en 2010 et 2012. Un avancement plus important est constaté pour les entreprises au niveau national. Ces dernières enregistrent plus de 12 % de nouvelles créations en 2014.

Tableau N° 14 : Évolution du taux de création des entreprises de services comparée au niveau national en %

TC. Services	2007	2008	2009	2010	2011	2012	2013	2014
Oran	14.55	17.16	13.26	11.84	13.67	10.22	11.08	13.79
National	14.04	13.17	13.78	11.50	10.92	10.06	10.43	12.23

Taux de disparition

Globalement, les taux de disparition enregistrés pour les entreprises de services sont inférieurs à ceux du niveau national. Cependant, le nombre d'entreprises ayant cessé l'activité affiche une tendance à la baisse (2, 86 %). Ces disparitions interviennent au cours de l'année où a été enregistré un taux de création de l'ordre de 17, 16 %. Les disparitions dans ce secteur au niveau national semblent connaitre la même évolution qu'à Oran, mais avec des taux beaucoup plus forts. En effet, les entreprises de services nationales disparaissent avec une ampleur plus importante qu'à Oran.

Graphique N° 3 : Évolution des taux de disparition à Oran et au niveau national

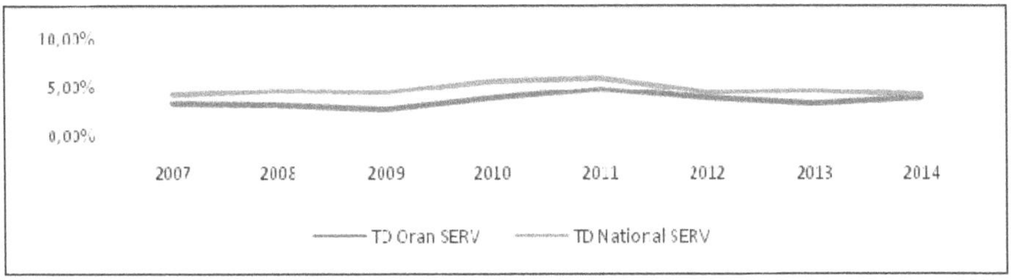

Tableau N° 15 : Le renouvellement du parc d'entreprises de services à Oran comparé au niveau national

TR. Services	2006	2007	2008	2009	2010	2011	2012	2013	2014
Oran	3.75	4.20	5.27	4.63	2.95	2.82	2.55	3.18	3.43
National	3.51	3.30	2.81	3.06	1.99	1.82	2.21	2.23	2.84

Le taux de renouvellement du parc des entreprises de services baisse entre 2007 et 2012 pour connaître une relance en 2014. À Oran, on compte en 2014 environ 3, 43 créations pour une disparition. Le même constat est observé pour les entreprises au niveau national, mais à des taux plus élevés. Le comportement de cet indicateur est-il durable ?

Analyse comparative de la dynamique démographique inter sectorielle

Ce paragraphe examine la différence en termes de création et de disparition entre les secteurs de production, du commerce et des services à la wilaya d'Oran.

L'examen de l'évolution comparée des taux de renouvellement à Oran permet de déduire trois résultats. Le premier concerne le rythme d'évolution. Ce dernier n'affiche pas un mouvement régulier. Par contre, au cours des quatre dernières années, on peut observer une tendance haussière, mais relativement régulière. En effet, entre 2010 et 2014, le taux de renouvellement dans les secteurs de production grimpe pour atteindre 3,58, ainsi que celui des services (3, 43). Celui du commerce chute à 1,92 seulement.

Graphique N° 4 : Évolution 2006-2014 des taux de renouvellement des trois secteurs à Oran

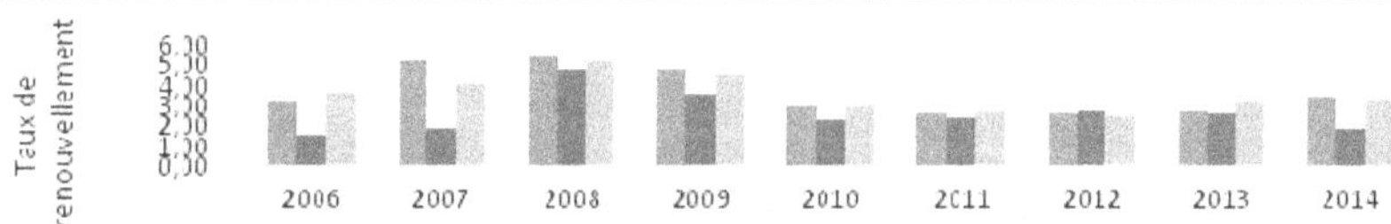

	2006	2007	2008	2009	2010	2011	2012	2013	2014
TR Oran PROD	3,19	5,23	5,46	4,88	3,05	2,69	2,71	2,80	3,58
TR Oran COMM	1,58	1,96	4,85	3,63	2,31	2,44	2,75	2,65	1,92
TR Oran SERV	3,75	4,20	5,27	4,63	2,95	2,82	2,55	3,18	3,43

Autrement dit, dans la wilaya d'Oran le stock d'entreprises a, en moyenne, doublé en l'espace de quatre années. Mais la question qui se pose est de savoir quel secteur est le plus dynamique en termes d'émergence d'entreprises et de disparitions puisque ces deux événements déterminent en grande partie l'intensité du renouvellement du tissu économique ?

Les disparitions dans le secteur de l'industrie restent les plus faibles comparées à celles du commerce et des services, et c'est ce qui explique, peut-être, le renouvellement important dans ce secteur. Le secteur du commerce est, par ailleurs, le plus touché par les disparitions puisque le taux calculé n'est pas descendu en dessous de plus de 4 %, contrairement à l'industrie et au secteur des services. Dans le secteur du commerce, les entrées et les sorties d'entreprises semblent beaucoup plus importantes, car les investissements d'installation y sont infiniment plus faibles que ceux du secteur de production.

Conclusion

1. Bien que le nombre d'entreprises croisse en volume, le taux de création baisse régulièrement entre 2006 et 2016, à l'échelle nationale et à l'échelle de la wilaya d'Oran.
2. Le nombre de radiations croit régulièrement également de manière importante
3. et avec lui le taux de mortalité des entreprises, au cours de cette période.
4. Il y a lieu de constater une très forte similitude entre le mouvement démographique d'entreprise de la wilaya d'Oran et le mouvement démographique d'entreprises à l'échelle nationale. Presque les mêmes hausses et les mêmes baisses sont enregistrées aux deux niveaux avec parfois des amplitudes différentes.
5. Le différentiel entre le taux de création et le taux de radiation se réduit de manière importante, entre 2006 et 2016à l'échelle nationale comme à l'échelle de la wilaya, ce qui met en danger le processus de constitution du tissu économique. On note également, pour une même année, une très forte diversité de situations en matière de taux de création et de mortalité des entreprises entre les différentes wilayat.
6. Enfin, il y a lieu de rechercher les facteurs explicatifs de ces mouvements démographiques en les examinant dans les détails, par branche d'activité, par wilaya et à long terme.

Références bibliographiques

Belouti Nabil (2016) : « Le tissu économique de la wilaya d'Oran : Quelle dynamique démographique ? », Revue administration et développement pour les recherches et les études, N° 10, Décembre 2016, Pages 35-48, Université Lounici AlBlida2.

Caves Re, Industrial organization and new findings on turnovers and mobility of firms, journal of economic literature, Vol. 36 N° 4, 1998.

CNRC : « Les créations d'entreprises en Algérie », CNRC, Algérie, avril 2014.

Gueliffo Hountondji, Concurrence sectorielle et démographie des firmes industrielles régionales : une étude économétrique sur la région Provence-Alpes-Côte-D'azur, Revue d'économie industrielle. Vol. 45. 3e trimestre 1988. p. 59.

Hountondji Guéliffo (1988) : « Concurrence sectorielle et démographie des firmes industrielles régionales : une étude économétrique sur la région Provence-Alpes- Côte-D'azur », Revue d'économie industrielle. Vol. 45. 3e trimestre 1988.

Huiban J. P. et al. (2006) : « La démographie des établissements industriels : une différenciation entre espaces urbains, périurbains et ruraux », Revue d'Économie Régionale & Urbaine 2006/5 – décembre, pp. 751 -779.

Marco L., (1981) : « Naissance et déclin des entreprises », Revue française de gestion, N° 32.

Marco L., Rainelli M., (1988) : « La démographie des firmes », Traité d'économie industrielle (sd), Economica, Paris.

Marco L., Rainelli M., (1986) : « Les disparitions de firmes industrielles en France : un modèle économétrique », Revue d'économie industrielle, N° 36.

Maurau Guy (2002) : « Démographie économique », Bréal, Paris.

OECD, 2001. Economic Outlook, Paris, 386 p.

Statistiques du CNRC de 2000 à 2012. Site *www.cnrc.org.dz/.*

Tavernier Jean-Luc, (Sous la direction) (2015) : « Les entreprises en France », INSEE, 2015.

Van Wissen L, J, G,, (2002) : « Demography of the Firm: A Useful Metaphor? », European Journal of Population 18, p. 263–279, 2002, Netherlands.

ÉTUDES

Le Maroc,
un modèle de gouvernance d'une crise géopolitique ?

Mostafa Nachoui
Enseignant chercheur Université Hassan II Casablanca

Résumé

Eu égard au dossier du Sahara marocain, certaines parties prenantes tenteront par diverses manœuvres à fragiliser le Maroc. Or, la pratique de la gestion de la crise géopolitique du problème dans sa complexité et ses enjeux montrent que ce pays dispose d'un modèle de gouvernance capable de défendre son intégrité territoriale avec détermination et audace.
Mots–clés : Geopolitique, crise, fragilité, audace.

Abstract

With regard to the Moroccan Sahara issue, some parties will try various maneuvers to weaken Morocco. Or, the practice of managing the geopolitical crisis of the problem in its complexity and challenges demonstrate that this country has a model of governance capable to defend its territorial integrity with determinism and audacity.
Keywords: Géopolitics, crisis, fragility, audacity.

Introduction

À en croire l'Indice de fragilité publié par le Fonds pour la paix, le niveau de fragilité du Maroc est passé de 74, 2/120 en 2016 à 74, 9/120 en 2017, ce qui veut dire que la fragilité du Maroc s'accentue et par son classement au rang 84è /178 pays, le Maroc est vraiment fragile.

À titre de comparaison, le même rapport classe la Chine au 85 è /178 en 2017, juste derrière le Maroc. Dès lors, on se pose la question de la crédibilité de cet indice.

Mais, si on sait que cet indice émane du Fonds américain pour la paix, on comprend vite les visées et les sous entendements géopolitiques et géostratégiques de cet organisme qui se veut évaluateur des conflits, d'alertes précoces, des menaces transnationales, du maintien de la paix et la sécurité et les droits humains dans les États dits défaillants.

C'est dans ce contexte qu'on place la question du Sahara marocain comme un cas typique du jeu et enjeux géopolitiques internationaux, qui fragilisent les États. Cet article propose de répondre à la problématique du mode de gestion de l'affaire saharienne par le Maroc.

En effet, après la récupération de ses territoires du Sud, le Sahara marocain est devenu un jeu et enjeu géopolitique international. De ce fait, l'organisation des Nations Unies est saisie pour régler cette affaire, par le biais de son Conseil de sécurité.

Ce dernier, des fois, il vote favorablement pour le Maroc et d'autres fois contre lui.Le dernier en date est celui de la résolution 2285 d'avril 2016, considérée comme une tentative sérieuse pour fragiliser le Maroc, auquel le Roi Mohammed VI, a répondu sévèrement, dans son discours du 20 avril 2016 à Ryad, devant le sommet Maroc-Pays du Golfe. » Nous considérons cette résolution comme une crise géopolitique majeure qui veut rendre le Maroc un pays vulnérable et fragile, ainsi nous considérons la position ferme du Maroc comme un modèle de gouvernance, en réponse adéquate à cette crise ».

Les origines de la résolution des Nations unies 2016

Afin de mettre la résolution du Conseil de sécurité 2285 d'avril 2016, dans sa première version, sur la question du Sahara marocain, dans son cadre temporel proche, on commence à partir de 2007 lorsque le Maroc a présenté sa proposition d'autonomie pour les provinces du sud. La proposition du Maroc a été accueillie favorablement par la communauté internationale, y compris les membres permanents du Conseil de sécurité, et a été considéré comme une proposition politique raisonnable à négocier, comme base sérieuse et crédible pour une solution négociée ». Sur cette base, des réunions périodiques ont eu lieu entre les parties intéressées à Manhasset, dans la banlieue de New York, sous les auspices des Nations unies et des États-unis, en vue de trouver une solution politique négociée. La communauté internationale avait salué les efforts sérieux et crédibles faits par le Maroc pour aller de l'avant vers un règlement de la question du Sahara en adoptant une solution politique juste, durable et mutuellement acceptable. *Reconnaissant* que la solution politique de ce différend qui a longtemps duré, et le renforcement de la coopération entre les États membres de l'Union du Maghreb arabe contribueraient à la stabilité et à la sécurité dans la région du Sahel.

Malheureusement, ces réunions se sont arrêtées en 2012, dans sans progrès ou aboutissement, du fait qu'à partir de 2009, des signes de mise en échec du projet commencent à paraître, en créant un certain nombre d'obstacles et en provoquant un certain nombre d'événements, dont la grève de la faim d'Aminatou Haidar en novembre 2009, accompagnée d'une propagande médiatique contre le Maroc, et le soulèvement des protestations au camp Qdim Izik à Laâyoune le 8 novembre 2010 dans lesquels la presse algérienne et particulièrement espagnole, a joué un rôle central dans la diffamation et déformation des réalités et des faits, en publiant des photos d'assassinats à Casablanca attribuées aux évènements de Laâyoune et des photos d'enfants palestiniens décédés au cours des raids israéliens sur Gaza, comme étant des enfants tués dans les événements de Laâyoune.

Ce qui a incité certaines organisations internationales, principalement Américaines alliées à la thèse séparatiste, financée par l'Algérie, à accuser le Maroc de porter atteinte aux droits de l'homme en organisant la torture dans les provinces du sud.

On a accusé même le Maroc d'être le provocateur des mouvements de protestation dans 20 villes algériennes fin novembre 2010.

Le début des manifestations et protestations populaires en Tunisie le 18 décembre 2010, (révolte des jasmins), gagnant très rapidement le reste du monde arabe (Printemps arabe), y compris le Maroc par le biais du mouvement du 20 février 2011, entraînant le renversement d'un certain nombre de chefs d'États, notamment en Tunisie, Égypte, Libye, Yémen et le Mali et l'émergence et l'apparition des mouvements séparatistes dans d'autres pays tels que le mouvement séparatiste touareg au Nord du Mali et le Sud de l'Algérie et les Kabyles en Kabylie Algérienne et l'implosion du Soudan en deux États ; le Soudan et le Soudan du Sud en janvier 2012.

Contrairement à ce grand désordre dans le monde arabe, il est apparu que le Maroc est le plus stable et le plus sûr (l'exception marocaine). Cette stabilité prouvée par le retour au Maroc de nombreux Sahraouis de Tindouf, dont le haut cadre de sécurité du Polisario Mohamed Salma Ould Sidi Mouloud en 2010 et son désir de retourner dans les camps de Tindouf pour promouvoir la proposition d'autonomie du Maroc pour une solution politique juste et négociée.

D'après cet enchainement des évènements de protestation, on pourrait dire la déstabilisation des pays arabes voulait qu'elle commence par le Maroc (8 Novembre 2009), regagne l'Algérie (Novembre 2010), la Tunisie (18 décembre 2010), ainsi de suite.

C'est la vérité que les dirigeants algériens ne voulaient pas comprendre.

Au lieu de s'unir pour faire face aux conspirations et aux intrigues extérieures à l'encontre du Maroc, de l'Algérie et le reste du monde arabe, les dirigeants algériens avec leur politique agressive contre le Maroc fournissent de grands services pour réussir les complots des grandes puissances internationales.

Les signes précurseurs de la résolution du Conseil de sécurité sur le Sahara en 2016

Il est possible de détecter des signes précurseurs de la résolution du Conseil de sécurité sur le Sahara pour l'année 2016, à partir de l'arrêt des pourparlers de Manhasset et les positions de certains pays et organisations à cet égard.

Dans ce contexte, il est possible de rappeler la déclaration de l'ambassadeur de France aux Nations unies en 2011, rapportée par l'Espagnol Javier Bardim, producteur de documentaire sur le Sahara, et qui a été révélée par le journal français le Monde.

Cette déclaration divulguée le 21 février 2014 lors de la visite du roi du 18 avril au 6 mars 2014 au Mali, en Côte d'Ivoire et en Guinée Conakry.

Déclaration comprenant des paroles insolentes et sa dégénérescence morale, ne convenant pas à un haut fonctionnaire politique français et ne peuvent être acceptées par le Maroc, qui a des relations très spéciales avec la France.

« Le Maroc est une maîtresse avec qui on dort chaque nuit même si on ne l'aime pas, mais on doit la protéger », a-t-il déclaré. Ici, on voit très bien la position défavorable de la France eu égard au développement des relations du Maroc avec les pays africains.

Il est également possible de citer et mentionner la résolution du Conseil de sécurité du 25 avril 2013 sur l'extension du mandat de la mission des Nations unies au Sahara

« MINURSO » au suivi des droits de l'homme, proposée par les États-unis, sous pression de certaines organisations américaines, ce qui avait provoqué des troubles à Laâyoune et autres régions du Sahara le 26 avril 2013, diffusées par les journaux espagnols au niveau international, ce qui était considéré comme ingérence de l'Espagne dans les affaires internes du Maroc et une atteinte à sa souveraineté nationale.

Dans notre article au journal marocain Al-Ahdat Al-Maghribiya n° 5010 du 26 juin 2013, nous avons dit à ce propos : « Le Maroc est frappé par un sévère cyclone au moment où le monde arabe, le Sahel et le Sahara connaissent une saison orageuse avec d'immenses rafales... Peut-être le Maroc n'attendait pas ce typhon et ne l'avait pas prévu, mais il a pu l'affronter. C'est un avertissement que nous ne devons pas oublier ni le sous- estimer ou le considérer comme un faux avertissement. C'est un avertissement qui nous dit qu'il y aura de nouvelles tempêtes et ouragans prochains. Le danger est toujours là, il nous guète et nous ne savons pas comment il est, quand il frappe, où il frappe et de quelle côté il vient... » .

Effectivement, ce danger menaçant est survenu une autrefois en 2016, lors de la préparation de la résolution onusienne sur le Sahara. Parmi ces réponses hostiles et obstructives :

Le 17 septembre 2013, les autorités Marocaines ont annoncé leur intention de porter plainte contre El País qui a mené une campagne de désinformation visant à porter atteinte à l'image des marocains, ainsi que l'animosité exprimée à l'égard de la question de l'intégrité territoriale du Maroc, suite à un blog posté par Cembrero, et publié sur le site d'El País en septembre 2013, avec un lien qui mène à une vidéo sur le Maroc la vidéo sur YouTube, sous le titre « Le Maroc, royaume de la corruption et du despotisme ».

Déposée officiellement le 20 décembre, soit deux mois après la publication de la vidéo, la plainte du Maroc reproche à la société éditrice du journal le plus lu en Espagne, d'avoir diffusé une vidéo d'Al Qaida au Maghreb islamique (Aqmi), dans laquelle le groupe terroriste appelait à la violence contre le Maroc et ses institutions.

2014 : des crises diplomatiques entre le Maroc et la France suite au dépôt d'une plainte contre un haut responsable marocain Abdellatif Hammouchi pour « complicité de torture ».

Jeudi 20 février 2014, l'acteur espagnol Javier Bardem producteur du film documentaire « les Enfants des nuages, la dernière colonie », consacré à la situation au Sahara (sortie française le 30 avril). Défenseur de la cause sahraouie, l'acteur espagnol Javier Bardem est entré en scène mardi 18 février 2014, lors d'une conférence de presse à Paris pour présenter son film, évoque les déclarations intempestives prêtées à l'ambassadeur de France aux Nations unies « le Maroc est une maîtresse avec laquelle on dort toutes les nuits, dont on n'est pas particulièrement amoureux, mais qu'on doit défendre », déclare Javier Bardem.

Il est également possible de citer la visite du secrétaire général de l'ONU, Ban Ki- moon, le 10 mars 2016 à l'Espagne, à l'Algérie, aux camps de Tindouf et Bir Lahlou, au cours de cette tournée, il a déclaré que le Maroc est un occupant du Sahara, ce qui avait suscité et créé des tensions entre le Maroc et Ban Ki-moon.

Le 20 mars 2016, le Maroc demande à 84 membres du personnel civil de la Minurso de quitter le Sahara en protestation contre les propos du secrétaire général de l'ONU, Ban Ki-Moon, lors de sa visite dans la région.

Il convient de mentionner que le jour même où le Maroc a annoncé la réduction du nombre des membres de la MINURSO au Sahara, on annonce l'achat par l'Algérie de 40 hélicoptères et le Maroc l'achat des missiles…

Cela s'inscrit dans le cadre de la course aux armements entre les deux pays, c'est ce que veulent les grandes puissances, qui cherchent à épuiser et essouffler les budgets des deux pays.

Le 13 avril 2016, le département d'État américain dévoile son rapport sur les droits de l'homme au Maroc. Le Maroc le décrit comme un rapport de mensonges, basé sur des cas non prouvés, mal informés, loin de l'objectivité. C'était un rapport politique et non des droits de l'homme qui décrit des cas individuels et non d'une politique systématique.

C'est dans ces circonstances qu'est formulée la résolution du Conseil de sécurité 2285, d'avril 2016, dans sa première version, formulée par les États-Unis, en connivence avec la France et l'Espagne, hostiles au Maroc.

Toutes ces parties connaissent des tensions et des désaccords avec le Maroc et toutes ces données montrent que toutes ces parties étaient déterminées à punir le Maroc.

La punition la plus sévère est de prendre position contre le Maroc dans sa cause nationale, son intégrité territoriale, à savoir proposer une résolution défavorable au Maroc au conseil de sécurité.

C'est un rapport qui veut fragiliser le Maroc, détruire son édifice historique qui a survécu à de nombreuses tempêtes, des frénésies et des manœuvres internationales et coloniales. La réponse du Maroc à cette résolution à partir du discours du Roi Mohammed VI, le 20 avril 2016 à Riyad, devant le sommet Maroc-Pays du Golfe.

Positions du Maroc

Le Maroc a considéré cette résolution, dans sa première version, comme une ligne rouge qui n'a pas été atteinte auparavant par le Conseil de sécurité. C'est ce qui a mis le Maroc en colère. Ce précédent a alerté le Maroc et lui a fait comprendre sans aucun doute que la résolution du Conseil de sécurité ne serait pas en sa faveur et qu'elle sera préparée par les membres du Conseil les plus influents, en l'occurrence ses proches amis et meilleurs alliés, principalement les États-Unis, la France, l'Espagne et autres, ce qui le pousse et l'amène à agir et réagir rapidement.

Premièrement, il a condamné fermement le projet de résolution, suivi par l'annonce du gouvernement marocain le 16 mars 2016, de la réduction du nombre du personnel civil de la MINURSO au Sahara.

Deuxièmement, il a commencé à chercher et rapprocher de nouveaux supporteurs et acteurs qui ont du poids dans les forums internationaux. Des alliés honnêtes et sincères, qui peuvent exercer des pressions sur les alliés qui l'ont trahi.

Ainsi, le Roi a visité la Russie les 14 et 15 mars 2016 pour gagner sa confiance et obtenir son soutien, du fait qu'elle est l'amie et le protecteur de l'Algérie, mais surtout, elle est membre permanent au Conseil de sécurité et on lui prête mille attentions en raison de la force de son président Poutine, le seul capable de faire face et confronter les États-Unis et la France.

Le 11 mai 2016, le Roi effectua une visite officielle en Chine, qui est membre permanent du Conseil de Sécurité et a un poids politique et économique de premier ordre au niveau international. Résultat, la Russie et la Chine se sont abstenues lors du vote de la résolution 2285 (2016), qui a été adoptée par 10 voix pour, 2 voix contre (Uruguay et

Venezuela) et 3 abstentions (Chine, Fédération de Russie et Nouvelle-Zélande).

De la menace à la gravité de la situation

Dans le discours Royal du 20 avril 2016 à Riyad, les mots menace et gravité sont prononcés quatre fois, ce qui implique tout leur poids et signification géopolitique et géostratégique.

« Nous partageons aussi les mêmes défis et faisons face aux mêmes menaces, surtout dans le domaine sécuritaire.... La situation est particulièrement dangereuse compte tenu de la confusion évidente dans les positions et du double discours entre l'expression de l'amitié et de l'alliance et la tentative de nous poignarder par-derrière ». La gravité de cette résolution sur le différend artificiel actuel se reflète dans les paroles du Roi : « cependant, la situation est grave cette fois et sans précédent dans l'histoire de ce conflit artificiel sur la marocanité du Sahara. On est arrivé à déclarer une guerre par procuration, en utilisant le secrétaire général des Nations Unies comme un moyen d'essayer de saper les droits historiques et légitimes du Maroc dans son Sahara. »

« ..... Nous faisons face aux mêmes dangers, aux mêmes menaces, si variées qu'en soient les sources et les manifestations. ».

Face à la dangerosité de la situation, le Roi s'est demandé « ce qu'ils voulaient de nous et que voulons-nous ? Et que l'heure de la vérité et de la sincérité est venue ».

Il s'est confirmé donc, que le mois d'avril, qui coïncide avec les réunions du Conseil de Sécurité sur l'affaire du Sahara, est devenu un épouvantail qu'on agite face au Maroc et, parfois, un moyen de pression ou d'extorsion.

La résolution, dans sa première version, formulée par les États-Unis, en connivence avec la France et l'Espagne, oubliant les réalités historiques, humaines et territoriales légitimes du Maroc et son projet d'autonomie dans les régions du sud, vient contredire totalement son ambition de trouver une solution politique pacifique et négociée.

Si la résolution de 2013 était un ouragan, avec des dégâts réduits, on peut qualifier et décrire celle d'avril 2016 (Résolution 2285) d'un tremblement de terre de grandes magnitudes, suivi de secousses telluriques, provoquant des dégâts politiques importants.

On a voulu fragiliser le Maroc, mais cela n'a fait que consolider sa résilience, du fait de sa vigilance et qu'il avait prévu cette situation dont ses signes précurseurs étaient apparents depuis un certain temps.

Ce qui est sûr, c'est que ce tremblement de terre a montré que la construction marocaine est solide, antisismique et que le Maroc dispose des moyens efficaces permettant de réduire ses dégâts collatéraux considérablement.

Point de départ de l'analyse de la résolution de l'ONU 2016

On part dans notre lecture et analyse de la résolution 2016 de l'ONU sur une base juridique qui repose principalement sur la forme et nous croyons que le discours du Roi du 20 avril 2016 au sommet de Riyad l'a clairement indiqué. Si la résolution est irrecevable dans la forme, elle devient sans objet juridiquement. C'est la forme qui détermine le sujet ou l'objet, l'encadre, l'influence et l'oriente.

Punir le Maroc

Il a été prouvé que le rapport a été préparé par les États-Unis, la France et l'Espagne, en consultation et concertation avec l'Algérie, le Polisario, le secrétaire général des Nations unies et l'envoyé spécial de l'ONU pour le Sahara et les rapports des centres de pression américains et autres.

Il est également clair que toutes ces parties connaissent des tensions et des désaccords avec le Maroc. La visite officielle du Roi aux États-Unis en 2015 n'a pas été une réussite et le malentendu des relations maroco-françaises de 2014 est encore présent et pesant avec tout son poids et la déclaration de Ban Ki-moon du 10 mars 2016 après sa visite en Espagne, en Algérie et aux camps de Tindouf qui a suscité et créé des tensions entre le Maroc et Ban Ki-moon et le rapport du département d'État américain sur les droits de l'homme au Maroc le 13 avril 2016, décrit comme un rapport de mensonges, basé sur des cas non prouvés, mal informés, loin de l'objectivité. Toutes ces données montrent que toutes ces parties étaient déterminées à punir le Maroc.

La punition la plus sévère est de prendre position contre le Maroc dans sa cause nationale, son intégrité territoriale, à savoir proposer une résolution non favorable au Maroc au conseil de sécurité. Il semble donc que le Maroc était bien conscient et prévoyait que le rapport ne serait pas neutre, qu'il ne sera pas en sa faveur et ne lui plaira pas.

En effet, ce qui était attendu est arrivé. Le Maroc a considéré la résolution dans sa première version comme un tremblement de terre attendu et sera suivi de secousses. C'est une ligne rouge qui a été atteinte et ne doit pas être tolérée par le Maroc. C'est un rapport qui veut fragiliser le Maroc, détruire son édifice historique qui a survécu à de nombreuses tempêtes, des frénésies et des manœuvres internationales et coloniales.

Ainsi, les principales parties impliquées dans ce dossier du Sahara sont selon le poids de chaque pays au niveau international : Les États-Unis qui viennent en première position, avec leur force inégalée, ils sont le premier et dernier décideur, par excellence sur la scène internationale, suivi par la France. Les deux ont le droit de véto. L'Espagne en troisième position, ancien colonisateur du Sahara et actuel colonisateur de Ceuta et Mélilla et les îles en Méditerrané revendiquées par le Maroc. L'Espagne connait très bien le dossier du Sahara et a une longue histoire de va- et- vient avec le Maroc. L'Algérie par son opposition au Maroc, son soutien inconditionnel au Polisario et ses alliances avec les anciens pays du bloc de l'Est.

Alliance des amis traditionnels contre le Maroc

La grande question qui se pose. Pourquoi cette grande alliance américano- franco- espagnole contre le Maroc ?

C'est ce que le Roi a bien soulevé dans son discours du 20 avril 2016 lorsqu'il a déclaré : « la situation est particulièrement dangereuse compte tenu de la confusion évidente dans les positions et du double discours entre l'expression de l'amitié et de l'alliance et la tentative de nous poignarder par-derrière... ».

Sur la base de ce comportement contradictoire entre les paroles et les actes des amis alliés traditionnels, le Roi a considéré que la situation était grave, voire très dangereuse et il avait parfaitement raison.

En terme de forme, ces attitudes ont transformé le dossier du Sahara d'un conflit entre le Maroc et le Polisario et son créateur, souteneur et protecteur, à savoir l'Algérie et bien d'autres, à un différend entre le Maroc et ses alliés traditionnels, les États-Unis, la France et l'Espagne, au sein du conseil de sécurité sous couvert de la résolution d'un différend artificiel, fabriqué. Dans ce cas précis, on voit très bien qu'il est ainsi.

Cela montre que le Maroc pays de stabilité, sécurité, tolérance, ouverture et de coopération avec le système international, est soumis à une guerre intentionnée et planifiée par ses alliés traditionnels, à leur tête les États-Unis, première puissance mondiale et alliée stratégique du Maroc.

Cette situation imposée au Maroc, ne peut être acceptée par ces mêmes pays, contre eux- mêmes, qui se considèrent comme les représentants de la démocratie et le maintien de la paix mondiale, défenseurs des droits et la dignité de l'homme, respectueux de la souveraineté, l'indépendance des États et les décisions des instances internationales.

C'est une attaque directe contre le Maroc, dirigée par les États qui ont rédigé le rapport et indirectement en utilisant le secrétaire général comme moyen, pour le présenter au Conseil et le faire passer.

Guerre par procuration contre le Maroc

Dans son discours du 20 avril 2016, le Roi précisa : « les choses en sont arrivées au point d'engager une guerre par procuration où le secrétaire général des Nations unies est instrumentalisée pour essayer de porter atteinte aux droits historiques et légitimes du Maroc concernant son Sahara, comme en témoignent les déclarations partiales du responsable onusien et ses agissements inacceptables afférant au Sahara Marocain ».

La gravité de cette résolution sur le différend artificiel actuel se reflète dans les paroles du roi : « cependant, la situation est grave cette fois et sans précédent dans l'histoire de ce conflit artificiel sur la marocanité du Sahara. On est arrivé à déclarer une guerre par procuration, en utilisant le secrétaire général des Nations unies comme un moyen d'essayer de saper les droits historiques et légitimes du Maroc dans son Sahara... ».

En fait, la guerre par procuration contre le Maroc, incarnée dans la personne du Secrétaire général des Nations unies n'est qu'une façade. Elle s'est préparée secrètement et dans les coulisses, par un front composé des parties chargées de la préparation et la rédaction du rapport, qui doit être soumis au secrétariat Générale de l'ONU et au Conseil de sécurité.

Il est Sûr que ce n'est pas le secrétaire général des Nations unies qui rédige le rapport, mais il est absolument certain que c'est lui qui en est le principal responsable et, par conséquent, il peut l'influer, le reformuler et l'orienter dans la direction qu'il veut et l'entend. De là, il apparaît que la responsabilité du secrétaire général en tant que participant acteur dans ce dossier est claire et effective.

Cela a été montré et démontré clairement lors de sa visite aux camps de Tindouf et Bir Lahlou, en déclarant que le Maroc est un occupant du Sahara. Il n'a pas déclaré l'occupation réelle et effective de l'Espagne de certaines parties du nord du Maroc. Bref, il est le premier secrétaire général dans l'histoire des Nations unies à déclarer publiquement que le Maroc est un occupant du Sahara. De ce fait, il était clair que le rapport ira dans cette direction et ce sens.

Toujours dans le même discours, le Roi s'interroge : « que peut faire le secrétaire général alors qu'il est pris en otage par certains de ses assistants et conseillers à qui est déléguées la supervision et la gestion d'un certain nombre de questions importantes, alors que lui se limite à mettre en œuvre les suggestions qui lui sont soumises».

Le roi d'ajouter. « Il est bien connu que certains de ces fonctionnaires ont des parcours et des antécédents nationalistes et arrière- pensées politiques et sont à la solde et au service des intérêts et agendas d'autres partis ».

Ainsi, il paraît que derrière ce rapport, il y a un groupe qui appartient principalement aux lobbies du pétrole et de l'armement, œuvrant dans le cadre de réseaux internationaux influencés et influents. C'est pourquoi on comprend la nature artificielle du conflit entre le Maroc et l'Algérie sur le Sahara marocain, et que le Polisario n'est qu'un outil et un moyen qui alimente ce conflit et le ravive, à l'approche du mois d'avril de chaque année.

Finalement les principaux bénéficiaires de ce conflit sont les anciens pays colonisateurs, les actuels pays dominants et leurs lobbies, qui veulent fragiliser aussi bien le Maroc que l'Algérie. Face à cet incident non accidentel, on peut se demander qui a influencé le secrétaire général des Nations unies et comment il est influencé ?

Sa déclaration ne peut pas être innocente ou gratuite, Ban Ki-moon à des antécédents, des positions, voire des paris à gagner ou à obtenir, ou veut-il exercer des pressions sur le Maroc ?. Avant sa visite aux camps de Tindouf et la rencontre des leaders du mouvement séparatiste du Front Polisario, il avait visité l'Espagne et l'Algérie pour coordonner les positions sur le Sahara. Ainsi, il est sûr et certain que ces deux pays ont joué un rôle en influençant le secrétaire général, surtout qu'il ne connaît pas tous les détails du dossier du Sahara, par opposition à ces deux pays qui les connaissent très bien, du fait qu'ils sont ses principaux instigateurs, créateurs, inventeurs et ils sont les principaux antagonistes et adversaires du Maroc.

Les autres parties sont principalement les États-Unis et la France, les deux superviseurs directs du rapport. C'est dans cette atmosphère, qu'il faut cadrer et insérer la proposition de la résolution du mois d'avril 2016 dans le but de nuire au Maroc et la réalisation des vœux de ces différentes parties prenantes intéressées.

Comme le Roi l'a déclaré : « avec la persistance des conspirations, le mois d'avril, qui coïncide avec les réunions du Conseil de sécurité sur la question du Sahara, est devenu un épouvantail contre le Maroc et un outil de pression parfois et de chantage autres fois ».

À l'antagonisme de ces pays, on ajoute la nouvelle stratégie marocaine de développement du Sahara, annoncée par le souverain à l'occasion du 40ème anniversaire de la Marche verte du 6 mars 2015.

Cette stratégie basée sur la réalisation de grands projets d'investissement, dont l'extension du réseau routier et du chemin de fer pour ancrer et relier le Maroc à l'Afrique subsaharienne et la création d'un nouveau port de transbordement de Dakhla et la tendance à développer et à diversifier ses relations internationales, ce qui a suscité la colère des parties internationales intéressées et influentes dans la région.

Face à cette situation devenue grave et dangereuse, du fait que pour la première fois, les trois pays amis, avec qui le Maroc est lié par des traités amicaux, de partenariats stratégiques..., deviennent des traîtres et s'allient contre ses intérêts et son unité territoriale... C'est ce qui a été évoqué par le souverain dans son discours à Riyad en disant : « la situation est dangereuse cette fois-ci et sans précédent dans l'histoire de ce conflit artificiel sur la marocanité du Sahara ».

Ainsi donc, on peut dire, affirmer et confirmer que si le Maroc déclare toujours que le problème du Sahara est un conflit inventé, il est montré et démontré maintenant clairement qu'il s'agit effectivement d'un problème créé par des parties extérieures et le plus étonnant par les plus grandes puissances mondiales qui déclarent toujours qu'elles sont amies et alliées stratégiques du Maroc. C'est cette trahison et traîtrise des plus proches qui ne peut être acceptée ou digérée par le Maroc. Face à cette trahison des pays amis et alliés, le Maroc s'est résolument orienté à diversifier ses relations avec de nombreux pays, comme les États du Golfe, la Chine, l'Inde et la Russie.

C'est ce qui a été exprimé par le Roi dans son discours : « pour sa part, tout en restant attaché à la préservation de ses relations stratégiques, le Maroc n'en cherche pas moins, ces derniers mois, à diversifier ses partenariats, tant au niveau géopolitique qu'au plan économique ».

Que veulent-ils du Maroc et qu'est-ce qu'il veut lui ?

Il faut tout d'abord déterminer qui sont les parties concernées par la question du Sahara et qu'est-ce qu'elles veulent ?

Dans cette recherche, nous retenons le cadre théorique général de la théorie des parties prenantes, tout en considérant dans le cas du Sahara marocain, qu'il est préférable de parler parties impliquées et concernées. En effet, si les différentes études internationales ne parlent que des parties prenantes au niveau des organisations institutionnelles sans détail, nous voyons dans le cas du Sahara, selon notre propre point de vue géopolitique, qu'il faut parler des parties prenantes concernées et impliquées dans cette affaire du Sahara .

Comme on le sait, la théorie des parties prenantes a été utilisée d'abord dans le domaine de la gestion stratégique des organisations aux États-Unis et s'est répandue dans le monde Anglo-saxon et le reste du monde par la suite. L'objectif de cette théorie est la mise en place et l'établissement d'une bonne gouvernance fondée sur l'éthique organisationnelle des organisations entre ses différentes parties impliquées.

Cette théorie se présente comme une alternative à la théorie contractuelle des organisations, parce qu'elle se base sur l'équilibre des intérêts des parties concernées afin de maintenir la coopération nécessaire pour la continuité des organisations qui doivent ajuster leurs objectifs, leurs intérêts et leurs défis afin de permettre à chaque vraie partie concernée et de droit, d'obtenir sa juste part pour satisfaire ses besoins et ses exigences.

Du point de vue de la gestion stratégique, cette tendance est plus réaliste que la tendance contractuelle utilitaire conjoncturellement, car elle relie l'intérêt permanent et durable aux défis utilitaires utiles.

Qui sont les parties prenantes impliquées et concernées ?

Dans le cadre de l'achèvement de l'unité nationale et de l'intégrité du territoire marocain, la question du Sahara marocain, qui est à l'origine une affaire de libération du territoire marocain colonisé et occupé par l'Espagne, les deux parties prenantes et concernées et impliquées étaient principalement et uniquement l'Espagne et le Maroc.

Mais après la Marche verte et le retour des provinces du Sud à la mère- patrie, d'autres soit -disant parties se sont manifestées, en l'occurrence le front du Polisario, qui réclame l'indépendance des territoires récupérés par le Maroc, soutenu en cela par l'Algérie et la Libye.

Ainsi, le Polisario, l'Algérie, la Libye et la Mauritanie, avec leurs ingérences dans l'affaire du Sahara, deviennent non pas des parties prenantes, mais des parties concernées et impliquées dans la question du Sahara.

À cause de l'intervention de ces parties régionales et internationales, la question du Sahara sort de son cadre national marocain et devient une affaire internationale qui dépend de la compétence des Nations unies et du Conseil de sécurité. Ainsi, la question du Sahara devient le théâtre d'enjeux politiques, stratégiques et des projets de plusieurs acteurs internationaux et intervenants régionaux influents et d'autres mercenaires à intérêts limités, de moindre importance....

Suite à la multiplication et la diversité des parties impliquées et concernées, les résolutions annuelles du Conseil de sécurité sur la question du Sahara se contredisent d'une année à l'autre, ce qui a fait perdre aux Nations unies et le Conseil de sécurité leur crédibilité par leur mauvaise gestion et gouvernance de cette affaire.

Face à cette situation inconfortable pour le Maroc, qui peut le fragiliser, le conduire au désordre et aux conflits dans la région, il est devenu nécessaire et indispensable de déterminer précisément qui sont les parties impliquées et concernées, et qui sont les vrais acteurs et intervenants crédibles et sincères, qui ont la vraie intention de résoudre ce problème.

Il est recommandé aux Nations unies et au Conseil de Sécurité de procéder à un tamisage pour enlever les indésirables, les perturbateurs, les mercenaires qui entravent la solution durable et équitable d'un territoire crucial et sacré pour le Maroc. D'autre part, il est nécessaire d'identifier, de classer et de faire en sorte que les parties impliquées et concernées examinent sur la base et en fonction de leurs rôles directs ou indirects, du niveau de leurs intérêts et de leur importance, leur degré de légitimité et de légalité, pour résoudre ce problème qui perdure.

Alors, qui sont-ils ces parties ?

Ils sont essentiellement l'organisation des Nations Unies et le Conseil de sécurité qui sont autorisés à trouver une solution durable au différend qui oppose le Maroc en tant qu'État et le Front Polisario en tant qu'organisation opposée au Maroc.

Cependant, la problématique est que l'ONU et le Conseil de sécurité sont composés des gouvernements de pays qui « changent en permanence. À chaque changement, il faut déployer de grands efforts pour informer ces responsables du dossier du Sahara Marocain, de toutes ses dimensions et de ses véritables dessous et leur rappeler que ce conflit, qui dure depuis plus de quarante ans, a fait de nombreuses victimes et occasionné d'importants coûts matériels, et que le dossier du Sahara est l'affaire de tous les Marocains, et non seulement celle du Palais Royal », ce qui complique la situation par la multiplication des parties impliquées et concernées, leur diversité et leur divergence. Enfin de compte, le Maroc doit dialoguer et coordonner avec qui, comment, quand ?

Que veulent-ils du Maroc ?

Dans son discours du 20 avril 2016, le Roi précise « Nous vivons une période charnière entre ce que nous voulons et ce que les autres veulent que nous soyons ».

Ils veulent porter atteinte au modèle marocain qui a prouvé sa pérennité, efficacité et résistance..., comme il a été exprimé par le souverain dans son discours, en disant

« après ce qui fût présenté comme un printemps arabe qui a occasionné tant de ravages, de désolations et de drames humains, nous voilà vecus aujourd'hui un automne calamiteux, avec le dessein de faire main basse sur les ressources des autres pays arabes et de briser les expériences réussies d'autres États, comme le Maroc, en portant atteinte à son modèle national original qui le distingue.... et de poursuivre « Nous faisons face à des complots visant à porter atteinte à notre sécurité collective. Ceci est clair et n'a pas besoin d'analyse. Ils en veulent à ce qui reste de nos pays, qui ont pu préserver leur sécurité, leur stabilité et la pérennité de leurs régimes politiques ».

Ci-dessous, nous établissons un tableau qui résume ce que les principales parties prenantes intéressées par la question du Sahara veulent du Maroc et ce que lui veut.

	Etats de PP	**Ce qu'ils veulent**	**Moyens**	**Que veut-il du Maroc**	**Moyens**
États -unis	Dominant	Domination	Complots	Souveraineté	Alliance
France	Protecteur	Protection	Pressions	Égalité	Coopération
Espagne	Voisin soumi	Obéissance	Conspirations	Fraternité	Bon voisinage
Russie	Coopérant	Coopération	Échanges	Soutien	Collaboration
Chine	Partenaire	Partenariat	Ouverture	Soutien	Partenariat
Algérie	Frère	Autodétermination	Opposition	Neutralité	Dialogue
Mauritanie	État Fragile	État tampon	Désengagement	Non ingérence	Entente
Polisario	Organisation séparatiste	État indépendant	Menaces	Retour à la mère patrie	Autonomie

Dans son discours du 20 avril 2016 au sommet de Riyad, le souverain déclare :. Ils tentent, selon les conjonctures, soit de délégitimer la présence du Maroc dans son Sahara, soit d'appuyer l'option de l'indépendance et la thèse séparatiste, ou encore d'affaiblir l'Initiative d'autonomie dont la communauté internationale atteste le sérieux et la crédibilité…. Et poursuit : « les plans d'agression attentatoires à notre stabilité se poursuivent toujours et ne cesseront pas. En effet, après avoir morcelé et détruit nombre de pays du Machreq Arabe, les voilà qui s'en prennent aujourd'hui à son flanc occidental. Le dernier en date concerne les manœuvres orchestrées contre l'intégrité territoriale de votre deuxième pays, le Maroc ».

Rien de nouveau, puisque les adversaires du Maroc déploient tous les moyens, directs et indirects, dans leurs menées flagrantes.

Ci-dessous une schématisation de ce qu'ils veulent du Maroc.

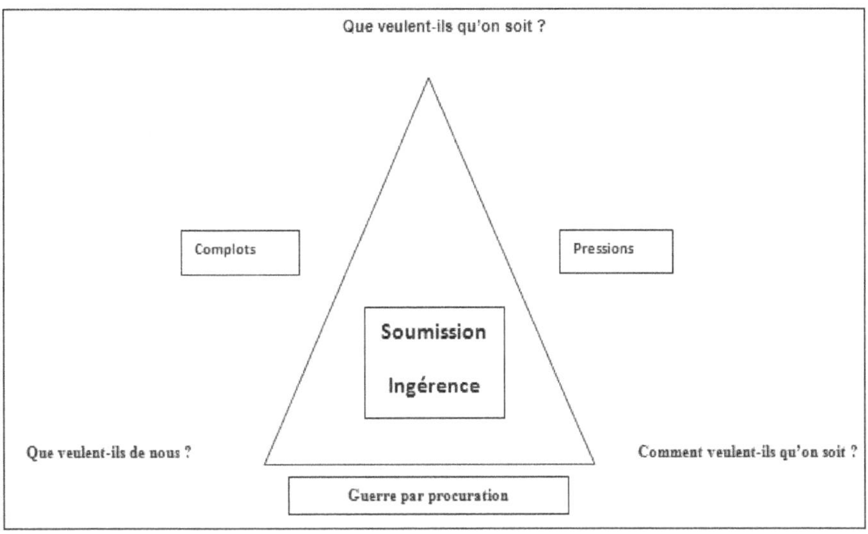

La gravité de la situation se reflète dans ce qu'ils veulent qu'on soit ? Ils fomentent une guerre par procuration, ils veulent qu'on reste soumis subversifs et subjugués, sous leur protection et leur influence en utilisant tous les moyens d'agressivités, de pressions, d'intrigues et de complots…, pour extorquer et saper la stabilité et sécurité du Maroc, tenter de changer son régime, la partition de l'État, provoquer des tueries, exodes et expulsions des Marocains, comme c'est le cas des Syriens, Irakiens et autres… mettre la main sur ses ressources.

Le Maroc, que veut-il ?

Dans son discours du 20 avril 2016 au sommet de Riyad, le roi déclare : « Le Maroc est libre dans ses décisions et ses choix et n'est la chasse gardée d'aucun pays. Il restera fidèle à ses engagements à l'égard de ses partenaires, pour lesquels il ne devrait y voir aucune atteinte à leurs intérêts ».

Ci-dessous une schématisation de ce que le Maroc veut :

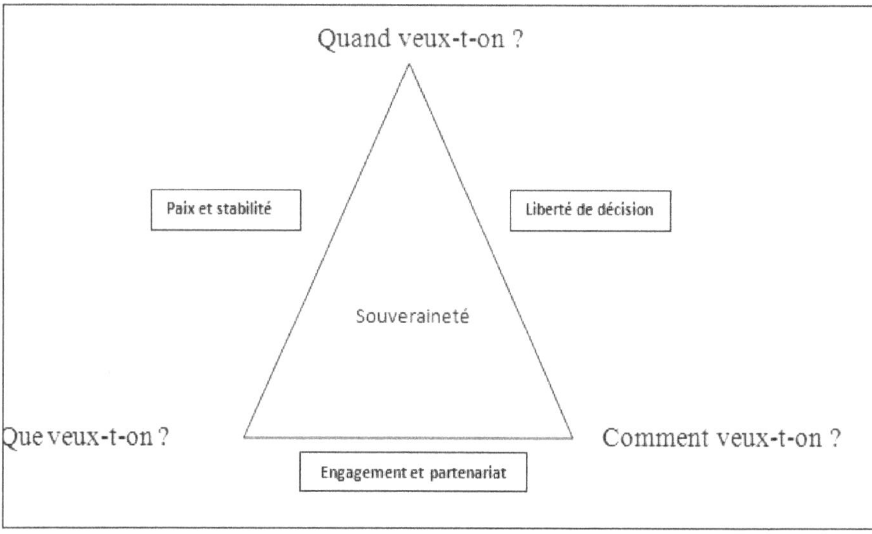

Il veut la transparence, la vérité et la crédibilité dans ses relations avec les différentes parties intéressées et concernées. Il veut rester véridique dans ses engagements envers ses partenaires, qui ne doivent pas considérer en cela une atteinte à leurs intérêts.

Il veut s'ouvrir à la communauté internationale et établir des partenariats dans le cadre de l'échange d'intérêts, maintenir la sécurité internationale et la paix et partager des avantages communs. Il veut poursuivre et améliorer le développement de ses régions récupérées en réduisant les menaces, les dangers et les multiples causes qui les provoquent. En même temps, il veut améliorer les conditions de vie, de prospérité, de progrès…., pour toutes les parties prenantes de la région.

Bref, le Maroc veut la liberté et l'émancipation, au lieu de la protection et la dépendance. Il veut être libre dans ses décisions, ses comportements, ses choix et ses orientations. Il désire préserver sa sécurité, sa stabilité et son développement. Il veut s'engager dans la voie de la coopération et la coordination avec toutes les parties concernées et intéressées aux différentes échelles, internationale, continentale et régionale.

Mais le problème réside dans le fait que le Maroc est limitrophe d'un frère ennemi (Algérie), d'un fils désobéissant (Polisario), d'un voisin arrogant (Espagne), d'amis qui le poignardent dans le dos... C'est en prônant le dialogue, la concertation, les compromis, que le fils soit obéissant et retourne à la mère- patrie ; le frère s'entraide et s'entende, le voisin coopère et, les amis partenaires de bonne foi dans les actes et non dans les paroles, pour défendre l'intégrité territoriale, réaliser l'unité maghrébine, la coopération régionale....

Le roi dans son discours a dit : Je tiens ici à souligner que le Maroc n'a aucun problème ni avec les Nations unies dont il est un membre actif, ni avec le Conseil de Sécurité dont il respecte les membres avec lesquels il interagit en permanence. Le problème est, plutôt, avec le secrétaire général, et plus particulièrement avec certains parmi ses collaborateurs en raison de leurs positions hostiles au Maroc. Il ajoute : Le Maroc a toujours coordonné, au sujet de ce conflit artificiel suscité autour de son intégrité territoriale, avec ses amis traditionnels, comme les États unis d'Amérique, la France et l'Espagne, et avec ses frères arabes, notamment les pays du Golfe, et africains comme le Sénégal, la Guinée, la Côte d'Ivoire et le Gabon.

Pour résoudre ce conflit, le Maroc a opté pour une stratégie intelligente caractérisée par une intelligence politique, diplomatique, économique et sociale... et c'est ce que nous représentons comme suit.

Tout d'abord, il faut être conscient collectivement de ces conspirations, complots et pressions agressives, les annoncer, les dénoncer, les affronter, primo en mettant l'accent sur le fait qu'on refuse de se soumettre et d'être protégé par les dominants.

Secundo, il faut confirmer notre souveraineté et notre liberté d'agir et de décider de nos choix nationaux, au maintien de notre sécurité et stabilité interne et honorer nos engagements envers nos partenaires sérieux et sincères.

C'est ça la bonne orientation qui nous permet de choisir librement ce qu'on veut, comme on veut, quand on veut et avec qui on veut.

Stratégie permanente et continue de la gestion de la série des risques, des menaces et des dangers

Le Maroc sait pertinemment que le danger existe et menace sa sécurité et sa stabilité. De ce constat, après avoir déterminé le niveau de ce danger, il faut chercher les voies et les moyens de l'aborder et d'y faire face, l'éradiquer intelligemment et efficacement, d'une façon appropriée et requise.

Les déterminants d'une stratégie

Il faut savoir que chaque situation a ses propres moyens, objectifs et résultats spécifiques. Tous les moyens doivent être cohérents et appropriés aux objectifs visés. Logistiquement, ces dispositifs doivent être à disposition, pour faire face aux menaces et dangers, les dissuader…

Le triangle ci-dessous donne une image de la situation et des voies et moyens de traitement:

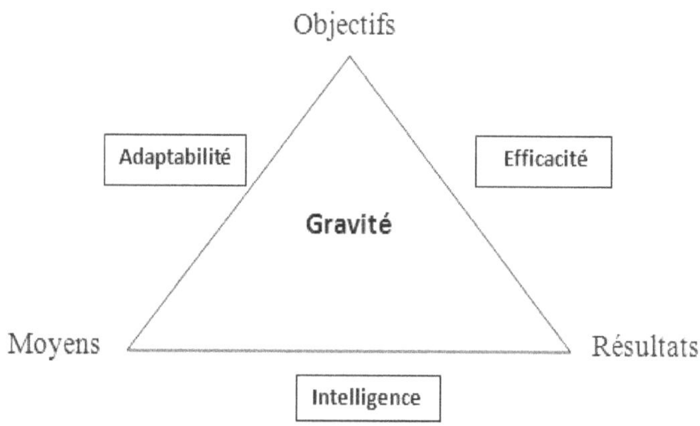

Il faut savoir si le danger est temporaire, urgent ou structurel. Quels sont ses antécédents et ses répercussions. Quels sont ses coûts et ses conséquences, et quels sont ses défis et défiances, et les pertes qui en découlent.

Le tableau ci-dessous décrit brièvement la dangerosité des situations possibles et les actions nécessaires pour y faire face et comment les aborder.

Position/Attitudes	Sans importance	Important	Embarrassant	Catastrophique
Procédure	Involontaire	Volontaire	Planifiée	Exécutée
Degré d'incidence	Rare	Possible	Conjoncturelle	Répétée
Degré de dangerosité	Élémentaire	Relatif	Accentué	Fort
Niveau d'intervention	Prêter attention	Attentif	Dissuasion	Coercition
Type de danger	Endormi	En préparation	Incursion	Réel/effectif
Dégât	Très élémentaire	Élémentaire	Consistant	Ravage
Nature du danger	Gênant	Scandaleux	Honteux	Catastrophique

La gouvernance d'un État risqué

À travers le discours royal, il semble que la situation n'a pas encore atteint le stade de crise, mais elle a dépassé le niveau de menace pour atteindre le degré de risque réel.

Le Maroc sait que le stade des menaces n'est pas nouveau, il est omniprésent et le restera ainsi. Il sait que ces menaces se préparent par les différents amis et ennemis et ne s'arrêteront pas. Ces menaces constantes ont fait que le Maroc essaie de les prévenir, les éviter et les contenir à tout moment grâce à ses positions fermes, inébranlables, son éveil permanent et à son consensus national. Ces menaces le rendent effectivement vulnérable, mais pas fragile ou État défaillant.

La proposition de sortie de crise

Nous savons que chaque année, au mois d'avril, les Nations unies rédigent un rapport sur le Sahara et que ce rapport est dicté et préparé par plusieurs parties, notamment les États-unis, la France et l'Espagne en premier lieu.

Ces pays ont des liens et des relations avec d'autres pays et des centres de pression et nous savons que les plans agressifs qui nous ciblent se poursuivent et ne s'arrêtent pas et nous savons que le rapport est finalisé par les cinq membres permanents du Conseil de sécurité... Pour ces considérations et autres, nous devons d'abord déterminer la gravité de la situation. Dans ce contexte, nous devons les classer en quatre degrés qui sont : menace, danger potentiel et danger réel et crise.

Comme indiqué dans l'ordonnancement hiérarchique des dangers, nous proposons une hiérarchie des dangers selon leur degré d'incidence et l'échelle de sa gravité.

Répétée	Avertissement /	Gravité /	Effective x	Gravité x
Conjoncturelle	Avertissement /	Gravité /	Effective x	Gravité x
Rare	Probable -	Gravité -	Imminente +	Gravité +
Possible	Probable -	Gravité -	Imminente +	Gravité +
Échelle de Gravité Echelle d'incidence	Faible	Marginale	Critique	Catastrophique

Degré de gravité : X Très grave ; - Relative ; + Grave ; / Minime

limites du tolérable Tendance de la courbe de gravité

Dans ce contexte, la proposition d'autonomie des régions du sud, dans le cadre de la régionalisation avancée, qui a été négociée, est une proposition crédible, réaliste et sérieuse, reconnue par la communauté internationale et les parties prenantes les plus influentes à l'échelle internationale. C'est par cette proposition que le Maroc a pu faire face à toutes les menaces et conspirations et contrer les plans agressifs de ses ennemis et opposants.

C'est le succès rapporté par le Maroc dans le traitement efficace de ces menaces persistantes, qui a poussé ceux qui veulent que le Maroc soit ce qu'ils veulent, comme ils veulent, à porter la menace au stade du danger.

Ce sont ces défis et enjeux qui ont poussé le Maroc à exprimer ce qu'il veut, tout en confirmant qu'il n'est pas un État fragile ou défaillant.

Conclusion

Si le Fonds pour la paix attribue au Maroc un indice de fragilité au-dessus de la moyenne mondiale, la réalité en est autre. À travers la résolution 2285 du Conseil de sécurité de 2016 à l'égard du dossier du Sahara marocain, et la réaction du Roi dans son discours du 20 avril 2016 à Riyad, on voit bien les intentions de déstabilisation du Maroc par les différentes parties prenantes intéressées par le dossier du Sahara et leurs manœuvres pour le fragiliser et le rendre défaillant.

Le discours royal est une réponse à ces menaces, intrigues, complots et pressions… en affirmant imposer ce qu'il veut lui et non ce qu'ils veulent eux.

Il fait comprendre au monde, qu'il est un modèle de gouvernance de cette crise géopolitique larvée. Il ne peut abdiquer, n'acceptera pas une situation qui ébranlera sa position à défendre son intégrité territoriale, ne tolérera pas la défaite et l'humiliation et tout ce qui s'en suit comme tragédies.

Le Maroc est déterminé à se battre jusqu'à la victoire, avec détermination et résolution. Il est libre dans ses décisions et ses choix, Il veut la transparence, la vérité et la crédibilité dans ses relations avec les différentes parties intéressées et concernées. Il veut rester fidèle dans ses engagements envers ses partenaires, qui ne doivent pas considérer en cela une atteinte à leurs intérêts.

ÉTUDES

La quantification comptable et la mesure de la performance des politiques publiques dans les économies fragiles de la zone intégrée UEMOA[1]

Badiaw Diao
Doctorant en Droit public en Cotutelle
Université Paris 10 & Université Gaston Berger de Saint-Louis - Sénégal

Résumé

Dans le contexte d'intégration sous-régionale, les économies fragiles de la zone UEMOA font face à deux impératifs cruciaux : d'une part, conforter la stabilité monétaire de la sous-région par la stabilité macroéconomique, d'autre part répondre aux objectifs du millénaire afin de réduire significativement la pauvreté et augmenter le niveau de vie des populations. Face à ces défis du cadre communautaire, l'UEMOA s'appuie principalement sur le droit public financier harmonisé pour asseoir une nouvelle gouvernance financière axée sur la mesure de la performance[1] La comptabilité d'analyse des coûts (CAC) demeure la technique comptable privilégiée qui permet d'informer sur le coût complet des actions engagées dans le cadre des politiques publiques. L'information financière diffusée par la CAC contribuera à informer aussi sur le degré d'efficacité, d'efficience des nouveaux programmes mis en œuvre.

[1] UEMOA : Union économique monétaire ouest africaine.

Mots-clés : UEMOA, économies fragiles, comptabilité publique, comptabilité d'analyse des coûts.

Abstract

In the context of sub-regional integration, the fragile economies of UEMOA zone with two crucial requirement : on the one hand, to consolidate the monetary stability of the under area by macroeconomic stability, on the other hand to answer the objectives of the millenium in order to reduce poverty significantly and to increase the standard of living of the population. Faced with these challenges of the community framework, UEMOA relies mainly on harmonized financial public law to establish a new finance governance focused on the measurement of performance. The accounting of cost analysis remains the privileged accounting technique which makes it possible to inform on the complete cost of theen gaged activities within the framework as of policies. The financial information disseminated by the accounting of cost analysis will contribute to also inform on the degree of effectiveness, of efficiency of the new programs implemented.
Keywords: UEMOA, fragile economies, public accounting, cost analysis accounting.

En proie aux objectifs de développement durable, la zone d'intégration économique ouest -africaine est marquée par une conjoncture économico-sociale difficile. La pauvreté, l'insécurité alimentaire, la précarité des infrastructures de transport et de communication, la dégradation des ressources naturelles et la détérioration de l'environnement (etc.) constituent largement le cocktail d'une économie fragile, *immergée.* Ce tableau sombre de contraintes semble, de plus en plus, être contenues par les dynamiques de l'intégration sous régionale, depuis la décennie 90, en faveur d'une économie intégrée, émergente. A travers sa constitution communautaire, l'UEMOA vise entre autres à *« renforcer la compétitivité des activités économiques et financières des Etats membres dans le cadre d'un marché ouvert et concurrentiel et d'un environnement juridique rationalisé et harmonisé »*[2].

Pour se faire, les finances publiques restent le porte - étendard de l'intégration. L'une de ses branches la comptabilité publique est au-

---

[2] Voy. Traité modifié de l'Union économique et monétaire ouest africaine (UEMOA) du 29 janvier 2003.

jourd'hui révolutionnée. Elle reçoit au- delà de son approche traditionnelle (budgétaire), une approche révolutionnaire à la fois patrimoniale et analytique. Seul, l'axe analytique sera exploré. La comptabilité d'analyse des coûts (CAC) doit être distinguée d'un concept très voisin la comptabilité analytique[3]. Cette dernière peut être à l'origine de confusion conceptuelle avec l'analyse des coûts.

La comptabilité analytique est un mode de traitement des données qui permet d'identifier les coûts des fonctions ou des centres de responsabilité d'une organisation. Par contre, la CAC s'inscrit dans la volonté d'informer plus le Parlement, en lui communiquant notamment le coût complet des actions afin de lui permettre des comparaisons dans le temps[4]. Selon, l'analyse des coûts, la comptabilité est organisée autour de deux buts : d'abord, identifier, mesurer les coûts pour informer, ensuite évaluer pour contrôler et piloter les politiques publiques.

Par ailleurs, l'espace d'application de cette étude doit être économiquement circonscrit. Selon la conception des institutions de Bretton Woods, les économies fragiles de la zone UEMOA peuvent être comprises comme les pays à revenu faible, ou intermédiaire. Sous ce rapport, le tissu économique de ces pays est caractérisé par des déséquilibres structurels. L'effet ciseau est perceptible. Il se manifeste par un accroissement des dépenses face à la modicité des ressources publiques. Les finances publiques doivent happer les dépenses de gouvernance, les dépenses d'avenir, les dépenses sociales etc. Or, l'insuffisance des ressources publiques, dans un contexte de rareté, est ostensiblement due à l'effet conjugué de la faible capacité contributive des citoyens, aux rouages importants de corruption, à l'évasion fiscale, à la globalisation des échanges (régime incitatif, exonérations fiscalo-douanières), etc.

Globalement, au sens de la philosophie économique de la nouvelle réforme des finances publiques-UEMOA du 26 juin 2009, *« sortir d'une économie fragile, informelle et opérer un big-bang vers*

---

[3] Jean Paul Milot insiste sur cette distinction en estimant : « l'analyse des coûts n'est pas le produit d'une comptabilité analytique, terme explicitement écarté par les rédacteurs de la loi. D'une part, parce qu'elle ne concerne que les coûts, donc les dépenses ou les charges, et ne vise pas à calculer un résultat analytique des prix de revient, d'autre part parce qu'elle ne doit pas constituer un système autonome mais résulter du rapprochement de la démarche comptable et de la démarche de performance débouchant sur la construction d'indicateurs », *in Éléments de comptabilité de cours sur la comptabilité,* Master 2, Paris I, 2005-2006, p. 27.

[4] Inglebert (X.), 2009, *Manager avec la LOLF : pratiques de la nouvelle gestion publique*, 2e éd., Paris, Groupe Revue Fiduciaire, coll. « Réforme de l'État », p. 49.

l'émergence économique »[5], il s'agira d'analyser comment la quantification comptable issue du dispositif de ladite réforme peut-elle contribuer à travers la diffusion d'une information financière inédite à l'évaluation et à la mesure de la performance des politiques publiques dans les économies fragiles de la zone UEMOA (I) ? En outre, la problématique de son implantation ne doit pas être occultée (II).

La quantification comptable, une nouvelle technique au service de la mesure de la performance des politiques publiques (PPP)

La comptabilité *dérivée* de gestion des politiques publiques autrement la CAC est régie par l'article 84 de la directive n° 07/2009/CM/UEMOA portant Règlement général sur la comptabilité publique (RGCP) au sein de l'UEMOA du 26 juin 2009. Ledit article dispose : *« la comptabilité analytique des coûts a pour objet de faire apparaître les éléments de coûts des services rendus ou de prix de revient des biens produits et des services fournis ainsi que de permettre le contrôle des rendements et performances des services, notamment dans le cadre des budgets de programmes et de la gestion axée sur les résultats »*. L'analyse des coûts est fondée sur une approche ambivalente et complémentaire d'un dispositif de contrôle de gestion[6] prescrit par la réforme. La pertinence de l'outil comptable d'analyse des coûts mérite une place prééminente dans l'édification d'un système comptable par la performance mesurant les coûts des politiques publiques. Les pères de la LOLF sont d'avis : *« si l'on veut parler réellement d'analyse des coûts, il faut passer à une CAC qui s'appuie sur des données comptables, seules à même d'internaliser les coûts qui ne donnent pas lieu à des opérations budgétaires*[7] *»*. Deux axes seront explorés d'abord les fondations, ensuite les finalités de l'analyse des coûts.

L'enrichissement de l'outil comptable par la quantification économique des programmes

Le droit public financier de l'UEMOA s'enrichit d'une notion économique (coût) devenue omniprésente (1) permettant d'apprécier la

---

[5] Jacquemot (P.), 2016, *L'Afrique des possibles. Les défis de l'émergence économique*, Karthala, Coll. Hommes et Sociétés, 336 p.

[6] Burlaud (A.), 1983, « La comptabilité de gestion dans les services publics », *Regards sur l'actualité*, vol 1, n° 87, p. 26.

[7] Rapport au gouvernement Lambert (A.) et Migaud (D.), octobre 2006, *La mise en œuvre de la LOLF, à l'épreuve de la pratique, insuffler une nouvelle dynamique de la réforme*, p. 39

performance et les résultats atteints par les services publics[8]. C'est là, une des manifestations de l'évolution par la gestion du droit public financier. Les travaux récents mettent en exergue le point d'orgue sous le sceau de la performance[9]. Le coût renvoie à la consommation réelle des ressources directes et indirectes. Sa spécificité à la mesure de la performance des politiques publiques (PPP) doit être disséquée (2).

Les fondements de la notion de coûts proprement

La comptabilité de gestion classe les charges de l'entité par destination. À ce titre, elle constitue une comptabilité des coûts. Un coût étant l'agrégation des charges de toute nature supportées au niveau d'un élément de l'organisation (...). En revanche, une charge correspond à une constatation financière d'une consommation de ressources. Elle se distingue d'une dépense qui correspond à un décaissement de monnaie suite à l'achat d'un bien ou d'un service[10]. La distinction de la notion de coût et de dépense rejaillit sur la stratification des différents coûts possibles dans une comptabilité de gestion des politiques publiques.

Par référence à l'entreprise, l'analyse des coûts décèle trois stades de coût dont leur application à l'administration publique pose une spécificité particulière. Le coût d'achat constitué de l'ensemble des charges que l'entreprise a dû engager pour acheter toutes les matières et composants nécessaires au produit. Le coût de production intègre le coût d'achat avec toutes les charges engagées pour transformer les matières et composants en produits finis (notamment le coût de la main d'œuvre de production et celui des machines). Enfin, le coût de revient, c'est l'addition entre le coût de production avec les charges ad-

---

[8] Rodriguez (M.), 2013, Le service public et la loi organique relative aux lois de finances du 1er août : contributions de la réforme des finances publiques à la modernisation de l'État, Marseille, PUAM, coll. « Centre de recherches administratives », p. 238.

[9] Médé (N.), septembre 2016, « L'Afrique francophone saisie par la fièvre de la performance financière », *Revue française de finances publiques*, n° 135, pp. 349 et suiv. ; CATTEAU (D.), 2005, *La LOLF et la modernisation de la gestion publique : la performance, fondement d'un droit public financier rénové*, Thèse de doctorat en droit, Université Lille II, Tome I, 688 p ; *OUEDRAOGO (Y.)*, 2015, *L'influence de la démarche de performance sur le droit public financier des Etats membres de l'UEMOA*, Thèse pour le doctorat en droit, Université Rouen, 714 p ; Theoua (K-A-P.), 2010, *Les finances publiques de l'Union économique monétaire ouest africaine et la logique de performance*, Thèse pour le doctorat en droit, Université de Cocody, 447 p.

[10] Guide méthodologique sur le contrôle de gestion, version février 2003, Délégation interministérielle à la réforme de l'État, p. 89, cité par Rodriguez (M.), Le service public et la loi organique relative aux lois de finances du 1er août (...) Op. cit., p. 239.

ministratives et celles liées à la commercialisation des produits. Le coût de revient intègre donc l'ensemble des charges incombant aux produits[11].

La spécificité de la mesure des coûts

L'ordre juridico-comptable de l'UEMOA aménage la notion de coût selon qu'il s'agit de dégager *les éléments de coûts des services rendus ou de prix de revient des biens produits et des services fournis.* En comparaison avec le monde des affaires, des dissemblances profondes existent avec le secteur public. Néanmoins, selon Marcel Soquet les concepts utilisés sont assez proches. Leur portée pratique diffère. Expert- comptable de son état, Soquet était d'avis : *« les méthodes à employer pour atteindre un but similaire : un prix de revient par exemple, sont très différentes car la comptabilité publique doit faire état de faits, de besoins, d'idées, de traditions, de règlements de lois que la comptabilité commerciale peut négliger ».* Selon la méthode utilisée pour le secteur public, plusieurs types de coûts peuvent, à l'analyse, être appréhendés entre les coûts fixes-coûts variables, les coûts directs - coûts indirects, les coûts de revient, les coûts standards etc[12]. La déclinaison opérationnelle de l'analyse des coûts se diffère de la méthode développée en comptabilité générale. Techniquement, la CAC met l'accent sur le recensement des charges non pas par « nature » mais par « destination ». Elle doit fournir une information sur les coûts générés par les politiques publiques.

La particularité de la comptabilité d'analyse des coûts (CAC)

L'une des finalités centrales de la comptabilité publique rappelée, est qu'elle vise à satisfaire *le calcul du prix de revient, du coût et du rendement de l'activité des services.* Cette finalité, qui par le passé inexploré, est avec la reforme comptable de 2009 déclinée par le volet comptable d'analyse des coûts. Cette comptabilité de gestion est organisée autour de deux buts[13](1) (identifier, mesurer les coûts pour informer, ensuite évaluer pour contrôler et piloter les politiques publiques) et des usages possibles (2).

Les finalités assignées

---

[11] Alventosa (J-R.), 2012, *Management public et gestion des ressources*, Paris, LGDJ, coll. « Systèmes », p. 133.

[12] 12 Demeestère (R.), 2005, *Le contrôle de gestion dans le secteur public*, 2e éd, Paris, LGDJ, coll. « Systèmes », pp. 133-202.

[13] Akhoune (F.), 2008, *Le statut du comptable en droit public financier*, Paris, LGDJ, p. 238.

La mesure de la performance par l'outil comptable est une nouvelle offre de l'information financière chiffrée sur les politiques publiques. Il s'agit de mesurer pour restituer donc la vérité des coûts ou mieux le juste prix[14]. Les différents programmes doivent être retracés, suivis et faire l'objet de restitutions comptables appropriées et *in fine* générer des analyses de gestion[15]. La CAC est conçue comme une méthode permettant d'affiner la connaissance des coûts des actions composant les programmes. Elle repose sur une ventilation des crédits qui concourent à une action mais sont inscrits sur d'autres actions ou programmes[16]. L'analyse des coûts des politiques publiques, dûment retracée en comptabilité, constitue donc un outil de transparence au service d'une plus grande démocratie financière. Les parlementaires, comme les gestionnaires publics, seront en mesure de connaître avec précision les moyens publics engagés afin de satisfaire l'intérêt général.

Le nouveau dispositif comptable d'analyse des coûts participe à la nouvelle gouvernance des programmes par la performance. Il institutionnalise *le contrôle des rendements et performances des services, notamment dans le cadre des budgets de programmes et de la gestion axée sur les résultats.* La vocation essentielle de l'analyse des coûts est de forger un outil d'évaluation de l'efficience, voire de pilotage de la performance de la gestion publique à l'aide des coûts complets, à l'usage des ministères et des responsables de programme[17].

En matière d'évaluation de l'efficience, la démarche analytique des coûts met en corrélation les ressources consommées pour la réalisation des programmes, des fonctions dédiées etc. Cette démarche peut aussi servir à déterminer les coûts des différentes activités de l'organisation, de façon à apprécier le rapport coût/prestation des activités élémentaires. Ce qui peut conduire à identifier des besoins d'amélioration (en particulier si l'on dispose d'éléments de comparaison), à guider des

---

[14] Burlaud (A.), Gibert (P.), avril 1984, « L'analyse des coûts dans les organisations publiques : le jeu et l'enjeu », Politiques & Management public, vol. 2, n° 1, p. 105.

[15] Demeestère (R.), 2000, « Que peut-on attendre d'une comptabilité de gestion dans le secteur public ? », *Politiques & Management public,* vol. 18, n° 4, p. 31. L'auteur relève qu'*elles incluent également de multiples autres analyses établies selon les besoins des responsables de l'organisation : analyse des charges par unités ou par activités, analyses des produits réalisés par type de prestation rendue, analyse d'ensemble de l'équilibre économique de l'organisation, etc.*

[16] *Bermond (M),* décembre 2005, « La *nouvelle comptabilité de l'État », Regards sur l'actualité,* n° 316, p. 41.

[17] Jacquet (B.), juillet 2006, « L'analyse des coûts des actions de l'État », *La Revue du Trésor,* n° 7, p. 451.

choix de faire ou faire faire[18]. La pertinence de l'efficience, de l'économie et surtout, de l'efficacité des programmes pourrait être étudiée à l'aide des informations chiffrées fournies par l'analyse des coûts. Les États de la zone pourront rapprocher, à l'interne, la consommation des ressources aux objectifs et aux performances attendues. Cette fonction d'évaluation est rencontrée dans le monde des affaires. Cependant, elle connaît des aménagements eu égard à la particularité de l'outil comptable. La comptabilité analytique d'exploitation, par le biais de ses prescriptions normatives a pour but de faire : connaître les coûts des différentes fonctions assumées par l'entreprise, déterminer les bases d'évaluation de certains éléments du bilan de l'entreprise (Plan Comptable Général 1982).

La fonction de pilotage de la performance des politiques publiques en matière d'analyse des coûts est dédiée aux ministères, aux responsables de programme etc. L'analyse des coûts instaure un pilotage du type managérial entre piloter les projets d'investissement et valoriser les immobilisations produites, valoriser des stocks de travaux en-cours et calculer le résultat de l'organisation, allouer des ressources à différentes entités réalisant des prestations, en se fondant sur des calculs de coûts moyens de ces prestations etc[19].La mesure de l'analyse des coûts enrichit l'offre d'information de la gestion financière par la performance. Elle renforce le dispositif de responsabilisation et d'autonomisation des gestionnaires publics. René Demeestère précise en substance le système d'analyse des coûts prescrit responsabilise les acteurs sur les coûts et les performances de l'organisation et de ses différentes composantes, en organisant une décentralisation des pouvoirs de décision et un système de suivi des résultats obtenus[20]. Mais au- delà de ces objectifs, à quoi servira l'analyse de coûts dans les organisations publiques particulièrement les États de la zone ?[21].

Les usages possibles

La CAC sert, de manière triviale, à la gestion. La pertinence de cette comptabilité dépend en grande partie de l'adéquation de

[18] Demeestère (R.), 2000, « Que peut-on attendre d'une comptabilité de gestion dans le secteur public ? », *Op. cit.*, p. 34.
[19] Demeestère (R.), 2000, « Que peut-on attendre d'une comptabilité de gestion dans le secteur public ? », *Op. cit.*, p. 35 et suiv.
[20] Ibid.
[21] Burlaud (A.), Gibert (P.), avril 1984, « L'analyse des coûts dans les organisations publiques : le jeu et l'enjeu », Op. cit., p. 95.

l'analyse des coûts aux besoins de l'organisme public piloté. Les usages suscités devraient épouser principalement les vœux des gestionnaires publics, etc.[22].

Le nouveau projet financier réformateur de l'UEMOA est placé sous le sceau de la mesure de la performance et de la gestion budgétaire axée sur les résultats (GBAR). Sous ce rapport, le futur système d'information de gestion des États devrait permettre d'institutionnaliser les pratiques de gestion[23]. L'information comptable diffusée en analyse des coûts offrira aux responsables des programmes les outils rationnels de professionnaliser leur choix de gestion. Les usages gestionnaires attendus permettront d'optimiser et d'exercer de meilleurs choix de politiques économiques et sociales d'une part et d'opérationnaliser un pilotage efficient des politiques publiques d'autre part. Par ailleurs, dans un contexte contraint de rareté des ressources publiques, l'analyse des coûts instiguerait une *cure de jouvence* dans l'allocation par la performance des dotations aux différentes politiques publiques. *Quel rapport s'instaure entre financement et performance* ?[24] Un lien mécanique et déterminé s'établirait entre le financement des politiques publiques et l'excellence des résultats obtenus entre les programmes. La nouvelle stratégie consisterait, à partir de l'analyse des coûts, à faire de la performance la clé de répartition des dotations budgétaires. Autrement, *« (...) la performance des uns est financée sur la moindre performance des autres »*[25].

En comptabilité des coûts, la diffusion de l'information comptable acte la rationalisation du processus de préparation de la loi de finances et informe le Parlement en reconstituant la dépense prévisionnelle complète des actions de politique publique[26]. Elle fournit un baromètre mesuré sur la vie comptable des politiques publiques par *un éclairage utile pour mieux connaitre le poids des actions de politiques*

---

[22] Demeestère (R., 2007, « L'analyse des coûts : public et privé », *Politiques & Management public,* vol. 25 n° 3, p. 108-109.

[23] Lemarchand (Y.), Le Roy (F.), décembre 2000, « L'introduction de la comptabilité analytique en France : de l'institutionnalisation d'une pratique de gestion », *Finance-Contrôle-Stratégie*, vol. 3, n° 4, pp. 83-111.

[24] Biondi (Y.), Chatelain-Ponroy (S.), Sponem (S.), 2008, « De la quantification comptable et financière dans le secteur public : promesses et usages de la gestion par les résultats », *Politiques & Management public,* vol. 26, n° 3, p. 119.

[25] Kott (S.), novembre-décembre 2015, « L'Université et ses finances », *Gestion & Finances publiques,* n° 11-12, p. 20.

[26] Mordacq (F.) (Coord.), *La LOLF : un nouveau cadre budgétaire (...)*, *Op. cit.*,. 328 ; Jacquet (B.), juillet 2006, « L'analyse des coûts des actions de l'État », *Op. cit.*, p. 451

publiques[27]. Elle diffuse enfin de la transparence sur la soutenabilité financière apportée par la comptabilité générale. En effet, *la restitution du volet « coûts « permet donc de refléter le niveau de risque des engagements pris par l'État à un horizon dépassant l'année budgétaire et d'avoir une information sur les engagements de crédits à venir grâce à la prise en compte de l'amortissement des immobilisations*[28].

Finalement, les restitutions analytiques des coûts devraient être pour les États de la zone des instruments de mesure qui cristallisent la performance financière publique. Elles offrent des possibilités pour *estimer, expertiser, calculer, chiffrer ou déterminer la valeur et le coût d'une politique publique. Elles sont une activité métrologique et constituent aujourd'hui une véritable infrastructure qui met en forme, (...), les politiques publiques*[29].

Au sein de la zone, les effets bénéfiques, les usages attendus ne devraient pas cacher la complexité, la technicité de l'outil d'analyse des coûts et la compréhension réelle de la portée des restitutions analytiques (à normaliser) pour les différents destinataires (gestionnaires, décideurs publics, parlementaires), qui en dernier lieu, fondent les pratiques gestionnaires. C'est une nouvelle forme d'expertise technicienne que requiert le maniement, l'usage des produits offerts par la CAC. Les Hauts fonctionnaires de Bercy abondent dans le même sens en soulignant : *la CAC a été assez complexe (...). Les parlementaires ne se sont que très rarement appropriés cette comptabilité jugée trop complexe à appréhender*[30]. Nonobstant, le fait que la mise en œuvre de la CAC soulève des interrogations à la fois théoriques et opérationnelles[31].

Problématique de la mise en œuvre comptable de la mesure de la performance des politiques publiques (PPP)

---

[27] Fouque (V.), Vregille (A.), novembre - décembre 2016, « La comptabilité d'analyse des coûts au sein l'État. Un outil précurseur qu'il faut continuer de faire évoluer », *Gestion & Finances publiques*, n° 6, p. 59.

[28] *Ibid*, p. 60.

[29] Callon (M.), 2009, « Postface : La formulation marchande des biens », *in* F.VATIN, *Evaluer et valoriser : une sociologie économique de la mesure*, Toulouse, Presses Universitaires du Mirail, pp 247-269.

[30] Fouque (V.), Vregille (A.), novembre - décembre 2016, « La comptabilité d'analyse des coûts au sein l'État (...) », *Op. cit.*, pp 60-61.

[31] Gibert (P.), 2012, « La comptabilité d'analyse des coûts de la LOLF: petit jeu et grand enjeu », *in Mélanges en l'honneur du Professeur Alain Burlaud : Comptabilité, société, politique*, Paris, Foucher, coll. « LMD collection Expertise comptable », p. 294

La problématique de la mise en œuvre est de deux ordres. Le premier, à la fois philosophique et théorique pose la fondation d'une normalisation analytique des coûts à inventer autour de la recherche du modèle de la comptabilité des coûts qui épouse les besoins et les réalités internes propres à chaque État membre. Le second, plus pratique ou technique, met en exergue la nécessité de la définition d'un progiciel intégré fonctionnel.

La normalisation comptable

Pilier de tout système comptable, la normalisation vise à codifier le processus de production comptable, les mécanismes de contrôle et de vérification, ainsi que les références sur lesquelles s'appuieront ensuite les utilisateurs de l'information pour prendre leurs décisions[32]. Le procédé de la normalisation analytique des coûts ne peut se faire de manière implacable par un décalque du modèle et des méthodes analytiques spécifiques au secteur privé. Les spécificités publiques sont constantes et rallient un type spécial de normalisation étant donné qu'*il est en même temps nécessaire pour s'assurer que l'on n'est pas en train d'importer d'un secteur des méthodes toutes faites, bien adaptées à celui-ci et qui ne correspondent pas aux logiques d'actions normales de l'autre secteur*[33].

La définition du référentiel analytique des coûts

Normaliser donc la comptabilité par la mesure de la performance impose une nouvelle fabrique de normes, de principes, de règles, de responsabilités à définir. Bref un nouveau modèle de système de valeurs à inventer par chaque État membre en tenant compte des particularités institutionnelles, culturelles et aux nouveaux modes de pensées lolfiennes

- UEMOA. C'est un véritable système de représentation, de valeur par la performance[34] qu'il faut construire à l'échelle nationale. La tache n'est pas mince. La complexité de cette normalisation est une donnée réelle. Elle ne doit pas être un « cosmétique juridique ». Elle doit être un outil au service d'une gestion publique axée sur les résul-

---

[32] Capron (M.), 2005, « Les enjeux de la mise en œuvre des normes comptables internationales », *in Les normes comptables internationales, instruments du capitalisme financier*, Paris, La Découverte, *coll. « Entreprise et Société »*,, p. 82.

[33] Demeestère (R.), 2007, « L'analyse des coûts : public et privé », *Op. cit.*, p. 107.

[34] Capron (M.), 2005, « Les enjeux de la mondialisation des normes comptables », *Op. cit.*, pp. 6 ets.

tats et porteuse d'une ambition modernisée décryptant les enjeux comptables sous-jacents en analyse des coûts. Le choix d'un modèle pertinent peut seul permettre de répondre aux questions que soulèvent l'outil comptable d'analyse des coûts. Que gagnera t- on ? Qu'en fera t- on ? A qui s'adressera t-il ?

Partant du nouveau dispositif juridico-comptable, la réforme s'est fabriquée autour de deux types de normalisation orientés sur des logiques propres. La première *« normalisation »* de type de caisse est l'œuvre d'un référentiel budgetaro-comptable dont sa finalité principale vise à garantir la conformité des autorisations parlementaires à l'exécution budgétaire et à contrôler la régularité des opérations budgétaires. La deuxième vraie normalisation du type patrimonial a pour objectif de restituer une image fidèle, sincère et régulière de la situation financière et patrimoniale. Elle est incarnée par les PCE et les futurs RCNE[35]. La concurrence des deux référentiels comptables en vigueur est inefficiente pour contribuer à une normalisation tournée vers la mesure dela performance.

Le principe demeure la quête d'une nouvelle normalisation analytique spécifique au sein de chaque État membre pour habiller l'outillage d'analyse des coûts. Le chemin à emprunter par les normalisateurs nationaux consisterait à traiter la question des normes comptables, du périmètre de calcul retenu, des états de gestion à produire et de leur périodicité, etc[36].

Les questions techniques

La question des normes comptables et de leur adéquation à l'analyse des coûts traitera des modes de calcul, des méthodes d'imputation des charges et produits en coûts (affectation par destination en lieu et place d'une affectation par nature). C'est le compte de résultat en comptabilité d'exercice qui sert de retraitement à la CAC selon les charges et les produits. Il ne prend pas réellement en compte les possibilités d'une quantification par la performance[37].

Selon la norme n° 12 PCE-UEMOA sur les charges, ces dernières sont sériées sur une base tridimensionnelle : charges de fonctionnement, d'intervention et financières. Les charges de fonctionnement

---

[35] Voir les plans comptables de l'État (PCE) et les futurs recueils comptables nationaux de l'État (RCNE).

[36] Demeestère (R.), 2007, « L'analyse des coûts : public et privé », *Op. cit.*, pp. 103-10.

[37] Manry (E.), février 2008, « Les comptes 2006 de l'Etat français : le compte de résultat », *Revue française de comptabilité*, n° 407, p. 15.

font l'objet d'une classification par nature (achats de biens et services, frais de personnel etc.). Les charges d'intervention liées à la mission de régulateur économique et social de l'État, sont classées par destination (collectivités décentralisées, aux entreprises, aux ménages). Enfin, les charges financières de l'État sont constituées des intérêts de la dette financière et de la gestion de la trésorerie de l'État. Laurent Mériade en conclut clairement : cette classification *« (...) combine à la fois une approche statique (charges par nature) et dynamique de la comptabilité (charge par destination) qui apparaît contre-productive en matière de mesure d'efficience et de performance publique*[38] ».

Du côté des produits fiscaux, la norme 10 PCE-UEMOA détermine la nature des produits issus de l'exercice de la souveraineté de la puissance publique (impôts et taxes assimilées acquis au profit de l'État etc.). Or, le tableau des flux de trésorerie fait apparaître un reclassement des charges et produits par activité (flux de trésorerie liés à l'activité, aux opérations d'investissement, aux opérations de financement). Ce reclassement intégrant *les éléments encaissés et décaissés ne prend en compte qu'une partie de la réalité de la performance et des coûts*[39] de l'organisme public.

La question des normes comptables rejaillit sur les méthodes analytiques d'imputation qui demeurent les socles d'une CAC. Les normalisateurs nationaux devraient privilégier une affectation par fonction des charges et des produits dans le cadre de l'implantation de la CAC au détriment de la primauté du classement par nature ou activité en droits constatés.

La délimitation du périmètre de calcul des coûts pose deux aspects : l'objet et le périmètre proprement. Le premier devra résoudre la question de la diversité des objets comptables analysés : coût des produits ou services rendus aux usagers, coût des programmes ou politiques publiques, coût des fonctions etc. Le second, quant à lui, fixera le contour de l'objet en référence à l'architecture de la nouvelle constitution financière (politiques publiques, programmes, actions) de l'entité État (art. 12 dir. n° 06/2009 portant LOLF-UEMOA).

Selon la nature des situations et des besoins d'information à satisfaire, la modélisation des états analytiques obligatoires à produire devrait viser principalement les attentes des destinataires (managers pu-

---

[38] Mériade (L.), 2017, « Quelle comptabilité publique pour quelle mesure de la performance ? », *in* S. Kott, (dir.), *Droit et comptabilité. La spécificité des comptes publics,* Paris, Economica, coll. « Finances publiques », p. 214.

[39] Ibidem.

blics, responsables de programme, contrôleurs de gestion etc.), les usages attendus et en cohérence avec la démarche de pilotage retenue par les États. À ce titre, on peut donner l'exemple d'un des états de synthèse potentiels en CAC le compte de résultat analytique dont (une fois retenue) le format, la structure, le contenu, la périodicité de sa production (analyses mensuelles, trimestrielles, annuelles etc.) sont à fixer par les normalisateurs des États membres. La comptabilité analytique analyse. Elle doit aussi être capable de fournir une synthèse de ces analyses sous forme d'un compte de résultat analytique qui permette d'apprécier l'équilibre économique d'ensemble de l'organisation : quels sont ces produits ? Quelles sont ces charges ? Les ressources obtenues sur une période permettent-elles de couvrir le coût des ressources consommées sur la même période ?[40]

La définition fonctionnelle du progiciel de gestion intégrée

Si son utilité théorique ne fait aucun doute pour le pilotage des politiques publiques, l'outillage de sa mise en œuvre en terme de système d'information (1) est rendu complexe par la grande variété des situations et objets de coûts à analyser (2)[41].

Notion de système d'information comptable modernisé

Une bonne normalisation comptable (choix efficient du modèle de comptabilité de gestion, définition du référentiel analytique) facilite même la conception d'un système d'information décliné sur un progiciel de gestion. Le système d'information, ensemble organisé de ressources (personnel, données, procédures, matériel, logiciel) permet d'acquérir, de stocker, de structurer, de traiter et de communiquer des informations sous différentes formes.

La nouvelle comptabilité de gestion sera donc une épreuve pour les États de la zone de concevoir un système d'information comptable moderne, unifié et intégré au progiciel comptable Aster en vigueur dans la zone. Si l'option d'Aster est, toutefois, maintenue. Sa réécriture dans une nouvelle version intégrant, de façon complète, le nouveau système comptable dans ses composantes budgétaire, patrimoniale, analytique s'avère être une étape décisive.

---

[40] Demeestère (R.), 2005, Le contrôle de gestion dans le secteur public, Op. cit., p. 145..

[41] Fouque (V.), Vregille (A.), novembre - décembre 2016, « La comptabilité d'analyse des coûts au sein l'État (….) », *Op. cit.*, p. 61.

Intérêt du module analytique du PGI

Dans son volet analytique, la version modernisée d'Aster devra être capable de répondre simultanément aux besoins différenciés des utilisateurs internes par la production d'une information au service de la gestion et des utilisateurs externes par l'offre de productions comptables nécessaires à la communication financière[42]. Il s'agira, par le biais de l'informatique, de traduire comptablement le principe de performance par des fonctionnalités, des modules permettant d'identifier, de retracer les coûts, d'assurer les ventilations et déversements des actions de soutien ou polyvalentes et de générer des offres de gestion CAC (édition des états de gestion et analytiques). Ce travail technique d'ingénierie du progiciel intégré nécessitera une trajectoire graduelle de fiabilisation des restitutions analytiques au regard des différentes anomalies qui seront relevées.

La qualité des états analytiques de gestion trouvera leur pleine justification lorsqu'elle sera déployée dans le cadre du projet de loi de règlement au titre du rendu compte de la gestion et des résultats des programmes (les RAP art. 12 et 51 dir. n° 06/2009/CM/UEMOA portant LOLF-UEMOA)[43]. La juridiction financière disposera d'informations comptables pour examiner les résultats des programmes sur la base de leurs coûts complets et contrôler globalement le rendement et l'efficacité des politiques publiques exécutées. Dans une optique de prospective juridique et à l'instar de la déclaration générale de conformité pour la comptabilité budgétaire, de l'avis de qualité sur la comptabilité générale, de l'avis sur les rapports annuels de performance (art. 51 dir. n° 06/2009), *un avis de bonne gestion et d'efficacité* sur la CAC pourrait être délivré par la juridiction financière. Il servira de quitus sur la qualité de la gestion des ordonnateurs, notamment la bonne exécution de leurs programmes. *Cet avis de bonne gestion* sanctionnerait positivement ou négativement la gouvernance des politiques publiques. On perçoit l'enjeu décisif du système d'information et son apport à la construction d'une quantification comptable et d'un système redditionnel par la performance.

Dans le contexte d'intégration sous-régionale, les économies fragiles de la zone UEMOA font face à deux impératifs cruciaux : *d'une*

---

[42] Guide méthodologique sur le contrôle de gestion, (...) Op. cit, p. 239.

[43] Voir à ce titre, les vœux des pères de la LOLF en faveur d'une CAC comme outil de mesure de la performance, *un vrai « plus » pour la gestion publique*, *in* Rapport au gouvernement LAMBERT (A.) et Migaud (D.), octobre 2006, *La mise en œuvre de la LOLF, (...), Op. cit.*, p. 38 et s.

part, conforter la stabilité monétaire de la sous-région par la stabilité macroéconomique, d'autre part répondre aux objectifs de développement durable *afin de réduire significativement la pauvreté et augmenter le niveau de vie des populations*[44].

Or malgré, la conjoncture externe défavorable : *les chocs d'environnement international, la dépendance des budgets nationaux à l'aide extérieure, le surendettement, les intérêts antagonistes des acteurs et des pays*[45], la nouvelle gouvernance financière publique impulsée par la réforme des finances publiques en 2009 doit cristalliser une gestion budgétaire axée sur les résultats. La nouvelle ère de la gestion par la performance qui est en train de souffler dans l'espace communautaire UEMOA ne peut s'instaurer durablement sans une quantification comptable dédiée. L'offre comptable modernisée en analyse des coûts prend en charge l'axe essentiel de mesure de la performance des politiques publiques. Par l'information financière diffusée, la CAC contribuera à informer sur le degré d'efficacité, d'efficience des nouveaux programmes mis en œuvre. La restitution des analyses de gestion générera aussi des économies de gestion au profit des gestionnaires. *Efficacité, efficience, économie* constituent le trinôme magique de l'impact de la mesure de la performance des politiques publiques. Le succès de cette entreprise constituera un grand bond vers la nouvelle ambition de développement propre aux pays UEMOA : *l'émergence économique*[46].

---

[44] Dufrénot (G.), Houessou (E.), Nonfodji (E., 2007, *Politique budgétaire et dette dans les pays de l'UEMOA,* Paris, Economica, 163 p.

[45] Ibidem.

[46] LO (M.), 2017, *L'émergence économique des nations. Définition et mesure,* Dakar, L'Harmattan-Sénégal, 114 p.

Références bibliographiques

Bezes (Ph.), Sine (A.) (dir.), 2011, *Gouverner (par) les finances publiques*, Paris, Presses de sciences politiques, coll. « Académique », 523 p.

Burlaud (A.), 1983, « La comptabilité de gestion dans les services publics », *Regards sur l'actualité*, vol 1, n° 87, pp. 22-29.

Burlaud (A.), Gibert (P.), avril 1984, « L'analyse des coûts dans les organisations publiques : le jeu et l'enjeu », Politiques & Management public, vol. 2, n° 1, pp. 93- 117.

Castagnos (J-C.), 1987, « Performance et gestion publique : un pari impossible ? », *Économie et société*, n° 12, pp. 141-173.

Demeestère (R.), 2000, « Que peut-on attendre d'une comptabilité de gestion dans le secteur public ? », *Politiques & Management public,* vol. 18 n° 4, pp. 19-45.

Diakite (M.), 1997, *Le défi de l'intégration économique en Afrique de l'Ouest,* Paris, L'Harmattan, coll. « Mémoires africaines », 282 p.

Dufrénot (G.), Houessou (E.), Nonfodji (E.), 2007, *Politique budgétaire et dette dans les pays de l'UEMOA,* Paris, Economica, 163 p.

Harakat (M.), 2011, *Les finances publiques et les impératifs de la performance : le cas du Maroc*, Paris, L'Harmattan, coll. « Finances publiques », 456 p.

Hernu (P.), 2015, *Finances publiques : Une gestion de crise, les outils pour y faire face*, Neuilly-Plaisance, éd. Papyrus, coll. « Finances publiques », 268 p.

Kott (S.), (dir.), 2017, *Droit et comptabilité. La spécificité des comptes publics,* Paris, Economica, coll. « Finances publiques », 520 p.

LO (M.), 2017, *L'émergence économique des nations. Définition et mesure,* Dakar, L'Harmattan -Sénégal, 114 p.

ÉTUDES

Les indices de l'indépendance et de la performance des institutions supérieures de contrôle des finances publiques en Afrique

Mohamed Harakat
Professeur d'économie politique et de finances publiques - Directeur fondateur de la structure doctorale GAMO - Université Mohammed v - Rabat et membre du Comité consultatif international de l'Organisation Panafricaine du CAFRAD - Union africaine

Dans les temps difficiles de crise et de pandémie l'étude de l'indépendance des Institutions supérieures de contrôle des finances publiques (ISC) opérée selon les meilleures pratiques professionnelles d'évaluation revêt ici et maintenant une importance cruciale et capitale.

En effet, l'indépendance des ISC est l'une des exigences les plus fondamentales et capitales pour le fonctionnement efficace de ces institutions. Car elle leur permet de remplir efficacement leurs fonctions de contrôle et de renforcer des bonnes pratiques de gouvernance au sein du secteur public. Si l'indépendance est compromise, cela aura un effet négatif tant sur la lutte contre la corruption et la pauvreté que sur la réalisation des ODD.

L'article 2 de la charte de l'Organisation internationale des institutions supérieures de contrôle (INTOSAI), définit l'ISC, par toute institution publique d'un État ou organisation supranationale, qui – quelle que soit sa dénomination, sa composition ou son organisation –

exerce, en vertu de la Loi ou autre acte formel de l'État ou de l'organisation supranationale, le contrôle supérieur des finances publiques de cet État ou de cette organisation supranationale, et ce de façon indépendante ainsi qu'avec ou sans compétence juridictionnelle.

Paradigmes du contrôle des finances publiques dans les temps difficiles et de pandémie

L'analyse permet, selon la « société d'audit et contrôle », d'apprécier les impacts théoriques et pratiques du contrôle sur le développement économique et social des pays et surtout d'évaluer le lien dialectique entre les ISC et les systèmes de gouvernance ainsi que leur profondeur en termes de leadership stratégique, de l'étendue de la force de l'indépendance et de la fermeté du leadership notamment du président de l'organisme de contrôle et sa capacité de résistance vis-à-vis des influences politiques et ingérences considérant la forte interaction qui existe entre l'environnement culturel, les valeurs dominantes dans la société et le système de reddition des comptes, l'intégrité et la transparence.

Une telle évaluation passe d'abord par le diagnostic de la manière dont les ISC fonctionnent et guident leurs activités de contrôle et ensuite par l'examen des obstacles et des restrictions qui contraignent leur processus d'évaluation des risques de lutte face au fléau de la corruption, du gaspillage des ressources publiques et en face des phénomènes de pauvreté et de marginalisation sociale dans une période marquée par la crise, le sous- équipement des services d'éducation, de recherche scientifque et de la santé.

Dans ce contexte l'étude menée conjointement par le groupe de la Banque mondiale et l'INTOSAI, a permis l'évaluation comparée de la situation d'indépendance des ISC dans 118 pays.

La discussion des résultats de l'étude tels que présentés le 27 juillet 2021 par la technique vision conférence à distance par la présence virtuelle d'un groupe de professionnels et présidents des ISC (USA, Suèd,Jamaica), le directeur du Partenariat budgétaire international à la Banque mondiale, le directeur principal des politiques de l'IBP, a permis de souligner que le statut d'indépendance des ISC contrôlant les finances publiques est préoccupant et insatisfaisant et qu'il y a des efforts importants qui devraient être fournis afin de réaliser les aspirations ambitieuses contenues dans la déclaration de Lima de 1977 sur l'indépendance de ces organes.

En effet, une telle indépendance joue un rôle central dans la promotion de la gouvernance, de la transparence et de la responsabilité grâce à la capacité de mener une évaluation objective des programmes, politiques, processus et résultats du gouvernement pour déterminer si la gestion des finances publiques est fiable et menée de manière responsable et ce dans le but d'établir la confiance entre les divers acteurs sociaux économiques et les citoyens.

L'étude plus particulièrement met l'accent sur l'importance qu'il faudrait accorder à l'indépendance dans le processus de nomination du président de l'ISC et ses capacités de leadership afin qu'elles soient loin des ingérences et des influences politiques.

À cet égard, le rapport souligne que la région de l'Asie du Sud semble être la plus performante dans l'Indice d'indépendance des principales ISC, suivie par l'Europe et l'Asie centrale, l'Amérique latine et les Caraïbes, tandis que le Moyen-Orient et l'Afrique du Nord et l'Afrique subsaharienne sont en bas du classement.

L'étude, qui est le fruit d'un effort collectif des différentes parties prenantes et des organismes de la gouvernance mondiale, reconnaît qu'assurer l'indépendance globale de l'ISCI constitue une condition sine qua non de l'exercice effective de ses missions du fait que lorsque l'lSC jouit d'une indépendance complète (fonctionnelle, structurelle, humaine, financière et technique), elle peut accomplir toutes les tâches qui lui sont confiées et contribuer par conséquent à réduire le gaspillage et l'utilisation abusive des fonds publics, et elle se trouve en mesure de mieux orienter son contrôle vers des champs stratégiques représentant plus de risques dans son processus de lutte contre la corruption, en vertu de la Déclaration de Montevideo de 1998, en vue de contribuer par ricochet à la réduction de la pauvreté et l'évaluation des réalisations des objectifs de développement durable. Cette lutte constitue, en fait, une préoccupation essentielle aussi bien des États que de la communauté internationale du développement.

Les cibles 5 et 6 de l'objectif 16 des ODD précisent la pertinence pour la mise en place d'ISC indépendantes et efficaces permettant de réduire nettement la corruption et la pratique des pots-de-vin sous toutes leurs formes et de mettre en place des institutions efficaces, responsables et transparentes à tous les niveaux.

Méthodologie et objectifs de l'étude

L'étude s'est basée sur de multiples outils internationaux permettent d'évaluer réellement l'indépendance et la performance des ISC, notamment les enquêtes effectuées à l'échelle mondiale par l'INTOSAI (IDI), l'Indice de perception de la corruption (IPC), préparé par *Transparency International*, comme mesure de la corruption dans le secteur public, l'enquête sur le budget ouvert (EBO) du Partenariat budgétaire international (PBI), publiée deux fois par an et qui comprend de nombreuses questions sur le rôle des ISC dans la redevabilité budgétaire ou le rapport de la banque mondiale sur la gestion des finances publiques.

Ces outils ont identifié de graves insuffisances dans l'indépendance et la performance des ISC, ce qui a donné naissance au processus d'évaluations périodiques par les services de la Banque mondiale à l'aide des outils de l'ISC.

Le rapport vise à mieux outiller les équipes de travail de la Banque mondiale et les partenaires de développement en vue d'accompagner le renforcement des ISC dans les pays clients.

Le but consiste à suivre le rôle des ISC dans l'application de la reddition des comptes dans le cadre de l'utilisation des ressources publiques et dans la lutte contre la corruption ce qui permet d'enrichir le débat par le biais de la production d'une information fiable et sincère sur le fonctionnement réel des ISC et de sensibiliser toutes les organisations et parties prenantes de l'importance de l'indépendance de l'ISC et son rôle dans la concrétisation des valeurs et de bonne pratique de gouvernance (évaluation crédible et raisonnable de l'indépendance).

L'évaluation de l'indépendance telle qu'elle conçue par les experts des ISC de la Banque mondiale est de mesurer et de suivre l'indépendance des ISC pour chaque année. Les résultats de l'évaluation mondiale montrent que seuls 2 pays ont obtenu 10 points et ont été considérés comme ayant une très grande indépendance ; 17 pays ont **une grande** indépendance, 33 pays ont **une indépendance substantielle ;** 37 pays ont **une indépendance modérée** et 29 pays ont **une faible** indépendance.

Indices d'évaluation

L'évaluation comprend dix (10) indicateurs basés sur les normes professionnelles internationales d'évaluation et les meilleures pratiques de contrôle interne des ISC (environnement, leadership statut, objet et activités de contrôle, communication). En effet, l'étude repose sur le suivi et l'évaluation de dix (10) indicateurs professionnels pour évaluer le degré d'indépendance dans le travail des ISC qui sont : 1.

Cadre constitutionnel et juridique.2. Transparence dans le processus de nomination du dirigeant de l'ISC.3. Autonomie financière.4. Types d'audits.5. Autonomie fonctionnelle.6. Autonomie en matière de dotation en personnel.7. Mandat des audits.8. Autonomie quant à la portée des audits.9. Accès aux dossiers et à l'information.10. Droits et obligations en matière de rapports d'audit.

Pour chaque indicateur, un score de 1 a été attribué lorsqu'il répondait aux critères globaux de l'indicateur, un demi-score lorsqu'il était partiellement rempli et un point zéro en cas de non-respect des critères, ce qui signifie que le score global serait de 10 si tous les critères ont été pleinement remplis.

Résultats de l'évaluation

Les résultats de l'évaluation mondiale montrent que seuls 2 pays ont obtenu 10 points et ont été considérés comme ayant une très grande indépendance, à savoir l'Afrique du Sud et les Seychelles. ; 17 pays ont une grande indépendance (2e catégorie) parmi lesquels on cite : Argentine, Azerbaïdjan, Brésil, Chine, Colombie, Croatie, Géorgie, Kosovo, Mexique, Népal, Fédération de Russie, Soudan, Turquie et Ouganda., 33 pays (de la 3e catégorie) ont une indépendance substantielle parmi lesquels on mentionne : Maroc, Tunisie, Albanie, Arménie, Bangladesh, Bolivie, Bosnie-Herzégovine, Botswana, Chili, Costa Rica, Ghana, Guatemala, Inde, Indonésie, Jamaïque, Kenya, Malawi, Maldives Monténégro, Pakistan, Paraguay, Philippines, Roumanie, Rwanda, Serbie, Sri Lanka, Uruguay, Ouzbékistan et Zimbabwe.

Quant à la quatrième catégorie ayant une à moyenne d'indépendance modérée, elle comprend 37 pays, dont : Afghanistan, Angola, Cambodge, Djibouti, Équateur, El Salvador, Éthiopie, Gabon, Haïti, Honduras, Irak, Jordanie, Libéria, Mongolie, Mozambique, Myanmar, Nicaragua, Nigeria, Sénégal, Sierra Leone, Tanzanie, Vietnam, Palestine et Zambie.

La cinquième et dernière catégorie du classement, ayant une faible indépendance comprend 29 pays dont la plupart sont africains, dont : Bénin, Burkina Faso, Burundi, Cabo Verde, République Centrafricaine, Tchad, Comores, République Démocratique du Congo, Côte d'Ivoire, Dominique, Égypte, Gambie, Guinée, Liban, Lesotho, Madagascar, Mali, Niger, Panamá, Soudan du Sud, Togo et Yémen.

Leadership et processus de nomination des chefs des ISC

Les principales observations sur chacun des indicateurs portent entre autres sur la transparence dans le processus de nomination du dirigeant de l'ISC. Les nominations au poste de dirigeant des ISC dans plusieurs pays n'ont pas fait l'objet d'un processus ouvert et concurrentiel. Cette pratique a souvent donné lieu à la nomination du dirigeant de l'ISC par des décisions exclusives de la majorité ou du parti au pouvoir, ce qui est susceptible de compromettre l'indépendance de l'ISC.

En l'occurrence, les participants, lors de la présentation des résultats de l'étude, le 27 juillet 2021, se sont concentrés sur cet élément capital de leadership de l'ISC et le degré de transparence qui caractérise le processus de nomination de son chef et s'il se fait à travers un processus ouvert ou concurrentiel c'est-à-dire s'il s'il se fait à travers un concours ou il est caractérisé par l'ambiguïté, en soulignant qu'il existe une faiblesse dans ce domaine et qu'il devrait y avoir un leadership fort pour défendre et adhérer à l'impartialité, nommé sur la base du mérite et de l'efficacité, ce qui renforcerait l'indépendance dans le contrôle des deniers publics. Ils ont également affirmé le rôle que le Parlement, les citoyens et les autres organisations de la société civile devraient jouer pour garantir l'efficacité et la crédibilité de l'intervention de l'ISC.

Pour orienter la correcte notation sur la transparence dans le processus de nomination du dirigeant de l'ISC le guide méthodologique fournit des éléments professionnels et techniques précieux à l'équipe des évaluateurs qui leur permettent de s'interroger si le dirigeant de l'ISC est-il nommé de manière transparente et objective conformément aux prescriptions du cadre juridique ?

En précisant que « la transparence peut également être évaluée à partir de la façon dont la nomination est perçue par l'opinion populaire. La nomination peut être considérée comme entièrement transparente s'il existe des pratiques opérationnelles, telles que i) la confirmation par le législateur ou ii) la sélection par un organe collégial impliquant plusieurs parties prenantes compétentes telles que le chef de l'opposition, un juge de la Cour suprême, une organisation professionnelle ou toute autorité constitutionnelle. Dans ce cas, la note de 1 peut être attribuée. Si la nomination relève entièrement du pouvoir du chef de l'État (le Président ou le Premier ministre) qui désigne le dirigeant en dehors de tout processus concurrentiel transparent formel, la note 0 est attribuée. Si la nomination du dirigeant de l'ISC ne répond pas aux critères pour l'attribution de la note 1, mais qu'elle se fait généralement par l'exécutif à partir d'une liste de candidats aux qualités professionnelles, à l'expérience et à la neutralité avérée, la note 0,5 devrait être attribuée. La question de savoir si la sélection et la nomination du dernier dirigeant de l'ISC ont été faites de manière transparente devrait beaucoup peser dans la note ».

Obstacles, restrictions et défis à l'édification d'une véritable indépendance de l'ISC

L'évaluation des manifestations des indicateurs d'indépendance semble insuffisante, car des aspects importants du travail des ISC ont été négligés. Elles résident dans la qualité et la pertinence des rapports présentés et leur capacité à repérer et à maîtriser les risques liés à la gestion des finances publiques, et s'ils répondent aux aspirations et à la satisfaction des citoyens quant à leur participation efficace à la lutte contre la corruption. Parce qu'il existe généralement un écart profond entre ce qui figure dans les rapports et ce que la société peut attendre ou exiger de ces rapports – Et si les ISC arrivent à avoir une force dans la diffusion des valeurs de gouvernance par le biais du suivi des contrevenants des lois avec l'efficacité et la rapidité nécessaires pour la réparation des dommages et récupérer des fonds détournés.

Les experts de la Banque mondiale ont été prudents en menant leur enquête initiale avec cette évaluation, en se référant à la confrontation d'autres documents disponibles pour assurer la crédibilité et l'intégrité des déclarations faites par les ISC en rapport avec la réglementation et son environnement, surtout lorsqu'il y a un grand écart/significatif entre les structures officielles prévues et les pratiques réelles de contrôle et leur efficacité sur le terrain, en s'appuyant sur d'importantes sources d'information, notamment la mesure de la performance, les rapports budgétaires et des dépenses publiques, la nature de la responsabilité financière et l'audit annuel de ces institutions. L'objectif est de fournir une base de connaissances complète sur les pratiques de gouvernance nationale et mondiale.

Les ISC à travers le monde, malgré leur importance stratégique primordiale pour protéger les finances publiques et leur contribution significative à la lutte contre la corruption et la pauvreté en promouvant la bonne gouvernance, sont confrontées à de nombreuses restrictions, défis et obstacles résidants notamment dans les influences politiques sur leurs activités de contrôle et la faiblesse des garanties qui leur sont accordées dans leur indépendance et leur impartialité pour mener à bien tous leurs travaux de contrôle ainsi que les faibles capacités financières et les moyens matériels et humains qui sont à leur disposition et le manque des compétences supérieures nécessaires auxquels il faut ajouter la faible communication avec le Parlement, la société civile et l'université et surtout la résistance à l'environnement culturel qui empêche l'accomplissement d'une plus grande transparence et de gouvernance dans la lutte contre la corruption dans toute ses manifestations et formes, qui a augmenté de façon alarmante au cours des deux dernières décennies, (conflits d'intérêts fuite illicie des capitaux, évasion fiscale, etc).

L'ISC : un levier de la démocratie, un acquis national à sauvegarder

Malgré leur importance cruciale pour la bonne gouvernance, les ISC sont généralement confrontées à plusieurs problèmes (Banque mondiale, 2015) résidant dans l'influence politique excessive pouvant sérieusement compromettre leurs capacités à remplir efficacement leur mission à laquelle il faut ajouter le manque en leur sein des compétences de haut niveau adéquat et bien formées et ainsi que l'interaction limitée avec le parlement et la faiblesse de la communication avec les services contrôles qui peuvent limiter la redevabilité de l'administration publique.

L'étude conclut qu'il reste beaucoup à faire pour réaliser les aspirations des ISC jouissant d'une indépendance totale conformément aux recommandations internationales de l'INTOSAI et aux meilleures pratiques professionnelles en évaluation.

Les résultats montrent également qu'il y a 56 pays qui ne mènent pas de contrôle de performance, malgré le fait que ce dernier est la base d'évaluation des programmes gouvernementaux en matière d'efficience et d'efficacité et que la tendance des gouvernements s'inscrit dans le processus de réalisation des objectifs de développement durable qui peut représenter un outil pertinent de suivi et ce pour parvenir à rendre compte des répercussions de la pandémie de Covid-19 sur l'engagement des dépenses d'urgence à préoccupant fortement l'opinion publique.

Par ailleurs le rapport constate qu'il existe une corrélation plus forte entre le niveau d'indépendance de l'ISC et l'état d'indice sur le budget ouvert (OBI), tel que défini par l'International Budget Partnership (BPI), constituant un indice mondial indépendant et fiable dans l'évaluation comparée de la transparence des budgets gouvernementaux. Ce constat indique que la transparence et l'ouverture du budget ont un impact significatif sur l'indépendance de l'ISC.

En définitive, les experts considèrent que l'indépendance des ISC est une question de biens communs où toutes les parties seront appelées à contribuer au renforcement des capacités de ces institutions et à soutenir leur indépendance. Cela comprend le gouvernement (le ministère des Finances), la fonction publique, le parlement, les entreprises, les citoyens, les organisations de coopération internationale (Banque mondiale INTOSAI), les médias et les organisations de la société civile ainsi que le personnel de l'ISC elle-même.

L'objectif est de dissiper les craintes quant à l'indépendance limitée dans le contrôle de l'argent public, l'immunisation contre le gaspillage et la corruption, la lutte contre la pauvreté et la réalisation d'un développement global. C'est une tache de longue haleine qui peut nécessiter des années de travail sans relâche de la part de nombreux partenaires. Il s'agit d'un objectif à long terme, qui nécessite l'adoption de multiples plans d'action consistant à investir massivement dans l'apprentissage de la complexité par le biais de la pratique et la consolidation des capacités dans toutes les institutions voisines de contrôle et de reddition des comptes. L'ISC devient ainsi un levier fondamental de la démocratie donc un acquis national qu'il faudrait le sauvegarder et le développer dans tous les pays du monde.

Le Maroc et le processus d'intégration financière régionale en Afrique : credo incantatoire ou réalité prométhéenne ?[1]

Samih Hamdaoui
Enseignant chercheur, FSJES - Salé Université Mohammed V-Rabat

Résumé

L'intégration financière du Maroc en Afrique est tributaire de l'ancrage durable de l'engagement politique à travers la mise en place de projets d'investissement régionaux, notamment dans l'infrastructure, et sur le plan institutionnel par le renforcement des institutions régionales. En effet, elle progresse au moyen d'activités bancaires transfrontières et au développement des marchés des capitaux et de l'infrastructure financière.

Mot-clés : intégration, financière, croissance, région.

Abstract

Morocco's financial integration in Africa depends on the sustainable anchoring of political commitment through the establishment of regional investment projects, particularly in infrastructure, and on the institutional level through the strengthening of regional institutions. It

[1] Contribution au XVIIème Colloque International, sous le thème : « Gouvernance et situations de fragilité », organisé par The Association for Middle Eastern Public Policy and Administration (AMEPPA), La Revue Marocaine d'Audit et de Développement (REMA), Le Centre International des Etudes Stratégiques et de Gouvernance Globale (Global Governance Center), Université Mohammed V- Rabat- « l'équipe de recherche «Gouvernance de l'Afrique et du Moyen–Orient» et L'AMEEPA en partenariat avec l'Institut des Études Africaines, l'Institut Mandela, l'Alliance pour Refonder la Gouvernance en Afrique (ARGA), et l'AMLOG avec le concours de la Fondation Allemande Hanns Seidel, les 23 et 24 février 2018 à Marrakech.

is advancing through cross-border banking and the development of capital markets and financial infrastructure.
Keywords: financial integration, growth, region.

De prime abord, je tiens à exprimer ma sincère gratitude au Professeur Mohamed Harakat le directeur de la Structure doctorale « Gouvernance de l'Afrique et du Moyen – Orient » (*GAMO*) et de la Revue Marocaine d'Audit et de développement (*REMA*) et à l'aimable assistance pour sa présence et sa bienveillance.

Ce n'est pas une utopie, le Maroc tente de se repositionner dans l'espace géopolitique africain. En effet, il est bien parti pour emporter l'Afrique à tous les niveaux économique, géostratégique et même religieux. Le pari est aussi ouvert en matière d'intégration financière malgré l'absence de règles claires qui encadrent l'adhésion du Maroc à la Communauté Économique des États d'Afrique de l'Ouest (*CEDEAO*.

L'intégration financière s'entend comme étant un processus de renforcement des interactions entre systèmes financiers nationaux, intervenant tant au niveau global que régional à travers l'assouplissement des restrictions aux mouvements de capitaux, l'adoption de la convertibilité intégrale des monnaies et l'élimination des contrôles sur les mouvements de capitaux. Ces mesures permettront aux entreprises et aux particuliers d'accéder aux marchés des capitaux étrangers et d'augmenter les ressources disponibles pour le commerce et l'investissement.

Ainsi, la création de larges espaces financiers favorise l'allocation régionale et globale de l'épargne et du crédit en faveur des investissements les plus productifs. Par ailleurs, la réduction des coûts des transactions financières et l'accroissement de l'offre de financements disponibles constituent un facteur déterminant du développement économique.

Dans un rapport réalisé par le Département Recherche et Développement sur le développement en Afrique en décembre 2014, la Banque Africaine de Développement (BAD)[2] a soulevé que « *l'intégration financière en Afrique progresse grâce aux activités bancaires transfrontières et au développement des marchés des capitaux et de l'infrastructure financière* ». Le même rapport révèle que

---

[2] La BAD est le premier bailleur de fonds du Maroc dans des domaines comme l'eau, les énergies renouvelables et la gouvernance, entre autres.

l'exploitation des opportunités offertes par l'intégration financière régionale pourrait favoriser le développement du secteur financier et la croissance économique du continent.

Comme l'écrit le professeur Gaston Bachelard : « *Il n'y a pas de phénomène simple, le phénomène est un tissu de relation* »[3]. L'intégration financière n'est pas un bric-à-brac hétérogène, ni un régime totalement sui generis et ésotérique. On se trouve face à un tissu de relations financières qui puise ses fondements et sa logique dans les notions d'intégration, d'ambition synthétique, d'afflux civilisationnel variés dont la diversité est porteuse de complémentarité et non point de discordance et de cacophonie.

C'est un truisme de dire que les expériences d'intégration régionale de l'Union Européenne, de l'Asie de l'Est et d'autres régions ont accordé une importance particulière à l'intégration financière régionale afin de promouvoir leur commerce régional et réaliser la croissance économique[4]. Pour le Maroc, doit-on créer les conditions favorables au renforcement des facteurs essentiels[5] et des critères économiques[6] définissant l'intégration financière régionale.

Le surgissement du processus d'intégration financière du Maroc en Afrique, fulgurant et significatif de l'air du temps, nécessite une méthode élémentaire. Dire, tout d'abord, les opportunités de celle-ci, puis les répercussions sur le secteur financier et la croissance économique en Afrique.

---

[3] Gaston Bachelard, *Le nouvel esprit*, PUF, Coll. Quadrige, 2013 (1ère édition 1934), p.182

[4] Nawal Zejjari, *L'intégration régionale en Afrique*, Thèse de Doctorat en droit public, 2016-2017, Institut des Études Africaines, Université Mohammed V-Rabat, p. 220.

[5] Tels que la division régionale du travail, la mobilité des biens et services et le traitement préférentiel accordé aux biens et facteurs des pays membre de la zone africaine. Par ailleurs, on peut considérer le processus d'intégration comme un phénomène social complexe de nature dialectique dont le contenu économique doit refléter la signification politique qui est la base de ce processus. Toute alliance politique ou économique représente deux éléments inextricables et indissociables d'un même processus de développement.

[6] Selon la couverture géographique (sous-régionale, régionale, inter-régionale voir mondiale), le degré de participation économique (partielle, sectorielle ou totale) et selon la méthode d'intégration des économies nationales (positive ou négative, spontanée ou imposée).

Les opportunités d'intégration financière du Maroc en Afrique : des moyens institutionnels, humains et organisationnels en marche

En 1995, le professeur Yves Aoulou avait relevé que l'Afrique est un continent rentable pour qui sait y investir[7]. L'élargissement du marché financier marocain en Afrique est une opportunité à saisir pour les institutions financières marocaines.

Dans ce dessein, trois grands groupes bancaires marocains sont implantés dans plusieurs pays africains. Il s'agit de la Banque Marocaine du Commerce Extérieur (BMCE) en activité dans 18 pays, Attijari Wafa Bank en activité en 12 pays et la Banque Centrale Populaire (BCP) en activité en 11 pays africains.

La conquête financière de l'Afrique s'articule autour de l'adhésion du Royaume du Maroc à la Communauté Économique des États d'Afrique de l'Ouest (CEDEAO). Cette adhésion est tributaire d'une libre circulation des personnes et de la mise en place des investissements réciproques ainsi que l'unification de la monnaie et de l'assouplissement des règles tarifaires.

Après l'accord du principe des 15 chefs d'États membres lors du 51ème sommet de la Communauté économique des États d'Afrique de l'Ouest (CEDEAO) pour l'adhésion du Maroc à Manrovie les 3 et 4 juin 2017, le président de cette communauté M. Marcel

De Souza a déclaré que le Maroc est en mesure de renoncer à sa monnaie nationale dès que les pays membres de la CEDEAO adoptent une monnaie unique.

En outre, le président de la CEDEAO a affirmé que cette dernière n'a aucune raison d'exister sans adopter une monnaie unique. En d'autres termes, comme disait le feu Driss Ben Ali réformer ou périr[8]. L'ethnicité industrielle et la morale bancaire l'exige.

La réforme du système financier est en marche au Maroc. La promotion des marchés financiers, des capitaux et le financement durable a couvert 74 % des investissements du Maroc dans 46 pays africains, depuis le lancement du pôle financier Casa Finance City (CFC) qui regorge plus de 144 entreprises financières à la fin du mois de septembre 2017.

---

[7] Aoulou Yves, « *L'Afrique, continent rentable pour qui sait y investir* », Le Nouveau Siècle: Revue de Stratégie, Novembre 1995, n° 19, p. 75.

[8] Ben Ali Driss, « Réformer ou périr », Le Nouveau Siècle : Revue de Stratégie, Novembre 1995, n° 18, p. 7.

En bonne logique, lors du 52ème sommet des chefs d'États membres de la CEDEAO à ACCRA le 21 février 2018, afin de créer un effet d'entrainement, quatre Chefs d'États membres du groupe de travail sur la monnaie unique[9] ont manifesté leur accord de principe d'intégrer le système de monnaie aux autres sept pays membres qui n'y ont pas adhéré[10]. L'intégration financière est conditionnée par des critères de convergence, notamment le maintien d'un taux stable d'inflation, la réduction de la part des salaires dans le budget de l'État, l'équilibre budgétaire et du solde de la balance des paiements et des transactions courantes.

Ces critères sont difficiles à concrétiser car ils ne prennent pas en compte les réalités financières et socioéconomiques des pays membres. Doit-on revoir ces mesures draconiennes ?. Une approche plus souple s'impose afin de réussir l'union monétaire africaine.

En fait, l'adoption depuis le 15 janvier 2018 du mécanisme de change flexible par les autorités financières marocaines justifie le déterminisme du Royaume à intégrer la CEDEAO et son profond attachement à la patrie mère. À cet effet, doit-on rappeler que depuis l'an 2000 les échanges commerciaux du Maroc avec la Communauté économique des États de l'Afrique de l'Ouest (CÉDÉAO) n'ont cessé de s'accentuer, enregistrant ainsi 10, 3 MMDH en 2017 contre 1, 5 MMDH en 2000. Le solde commercial excédentaire en faveur du Maroc avec l'organisation intergouvernementale ouest-africaine est passé de 0, 2 MMDH en 2000 à 8, 5 MMDH en 2017, ce qui reflète l'accroissement des investissements directs à l'étranger des entreprises marocaines. En effet, les exportations du Maroc à la CEDEAO ont connu une augmentation notable, passant de 2. 8 MMDH en 2008 à 9. 4 MMDH en 2017. Les importations ont progressé en 2011 pour s'établir à 2, 7 MMDH, avant de s'inscrire en baisse à 0. 8 MMDG en 2017.

Par ailleurs, l'assouplissement des règles tarifaires s'est concrétisé à travers des conventions tendant à éviter la double imposition et à prévenir l'évasion fiscale en matière d'impôt sur le revenu et des accords de coopération et d'encouragement de la protection des investissements ont été conclues entre le Maroc et l'Éthiopie, Rwanda, la Ré-

---

[9] Il s'agit des présidents du Nigéria, Niger, Côte d'Ivoire et du Ghana.

[10] Actuellement, 8 pays que sont le Bénin, Burkina-Faso, Niger, Sénégal, Côte d'Ivoire et le Togo partagent le Franc de la Communauté Financière Africaine le CFA, émis par la Banque centrale des États d'Afrique de l'Ouest. Cette monnaie a été instituée par le décret français n° 45-0136 du 25 décembre 1945 fixant la valeur de certaines monnaies de territoires d'outre-mer des pays francophones,

publique unie de la Tanzanie, la République fédérale du Nigéria, la Zambie, la République de Ghana et le Soudan Sud[11].

L'intégration financière régionale du Maroc en Afrique : un véritable levier du secteur financier et de croissance économique

L'intégration financière du Maroc en Afrique doit franchir trois étapes élémentaires : l'union douanière, le marché unique puis l'union monétaire.

Certes, l'intégration financière régionale aurait pour conséquence l'amélioration des systèmes de paiement et un renforcement d'une régulation financière encore naissante, mais il fallait veiller à l'équilibre entre les objectifs de stabilité et de sécurité des réglementations afin d'assurer la stabilité financière et surmonter les risques de règles trop contraignantes et les conditions de mise en œuvre les *plus désavantageuses.*

L'intégration financière du Maroc en Afrique permet d'allier trois avantages. Les revenus exemptés seraient particulièrement élevés à condition que l'intégration permette de relever les défis de la faible taille des marchés et le niveau élevé des coûts de l'indétermination financière. Ensuite, l'union monétaire exige la redéfinition du cadre de gestion des politiques macroéconomiques ce qui simplifie le contrôle du système bancaire, immunise les systèmes financiers alliés et amortit les chocs au moyen du partage des risques. Enfin, dans un souci de convergence, il s'agit d'un processus d'intégration régionale et globale. Le premier aspire à garantir au niveau régional une meilleure allocation de l'épargne et une plus grande efficience du système financier, alors que le second se fixe sur la mobilisation de l'épargne internationale nécessaire pour répondre aux besoins de financement à long terme.

Indubitablement, l'intégration financière globale du Maroc en Afrique pourrait contribuer à combler le besoin de financement des pays en développement en matière d'infrastructure, de l'éducation et de la santé, tandis que l'intégration régionale permettrait d'améliorer l'allocation du capital, de bénéficier d'économies d'échelle et de diffuser les capacités et les savoir-faire.

À hue et à dia, le processus d'intégration financière du Maroc en Afrique peut produire des effets opposés et contradictoires.

[11] B. O. n° 6606 du 21 septembre 2017, pp. 1010-1027.

L'intégration régionale expose l'économie à des turbulences des marchés de capitaux internationaux et à la volatilité du marché de change qui peut affecter les équilibres macroéconomiques. Une augmentation des taux d'intérêt, afin de contrôler les pressions inflationnistes, fait apprécier la monnaie nationale en termes nominal et réel ce qui pourrait générer des déficits du compte courant. La libéralisation des mouvements de capitaux peut provoquer un accroissement des flux de capitaux sur la croissance économique et notamment sur la compétitivité à l'échelle internationale, la stabilité économique ainsi que le système financier. De ce fait, la relation entre l'intégration financière et la croissance économique doit faire l'objet d'un intérêt particulier.

D'aucuns affirment que les conséquences de l'intégration financière sur la croissance économique sont positives et donc, les pays africains doivent manifestement s'engager dans un processus d'ouverture financière afin de stimuler l'économie réelle.

L'intégration financière favorise la croissance économique grâce aux « *effets de spillover* » associés aux Investissements Directs Étrangers (IDE). L'afflux des IDE est susceptible d'entrainer un transfert de technologies, la spécialisation dans la production, l'allocation du capital et par conséquent de stimuler la croissance économique. Cette relation positive n'est valable que sous certaines conditions c'est-à-dire que les pays doivent lever certaines restrictions pour stimuler l'économie réelle.

Dans ce cadre, deux aspects particuliers peuvent être envisagés. D'abord, éliminer les obstacles aux activités infrarégionales, ensuite contenir le degré d'intégration financière pour refléter l'image concrète et authentique du pouvoir des institutions financières ainsi que la volonté et l'engagement des gouvernements à l'intégration.

Conclusion

Les pays africains doivent se fixer des objectifs communs pour harmoniser leurs marchés financiers et dynamiser leurs économies. Les mécanismes et les moyens pour y parvenir sont laissés à la libre initiative des États souverains. L'effervescence ostensible qui s'est emparée du secteur financier a entamé un groupe d'alliances et d'investissements pour développer l'offre financière nationale et préparer son invasion continentale. Le vieux rêve qui fait peur à l'Europe est celui de construire et de former sa propre élite. Indubitablement, nous sommes sur la bonne voie pour y parvenir.

Le secret du changement, comme disait Socrate, c'est de concentrer toute son énergie non pas pour lutter contre le passé, mais à construire l'avenir.

ÉTUDES

Impact d'une démarche d'intelligence territoriale sur le développement et la bonne gouvernance d'une localité

Hamid Aït Lemqeddem
Enseignant – Chercheur à l'ENCG Kenitra

Driss Chouay
Chercheur à l'ENCG Kenitra

Résumé

L'intelligence territoriale à travers une approche de développement endogène utilise des outils et méthodes pour faire face aux défis économiques, sociaux et politiques. Cette démarche d'intelligence territoriale permet à travers ce développement de satisfaire les besoins des différents acteurs en s'appuyant principalement sur la participation des acteurs et la bonne gouvernance. De même, cette démarche d'intelligence territoriale répond aux exigences de développement durable et la bonne gouvernance. Ce qui permet alors de mettre fin aux vulnérabilités et fragilités existantes.

Mots-clés : territoire, intelligence territoriale, gouvernance, développement
durable.

Abstract

Territory intelligence through an endogenous development approach uses tools and methods to deal with economic, social and political challenges.This territorial intelligence approach allows, through this development, to satisfy the needs of the various actors, relying mainly on stakeholder participation and good governance. Likewise, this territorial intelligence approach meets the requirements of sustainable development and good governance. This helps to put an end to existing vulnerabilities and weaknesses

Keywords: territory, territory intelligence, governance, sustainable development.

Introduction

Dans un environnement instable et une mondialisation accrue des économies, le retour au local peut être une alternative pour faire face aux défis économiques, sociaux et environnementaux, selon le slogan « penser global et agir local ».

Cet intérêt pour le local nécessite certes une démarche. D'où le recours à l'intelligence territoriale (IT) comme démarche de développement et d'émergence territoriale.

L'intelligence territoriale dans les diverses approches a pour objectif de développer le territoire et par conséquent faire face aux fragilités existantes.

Dans cet article, nous étudions le lien étroit entre IT et développement durable

d'une part, et d'autre part le lien avec la gouvernance.

Pour cela, un aperçu sur les approches de l'IT est présenté après avoir passé en revue les définitions des deux termes principaux : le territoire et l'intelligence territoriale.

C'est quoi une démarche d'intelligence territoriale (IT) ?

Deux approches principales de l'IT : la première définit l'IT comme une simple

application de l'IE au niveau de territoire. Le dispositif de l'IT doit selon Porter :

« améliorer les performances des entreprises installées localement ; permettre l'émergence de nouvelles entreprises ; attirer des investisseurs étrangers sur le territoire (citée par Ludovic François).

La seconde vision de l'IT considère le territoire comme un lieu de l'émergence d'une nouvelle conception de la gouvernance.

Avant d'approfondir ces deux conceptions, la définition du concept de territoire

s'impose.

Notions fondamentales

Qu'est-ce que c'est le territoire ?

Qu'est-ce que c'est l'intelligence territoriale ?

Notion de territoire

Le concept de territoire se trouve au centre de plusieurs disciplines il en découle une multitude de définitions. L'importance de ce terme émane des enjeux que joue le territoire pour les acteurs. Il est en premier lieu un espace géographique et un ensemble des représentations.

Une autre dimension à ne pas oublier est celle des relations entre les acteurs.

Le territoire n'est plus considéré comme un simple espace géographique. Il prend plus d'importance vue ses dimensions matérielles, identitaires et organisationnelles.

C'est un système dynamique complexe, aussi un espace ouvert qui se construit socialement à partir de l'identification de problèmes communs et à partir de l'appropriation et la transformation des ressources du territoire qui ne sont pas encore valorisées. (Fath) (Réf. 1)

Pour Le Berre (M), « le territoire est la portion de surface terrestre appropriée par un groupe social pour assurer sa production et la satisfaction de ses besoins vitaux » Encyclopédie de Géographie, 1992.

Le territoire se définit par ce dont il est capable : un lieu social de proximité se construisant pour concevoir horizons et projets (...) Et le territoire, loin d'être un domaine de repli, est appelé à être un espace de relations et d'ouverture instituant sa cohérence propre et son lien avec le monde.

L'effet de proximité (cognitive, institutionnelle, organisationnelle) qui caractérise le territoire aide à créer la confiance et concourt à la visibilité des enjeux, des initiatives et des porteurs (...) Lieu de ressources humaines, il devient donc un site privilégié de constitution du capital social. Par-là, il sera la base de la gouvernance de demain (Courlet, 2003).

Pour Pélissier, le territoire joue un rôle plus important en tant qu'un espace construit (savoir, compétence, organisation) dans le développement.

En effet, les firmes dans leurs choix de localisation sont tournées vers le territoire qui leurs offre les ressources technologiques dont elles ont besoin.

Comme le souligne Jean Menville, ce qui importe aujourd'hui est « l'émergence de territoires comme « acteurs » du développement, à savoir le fait que les facteurs de dynamisme résident aussi dans des avantages compétitifs que ces territoires ont su créer, ou recréer, en vue de leur propre développement » (1999, p. 5), cité par Pélissier).

La création des ressources construites ne peut se faire sans démarche d'intelligence territoriale.

Définitions de l'intelligence territoriale

Le concept de l'intelligence territoriale a plusieurs définitions qui varient selon

l'approche de chaque auteur :

- Bertachini définit l'IT « un processus informationnel et anthropologique, régulier et continu, initié par des acteurs locaux physiquement présents et/ou distants qui s'approprient les ressources d'un espace en mobilisant puis en transformant l'énergie du système territorial en capacité de projet. De ce fait, l'intelligence territoriale peut être assimilée à la territorialité qui résulte du phénomène d'appropriation des ressources d'un territoire puis consiste dans des transferts de compétences entre des catégories d'acteurs locaux de culture différente. » (Bertacchini, 2004).
- pour Girardot, l'IT concerne « tout le savoir multidisciplinaire qui améliore la compréhension de la structure et des dynamiques des territoires » (Girardot, 2002).
- pour Herbaux l'IT Permet « une évolution de la culture du local fondée sur la collecte et la mutualisation entre tous ses acteurs des signaux et informations, pour fournir au décideur, et au moment opportun, l'information judicieuse » (Herbaux, 2002).
- Dumas Rapproche « l'intelligence territoriale en tant que processus cognitif et d'organisation de l'information, et le territoire en tant qu'espace de relations significatives » (Dumas, 2004).

- Ou encore l'intelligence territoriale ne saurait se limiter et à être réduite à une démarche de veille mais, relève plutôt d'une logique de projet du type 'Bottom up' qui va tenter de diffuser les éléments d'une attitude pro-active ou d'anticipation des risques et ruptures qui peuvent affecter le territoire(Bertachinii etdeprez) (Réf1 1).

Ces diverses définitions montrent que les approches d'intelligence territoriale

Peuvent être décrites en deux principales.

La première est celle qui aborde de l'IT comme une application de l'intelligence économique au territoire. Par contre, la seconde considère l'IT comme une conception de développement endogène du territoire.

L'IT comme déclinaison de l'intelligence économique (IE)

L'intelligence économique (IE) est l'action de définir, recueillir, analyser, et diffuser des informations sur les produits et services, les clients, les concurrents ainsi que sur le travail, les finances, la fiscalité, et d'autres aspects de l'économie d'une nation ou du système économique international, utiles pour aider les gestionnaires et les cadres d'une entreprise à prendre des décisions stratégiques.

Dans le contexte de la concurrence accrue et de la mondialisation, la pratique de l'IE s'est développée aussi bien au niveau des entreprises qu'au niveau de la nation.

L'intelligence économique s'inscrit alors dans un processus d'anticipation des risques et menaces de différentes sortes pour l'entreprise. Pour l'État, il s'agit de protéger les secteurs stratégiques clés par une IE. Pour cette approche, le territoire n'est pas « un espace d'application d'une politique déconcentrée d'intelligence économique ».

> Il s'agit tout simplement de l'intelligence économique appliquée au territoire. Selon ce courant « la guerre économique est une guerre qui ressemble à toutes les guerres. Un peuple est d'autant plus motivé à se battre lorsqu'il défend sa terre nourricière. ... Le patriotisme naît de l'enracinement, du rapport à un environnement géographique bien défini » (Harbulot, 1992).

La nation se trouve au centre de cette approche et le territoire n'est qu'une partie de la nation.

Cette approche trouve dans la concurrence accrue sous les effets de la mondialisation et l'ouverture des frontières, une nécessité de l'intelligence économique pour chaque nation. L'État à un rôle a joué dans cette configuration. Un interventionnisme étatique est ainsi demandé et ce pour infléchir les relatons économiques au profit des entreprises nationales. En effet, l'État est dans une nécessité à adopter une politique d'intelligence économique dans son champ d'application au niveau national, local ou au niveau d'une entreprise. L'intelligence économique ne se réduit pas à une veille stratégique, elle a un champ d'intervention plus large.

Deux volets peuvent être associés à cette intelligence économique : un volet offensif et un autre défensif. Ce dernier permet de faire face aux différentes menaces et risques. Parallèlement à ce volet, la politique d'intelligence doit veiller à la compétitivité des entreprises et de la nation. Cela se traduit par la pratique de la communication d'influence. Le territoire est donc l'espace d'application de cette démarche d'intelligence économique contrairement à ce que proposent les défenseurs de l'approche ascendante de l'IT.

L'approche ascendante de l'IT

Le territoire est un espace complexe avec des dimensions diverses. La mondialisation lui a donné une place déterminante. Outre les ressources matérielles (terre, main - d'œuvre et capital) le territoire dispose d'autres ressources construites (savoir, compétence, organisation) qui lui permet de jouer un rôle plus important. C'est ainsi que le territoire développe un avantage concurrentiel qu'il faut exploiter .Les entreprises dans leurs localisations considèrent la qualité de territoire dans leurs choix d'implantation. Elles ne se limitent plus aux équipements de base concernant les infrastructures, mais elles s'intéressent bien aux compétences et le savoir existant dans le territoire.

Comme le souligne Jean Menville, ce qui importe aujourd'hui est « l'émergence de territoires comme « acteur » du développement, à savoir le fait que les facteurs de dynamisme résident aussi dans des avantages compétitifs que ces territoires ont su créer, ou recréer, en vue de leur propre développement » (1999, p .5).

Partant de l'hypothèse qui affirme le caractère endogène de développement territorial ou les différents acteurs jouent un rôle déterminant. Dans cette posture, la logique de coordination hors marché, de coopération permet une mutualisation et donc une valorisation de connaissances jusque-là éparpillées.

Pour Girardot, les systèmes communautaires d'IT (SCIT) doivent « favoriser le partage d'informations au sein d'un partenariat de développement territorial »,

« instrumenter l'analyse coopérative des données et l'interprétation participative des résultats » et enfin « introduire la participation citoyenne dans le processus d'élaboration de la décision ». Bertachini assimile, l'IT à « un phénomène d'appropriation de ressources d'un territoire puis de transfert de compétences entre des catégories d'acteurs locaux et cultures différentes ». Au cœur de cette approche, le développement durable se trouve au centre de l'IT avec ses principes reconnus et qui confirment la démarche d'IT qui est essentiellement orientée vers les acteurs, donc fondée sur l'accessibilité des technologies de l'information et la coopération des acteurs.

Dimension d'IT

Nous nous intéressons dans notre étude de l'intelligence territoriale à cette approche ascendante dont la dimension gouvernance et participation se trouvent au centre de cette construction

Gouvernance

Gérer le territoire local pour garantir son émergence et son développement et répondre aux besoins des différents acteurs locaux ne peut se faire sans une bonne gouvernance. La gouvernance locale dans le contexte économique et social contemporain implique la conjonction des efforts des acteurs locaux dans la dynamique de création de la richesse et ce pour assurer un développement harmonieux.

Les acteurs dans cette optique se trouvent dans l'obligation d'adopter une perception de solidarité et de partenariat et s'éloigner d'une vision de la concurrence.

Cette implication des acteurs dans le processus décisionnel implique une démarche d'information et de communication qui doit être implanté pour une bonne gouvernance.

« La gouvernance n'est donc pas une configuration de coordinations strictement économiques ou strictement sociopolitiques : elle est une combinaison de ces dimensions, caractérisée par une densité variable des interactions entre les trois catégories d'acteurs » (Gilly et Perrat, 2003).

En effet, la gouvernance locale est « un processus de mise en compatibilité de plusieurs proximités institutionnelles unissant des acteurs (économiques, institutionnels, sociaux...) géographiquement proches, en vue de la résolution d'un problème productif ou de la réalisation d'un projet local de développement » (Gilly et Perrat, 2003).

Cette gouvernance locale met l'accent sur la nécessité de la participation des acteurs locaux, une autre dimension importante de l'intelligence territoriale.

Participation

Dans le contexte actuel caractérisé par une forte présence de l'État, la participation est une dimension très souhaitée.

La participation peut être encouragée du point de vue politique vu que la participation des citoyens dans la chose politique est de plus en plus en régression. Elle peut être aussi abordée comme un principe de l'IT. Le développement endogène d'un territoire fait appel nécessairement aux acteurs territoriaux. En effet, le processus de décision nécessite la participation des acteurs. Cette participation repose sur les principes suivants :

- ouverture,
- responsabilité,
- efficacité et cohérence.

Elle se base selon Girardot sur la communication et donc sur l'information. « La participation se base nécessairement sur la communication, donc sur l'information sous une forme interactive. Les technologies de l'information et de la communication constituent de ce point de vue au moins un instrument, au mieux un puissant vecteur de la participation. Cette dernière se fonde notamment sur l'accessibilité de l'information, c'est-à-dire sur la capacité que les acteurs - au sens large les citoyens - ont d'accéder aux contenus d'information et donc aux technologies de l'information. » (Girardot) (ref 21). La démarche d'intelligence territoriale propose une panoplie des outils qui permet la mise en œuvre de cette participation.

Impacts de l'intelligence territoriale

Agir localement a les vertus de développer le territoire avec la participation des acteurs locaux (en amont et aval) et la satisfaction de leurs besoins. Cette action locale à travers une démarche d'IT fait appel principalement à la bonne gouvernance et permet un développement durable. Ce qui améliore la condition de vie de la population et lui permet aussi de faire face aux vulnérabilités.

Exigences de la bonne gouvernance

L'intelligence territoriale dans ses multiples dimensions est en bonne liaison avec les fondements de la bonne gouvernance. « La gouvernance territoriale peut ainsi être définie comme un processus dynamique de coordination (hiérarchie, conflit, concertation) entre des acteurs publics et privés aux identités multiples et aux ressources (au sens très large : pouvoirs, relations, savoirs, statuts, capitaux financiers) asymétriques autour d'enjeux territorialisés (i) visant la construction collective d'objectifs et d'actions en (ii) mettant en œuvre des dispositifs (agencement des procédures, des mesures, des connaissances, des savoir-faire et informations diversifiées) multiples qui reposent sur des apprentissages collectifs et participent des reconfigurations/innovations institutionnelles et organisationnelles au sein des territoires [considérés comme des systèmes et des représentations] » (Rey- Valette et al., 2010).

Cette définition de la gouvernance met en avant :

- qu'elle est un processus ;
- la coordination entre les différents acteurs ;
- la mise en place des dispositifs ;
- les enjeux de territoire.

Ces éléments doivent se réaliser dans le cadre d'un territoire bien entendu..

L'élément - clé de cette gouvernance est l'acteur (public ou privé). C'est un élément fédérateur de toutes les actions locales. Les acteurs locaux doivent collaborer dans le cadre d'un dispositif d'intelligence territoriale qui met en avant le rôle de ce type de gouvernance participative. Toute action dans ce cadre doit se faire au tour d'un projet qui répond bien aux enjeux territoriaux. En effet, ce processus dynamique et clair est un garant à une gouvernance qui satisfait les besoins d'un territoire en associant le développement économique du territoire et les objectifs sociaux et écologiques.

Cette démarche d'IT permet alors :

- d'identifier les besoins de la population ;
- de recenser les atouts et ressources locales ;
- de créer des liens entre les différents acteurs dans une optique de partenariat ;

- de faire participer tous les acteurs.

La démarche d'IT fait appel à des méthodes et des outils nécessaires pour assurer un développement harmonieux.

Exigence de développement durable

Vu les exigences de développement, Le territoire ne peut être considéré comme une simple entreprise.

Les liens entre l'IT et le développement durable se manifestent dans l'approche globale et la gouvernance basée sur la participation. Le développement durable intègre aussi bien les objectifs économiques, sociaux et environnementaux.Il répond aux besoins actuels des populations, surtout qui se trouvent dans des situations de vulnérabilités, sans compromettre ceux des générations futures. L'IT se démarque de l'IE dans la mesure qu'elle ne se contente pas seulement de la rentabilité financière. Elle vise l'amélioration des conditions de la vie, de l'emploi et la coopération entre les acteurs. En effet, le développement des territoires repose sur une démarche fédérative de mobilisation d'acteurs au sein d'un territoire. Pour Girardot, Trois principes fondamentaux de développement durable :

- la participation de tous les acteurs au développement, tout d'abord des citoyens ;
- l'approche globale des situations, caractérisées par un équilibre adéquat entre les
- considérations d'ordre économique, social et d'environnement ;
- le partenariat des acteurs.

En effet, Le développement de l'accessibilité des technologies de la société de l'information constitue alors une condition de réaliser le développement territorial. Il se trouve que cette condition ne peut se faire qu'à travers une démarche d'intelligence territoriale. « C'est une démarche d'information et de communication territoriale, de création de contenus territoriaux innovants susceptible de favoriser la collaboration et l'adhésion autour de projets nouveaux. » (Ref10).

Selon Girardot, la participation concerne tous les acteurs opérant dans le territoire : administration, société civile, citoyens. Elle concerne aussi toutes les étapes : décision, conception et évaluation. À travers l'approche globale, la dimension sociale et écologique trouvent toute la place qui lui convient. Ce qui permet alors de prioriser la satisfaction des besoins des personnes démunies, et la dimension écologique, dans le but de préserver l'avenir des générations suivantes.

Cette participation nécessite un partenariat entre les acteurs de l'action territoriale au tour des projets. L'intelligence territoriale permet alors le développement des méthodes et outils qui favorisent le partenariat des acteurs et le travail en réseau, ainsi que le partage de l'information et la coopération. Le cas des SPL (systèmes de production localisés) au Maroc montre que le développement d'un territoire peut se faire tout en réduisant les fragilités sociales. La SPL « peut se définir comme une configuration d'entreprises regroupées dans un espace de proximité autour d'un métier, voire de plusieurs métiers industriels ou tertiaires ».

Les relations entretenues dans ces SPL ne sont pas seulement marchandes. Elles sont aussi informelles. Ainsi à travers des projets de développement local, les acteurs des SPL réussissent de sortir des situations de précarité. On cite les SPL de cactus à Guelmim, l'élevage camelin dans le sud marocain. Comme le cite André Joyal « avec le SPL de la pêche, l'encadrement de centaines de petits pêcheurs artisanaux permet à ces derniers de s'émanciper de la dépendance d'acheteurs privés peu sensibles aux intérêts de leurs fournisseurs. Mieux en mesure d'exercer leur autonomie dans un contexte de SPL, les pêcheurs se donnent ainsi un lieu de coopération, d'entraide et de solidarité ». (Joyal) (ref23). Ces exemples constituent une réponse au développement local en préservant l'environnement.

Outils de l'IT

La mise en place d'une démarche d'IT nécessite la conjonction de trois hypothèses selon Bertachini (réf .11) :

- les acteurs échangent de l'information (génération d'énergie à titre individuel et/ou collectif) ;
- ils accordent du crédit à l'information reçue (captation-échange de l'information) ;
- le processus de communication ainsi établi, les acteurs établissent les réseaux appropriés et transfèrent leurs compétences.

En plus de ces hypothèses, Girardot évoque la nécessité de l'existence de certaines compétences dans cette mise en place d'une démarche d'intelligence territoriale :

- pluridisciplinarité et intersectorialité ;
- informatique conviviale ;
- analyse des données ;

- systèmes d'information en ligne ;
- édition numérique multimédia ;
- management de projets territoriaux ;
- évaluation de l'action locale.

Plusieurs outils ont été mis en place dans différentes régions du monde. On cite à titre indicatif : catalyse, ENTI, Job-life. La spécificité des méthodes et outils de l'intelligence territoriale n'est pas seulement de fournir des systèmes d'information territoriales mais aussi s'intéresse à l'action territoriale. À travers ses outils, l'intelligence territoriale favorise la participation de tous les acteurs dans les actions entreprises dans leurs territoires et l'évaluation de ces actions.

Les démarches d'IT utilisent intensivement les TIC pour remplir les objectifs des acteurs. Cette utilisation nécessite l'apprentissage des utilisateurs (acteurs) et par conséquent le développement des compétences. Le territoire devient alors apprenant et ce par la mise en avant de ses atouts, ses incertitudes et ses risques.

Selon Girardot, « L'appropriation des technologies de l'information et de la communication, et de l'information elle-même, est une étape indispensable pour que les acteurs entrent dans un processus d'apprentissage qui leur permettra d'agir de façon pertinente et efficiente. L'intelligence territoriale est notamment utile pour aider les acteurs territoriaux à projeter, définir, animer et évaluer les politiques et les actions de développement territorial durable. » (Girardot, 2000).

L'IT permet, via ses outils, d'anticiper les problèmes et mettre les ressources nécessaires pour satisfaire les besoins de la population du territoire. À noter enfin que plusieurs réseaux travaillent sur l'intelligence territoriale.

Le réseau caEnti

La caENTI a permis d'établir les spécifications des systèmes d'information qui permettent :

- d'intégrer les logiciels d'analyse quantitative et qualitative des données et d'analyse spatiale;
- les protocoles de traitement afin de les automatiser ou de les guider ;
- le work-flow documentaire (standardisation des documents, métadonnées) ; éditorial et de la collecte des données à la publication des résultats sur Internet ;

- les besoins et les usages des différentes instances du partenariat et de la communauté territoriale.

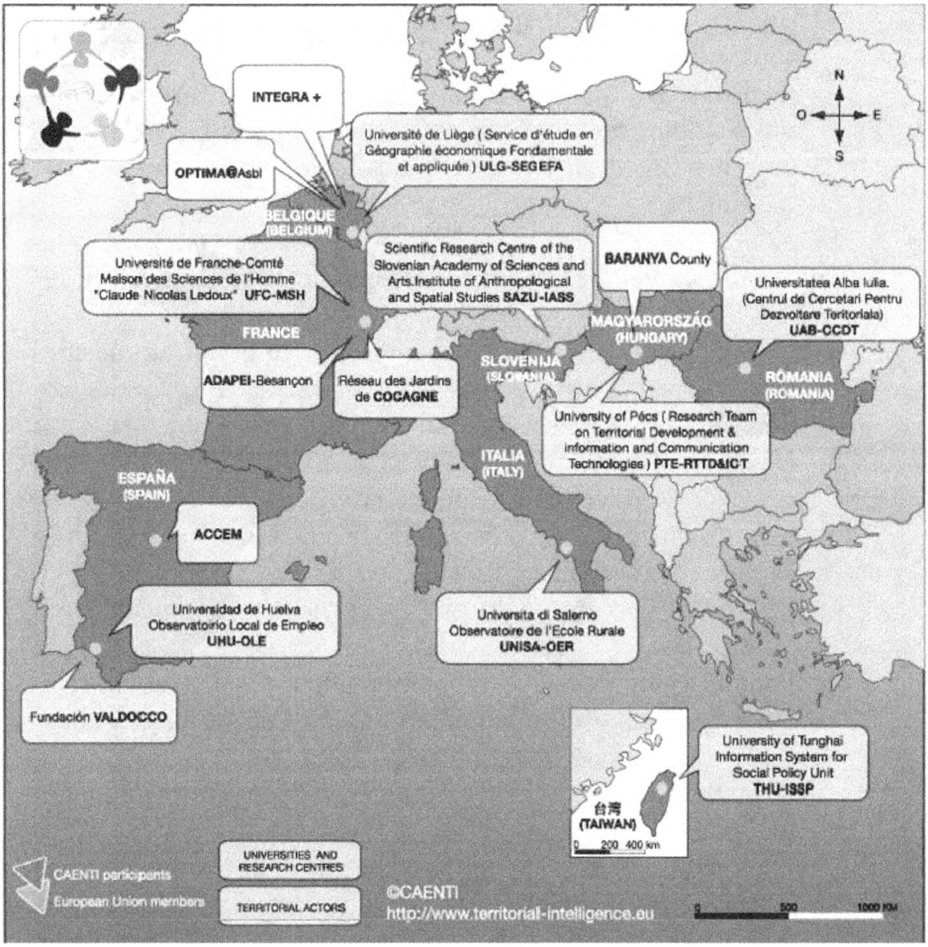

Méthode catalyse

La méthode catalyse se caractérise par les principes suivants : les besoins des personnes, la participation des personnes et l'approche globale. Ce sont aussi des principes de développement durable. Le territoire pour catalyse est un « système résultant de l'interaction entre un espace géographique et une communauté, comme l'environnement dans lequel s'inscrit un projet et dans lequel ce dernier doit être observé si on veut en comprendre sa pertinence et son impact ».

Pour cette méthode, l'information est le nouveau vecteur de développement avec l'industrie et l'agriculture. La méthode catalyse permet aux partenariats d'acteurs de répondre à trois questions et de confronter les résultats pour définir des actions de développement durable.

- quels sont les besoins des personnes ?
- les ressources, produits et services individuels ou collectifs, privés ou publics disponibles sur le territoire peuvent-elles satisfaire ces besoins ?
- quelles sont les potentialités et les vulnérabilités du territoire qui conditionnent les besoins des personnes et qui favorisent, ou qui freinent, une meilleure adaptation des ressources aux besoins ?

Trois outils d'intelligence territoriale que propose Catalyse en réponse à ces questions :

- un diagnostic quantitatif et qualitatif, pour définir et mesurer les principaux profils de besoins des personnes.
- un répertoire de ressources disponibles sur le territoire pour les confronter aux profils de besoins afin d'améliorer la pertinence des services et d'évaluer leur efficience.
- des systèmes d'indicateurs territoriaux utiles pour estimer l'impact des activités
- des services au niveau du territoire et de la communauté territoriale.

  Pour analyser les données, catalyse utilise plusieurs outils :

    • les outils informationnels (guide, répertoire et indicateurs) :

- le guide de diagnostic et d'évaluation recueille les données individuelles selon une approche multisectorielle.
- le répertoire de services est une base de données qui peut être actualisée en Intranet et consultée sur Internet. Il inventorie les services aux personnes et les services à la communauté accessibles aux habitants du territoire. Chaque service est décrit grâce à un formulaire : coordonnées, secteur d'activité, activités, publics accueillis, capacités.

le système d'indicateurs territoriaux intègre une sélection d'informations à caractère socio-économique décrivant le territoire et la communauté territoriale.

    • les logiciels d'analyse des données (epragma, anaconda, cartographie) :

- le logiciel epragma enregistre les réponses en ligne et les stocke dans une base de données uniques.
- anaconda, logiciel d'analyse multicritère établit une typologie des personnes à l'échelle du territoire.

Conclusion

Il est clair que l'intelligence territoriale a une valeur ajoutée dans l'amélioration des conditions de vie de la population par ses méthodes et outils qui offrent aux acteurs locaux des moyens pour se mobiliser dans une optique de développement durable de leurs territoires.

L'intégration des outils TIC permet une généralisation de la coopération entre les acteurs et par conséquent une large participation. L'intelligence territoriale se trouve alors au centre de la gestion territoriale par, non seulement ses outils, mais aussi par son apport au développement territorial et à la lutte contre les disparités sociales et le respect de l'environnement. Toutefois, la diversité des approches du concept de l'intelligence territoriale et son rapprochement des théories de développement et de gouvernance constitue une source d'enrichissement.

Références bibliographiques

Bernard Fath, L'intelligence territoriale une nécessité, L'Harmattan, 2013.

P. Herbaux, Intelligence territoriale repères théoriques, paru en mars 2007 étude (broche). Ed. L'Harmattan, Avril 2007.

Froncois Ludovic, Intelligence territoriale : L'intelligence économique appliquée au territoire, ED. Lavoisier.

Driss Guerraoui, Philippe Clerc, Intelligence territoriale et développement régional par l'entreprise : Expériences internationales comparées. Actes de la Rencontre Internationale de Dakhla. Editions L'Harmattan, 2011 - 488 p.

Herbaux, L'intelligence territoriale : d'une représentation générale à un concept de finalité, Publié 2006, Longueur, 445 p.

Camille Chamard, Le marketing territorial : Comment développer l'attractivité et l'hospitalité des territoires ? 2014.

Angélique Tholoniat, Intelligence économique territoriale et pôles de compétitivité : contribution méthodologique pour l'aide à la décision publique, 2008

Yann Bertachini., Intelligence territoriale : le territoire dans tous ses états, Le management territorial à l'ere des réseaux, J-Y Prax, ed. d'organisation, Dunod, Paris, 2001.

Vodoz L ntic et Territoires, enjeux territoriaux des NTIC. et alii,. 2002.

TIC et territoire : quels développements ? actes du colloque 2eme rencontre internationale de Saint-Raphael, 5 et 6 juin 2003.

Bertacchini, Y., Déprez, P. & Aliitions (1), Intelligence Territoriale. Entre Savoirs & Expérimenta Coll Les ETIC, presses Technologiques, Toulon, 249 p., 2016.

Yunn Bertacchini, Le territoire, une entreprise d'intelligence collective à organiser vers la formation du capital formel local

Yann Bertacchini, Paul Déprez, L'intelligence économique territoriale : Utopie des territoires ou territoire des utopies. Intelligence Territoriale : Entre savoirs & expérimentations, 2016.

Yann Bertacchini, Paul Déprez, Information, Intelligence & Dispositifs de médiation pour des Territoires Hybrides, 2015.

Herbaux, Ph, L'intelligence territoriale : d'une représentation générale à un concept de finalité, Thèse de doctorat, Université du Sud Toulon Var, 31 mai 2006.

Maud Pélissier, Étude sur l'origine et les fondements de l'intelligence territoriale : l'intelligence territoriale comme une simple déclinaison de l'intelligence économique à l'échelle du territoire.

Menville J., Entre l'entreprise et le marché, le territoire, Sciences de la société, n° 48, octobre 1999.

Christian Bourret, Éléments pour une approche de l'intelligence territoriale comme synergie de projets locaux pour développer une identité collective.

Rémy Pautrat, Éric Delbecque, l'intelligence territoriale : la rencontre synergique public/privé au service du développement économique.

Girardot J. J., Les systèmes communautaires d'intelligence territoriale, ISDM, n° 30, 2007.

Girardot J. J, Intelligence territoriale et participation, 3e rencontre « TIC et territoire : quels développements ? »,

Lille, ISDM, n° 16. Article 161, 2004.

Y Bertachinii, « Le territoire, une entreprise d'intelligence collective à organiser vers la formation du capital formel local » Communication et organisation [En ligne], 25 | 2004, mis en ligne le 27 mars2012, URL : http://communicationorganisation.revues.org/2948 ; DOI : 10.4000/ communication organisation. 2948.

André Joyal, L'intelligence territoriale face aux exigences du développement durable : Exemples marocains et brésiliens. "Interdisciplinarité dans l'aménagement et développement des territoires", Oct. 2011, Gatineau, Canada, p. 10, 2013, INTI-International Network of Territorial Intelligence. <halshs-00960905>.

Abdelkader Baaziz, Valérie Leveille, Henri Dou, Intelligence économique et Développement Durable des territoires : De la compétitivité à la coopétitivité. Revue Internationale d'Intelligence Économique, Lavoisier, 2017, 9 (1), pp. 55-76. http://www. vapress. fr/shop/Revue-Internationaled-Intelligence-Economique-9-1_p34. html> <hal- 01574946>.

Claude Courlet et Améziane Ferguene, Globalisation et territoire : le cas des SPL dans les pays en développement, 2003.

Bertacchini Y., Entre information & processus de communication : l'intelligence territoriale, Les Cahiers du Centre d'études et de recherche, Humanisme et Entreprise n° 267, La Sorbonne Nouvelle, Paris, 2004.

Jean-Pierre Gilly, Isabelle Leroux, Bernard Pecqueur, Jacques Perrat, Frédéric Rychen, et Jean-Benoît Zimmermann, Construction territoriale et dynamiques productives par Gabriel Colletis.

Jean-Pierre Gilly Gres - Jacques Perrat, La dynamique institutionnelle des territoires : entre gouvernance locale et régulation globale. Cahiers du GRES. Mai 2003.

Philippe Dumas, Intelligence, Territoire, Décentralisation ou la région à la française, 2004.
E. Chia, S. Mathé, H. Rey Valette, L. Michel, Ch. Soulard, et al. Comment étudier (analyser) la gouvernance territoriale ? Mise à l'épreuve d'une grille de lecture. Colloque AISRE - ASRDLF 2010. Identité, Qualité et Compétitivité Territoriale. Développement économique et cohésion dans les Territoires alpins, Sep 2010, Aoste, Italie, 23 p., 2010.

ÉTUDES

Le rôle des PME marocaines dans le développement de l'intégration régionale

Siham Sefiani
Enseignant chercheur Université Mohammed V de Rabat

Résumé

Cette communication examine le rôle des PME marocaines dans le développement de l'intégration régionale en Afrique. Il s'agit de définir le concept d'internationalisation et d'analyser certains problèmes auxquels se heurtent les PME dans le processus de leur intégration régionale en Afrique afférents au contexte environnemental dans lequel évoluent ces entreprises et de présenter enfin les stratégies favorisant leur compétitivité et leur internationalisation pour faire face à la concurrence.

Mot-Clés : PME, internationalisation, intégration régionale.

Abstract

This paper examines the role of Moroccan SMEs in the development of regional integration in Africa. The aim is to define the concept of internationalization and to analyze some of the problems faced by SMEs in the process of their regional integration in Africa, related to the environmental context in which these companies operate, and finally to present the strategies favouring their competitiveness and their internationalization to face the competition.

Keywords: SMEs, internationalization, regional integration.

Le processus d'intégration régionale peut avoir deux tendances. D'une part il peut accroître la précarité des PME marocaines évoluant jusqu'alors sur des marchés protégés et « n'ayant pas les ressources énormes des entreprises multinationales pour s'ajuster à cette augmentation de la concurrence et d''interdépendance » (Julien, 1993a,). D'autre part, les PME peuvent mettre à profit l'ouverture des frontières pour saisir de nouvelles opportunités et se développer à l'international. Dès lors, notre problématique consiste à s'interroger dans un premier temps sur l'approche théorique du développement international des PME en nous appuyant sur la littérature en management stratégique. Dans un deuxième temps nous tenterons de relever les contraintes et perspectives d'engagement des PME marocaines dans le processus d'intégration régionale en Afrique.

Approches théoriques du développement international des PME

L'internationalisation, pour un certain nombre de PME, est perçue comme une stratégie d'extension des activités dès lors que le marché national ne suffit plus à assurer leur développement. On assiste alors à une stratégie de spécialisation[1] permettant aux PME de chercher de nouveaux marchés pour leurs produits actuels. Cependant confrontées à des entreprises de plus en plus mondialisées, les PME soucieuses de développer une activité internationale doivent trouver une solution leur permettant de coexister dans l'ombre de ces géants. Face à ce défi, Fernandez et Noël (1994) distinguent trois possibilités pour ces PME : être fournisseur, distributeur ou concurrent direct.

La majorité des travaux affirme que les PME engagées dans des activités internationales sont soumises à de fortes pressions de l'environnement concurrentiel. D'où la formulation d'une « *théorie classique* » suivant laquelle le développement international des PME est conditionné par un déterminisme structurel et environnemental. Ce déterminisme se traduit par la formulation de stratégies de spécialisation de leurs activités afin de se protéger des contraintes de l'environnement. Ce dernier choix nécessite alors la mise en œuvre de

[1] S. Bourcieu, Les stratégies de développement international des PME face à la dynamique de l'environnement institutionnel, XIVIème Conférence Internationale de Management Stratégique, Pays de la Loire, Angers 2005.

stratégies permettant d'éviter un affrontement direct avec les grandes entreprises.

Le développement international des PME dans un environnement concurrentiel a été largement discuté par de nombreuses études (Cavusgil, 1984 ; Julien et al., 1996). En revanche la prise en considération des facteurs institutionnels locaux peut affecter la prédominance de l'environnement concurrentiel.

En outre la mise en œuvre des stratégies de développement international des PME dépend de leur aptitude à mobiliser des ressources et à se soustraire à la contrainte environnementale. Comme le souligne Desreumaux (1993, p. 15) : « *un thème largement admis par les différents courants du management stratégique consiste à considérer la stratégie comme la logique sous-jacente des interactions entreprise/environnement et du déploiement de ressources* ».

La stratégie des PME dans le contexte international soulève la question du degré de liberté de l'acteur et sa relation avec son environnement. Celle-ci a intéressé un nombre des disciplines des sciences sociales telles que l'économie (Perroux, 1975) et la sociologie des organisations (Crozier et Friedberg, 1981). En management stratégique, cette relation existe tant dans l'analyse des structures des entreprises que dans celle de l'environnement

Des travaux sur les organisations (Hall, 1962) ont montré l'existence d'un déterminisme propre à la structure même de l'entreprise (Child, 1997). Dans ce cas, la faible taille apparaît comme un facteur de soumission à l'environnement (Julien et Marchesnay, 1988 ; Chappoz, 1991 ; Silvestre et Goujet, 1996) : par nature, ces entreprises font face à un déficit de ressources organisationnelles, financières et humaines qui contraint leurs orientations stratégiques (Duchéneaut, 1995 ; Eskelinen et Vatne, 1996 ; Gueguen, 2004i). Ce déterminisme se retrouve également en contexte international. L'étude de l'OCDE intitulée « *PME et mondialisation* » (1997) conclut ainsi que le facteur taille a une influence sur la propension des entreprises à engager des activités internationales. Concomitamment, de nombreux travaux ont montré que l'environnement jouait également un rôle déterminant dans la stratégie de l'entreprise. Plusieurs approches « *relèguent le rôle du décideur à une place tout à fait secondaire face aux impératifs de la turbulence environnementale, des processus technologiques, (...). D'une part, l'action d'une entreprise isolée a peu de poids face aux forces environnementales, économiques, sociales, politiques.*

D'autre part, les lois économiques forcent les organisations grandes ou petites, à agir conformément aux contraintes de la recherche du maximum d'efficience » (Desreumaux, 1993, p. 61). Ainsi la théorie de la contingence (Woodward, 1965 ; Lawrence et Lorsch, 1967) considère que le dirigeant doit adopter la structure requise par le contexte pour atteindre l'efficacité. De même, les tenants de l'écologie des populations (Hannan et Freeman, 1977 ; Aldrich, 1979) estiment que l'environnement est la dimension centrale du processus de sélection de populations d'organisations. Plus que les grandes entreprises, les PME subissent les contraintes de l'environnement dans lequel elles évoluent Marchesnay (1992) résume cette dépendance de la sorte : « *la grande entreprise remodèle son environnement ; la moyenne l'aménage ; la petite s'y inègre* ».

PME marocaines en Afrique : les clés de la réussite de l'intégration régionale

Selon la loi 53-00 formant « Charte marocaine de la PME » du 23 juillet 2002, les PME sont les entreprises qui répondent aux deux conditions suivantes : un effectif permanent ne dépassant pas 200 personnes et un chiffre d'affaire réalisé au cours des deux derniers exercices inférieur à 75 MDH, soit un total de bilan inférieur à 50 MDH. Selon le rapport de la Banque mondiale, les PME sont les moteurs de la croissance et de création d'emploi. Au Maroc elles assurent 50 % des emplois et fournissent 20 % de la valeur ajoutée.

L'intégration régionale en Afrique : concept et évolution

L'intégration régionale est un processus par lequel des États décident d'abandonner une partie de leurs prérogatives au profit d'une souveraineté économique commune (la suppression des barrières douanières, la libre circulation des personnes, des biens, l'adoption d'une politique économique commune).

Bien que déjà utilisé dans l'entre-deux-guerres, notamment pour qualifier l'économie mondiale, le concept n'a vraiment commencé à être utilisé dans le domaine des affaires internationales qu'après la Seconde Guerre mondiale lorsque plusieurs projets de regroupement économique et politique ont commencé à voir le jour, en Europe et en Amérique latine notamment. On était alors en présence d'un phénomène nouveau qui allait au-delà de la coopération traditionnelle et de l'ouverture réciproque des marchés tels qu'envisagé alors avec le GATT et l'OIC.

Accumulant leurs efforts, l'Union africaine, la Banque africaine de développement et la commission économique pour l'Afrique ont constitué un indicateur spécial « l'indice de l'intégration régionale en Afrique ». Ce dernier a été construit dans une double perspective. D'abord l'engagement politique des communautés orienté vers une plus grande cohérence institutionnelle facilitant l'insertion dans les chaînes de valeurs mondiales. Ensuite la coordination des politiques affectant l'économie et la population. Enfin l'élimination des obstacles entravant la libre circulation des biens et services, des personnes et des capitaux.

Les PME marocaines en Afrique : contraintes et perspectives

À partir de l'année 2000 (Troisième étape du traité), avec la défaite de l'UMA, le Maroc a pris conscience de l'importance et des avantages à saisir en intégrant réellement le marché africain d'une manière générale et la communauté économique africaine telle que la CEDEAO d'une manière spécifique. Certes les entreprises ont joué un rôle fondamental dans le déploiement du nouveau paradigme des relations maroco-africaines. Elles ont saisi les opportunités qu'offre le continent, 2e pôle de croissance mondiale après l'Asie. Et elles sont en phase avec les orientations stratégiques du Royaume, voulant instaurer « un nouveau modèle de coopération Sud-Sud, axé sur le codéveloppement ». Ce modèle repose sur la concrétisation d'une croissance partagée, de création de la valeur ajoutée et de l'innovation. Il permet également de réduire la distance culturelle, facilitant le dialogue, la négociation et le lancement de projets viables.

Selon les experts du think-tank OCP Policy center, l'évolution des investissements directs étrangers du Maroc à destination de l'Afrique (principale zone d'accueil des investissements marocains dans le monde) montre une tendance à la progression, expliquée par la signature de nombreux accords de protection, de promotion réciproque et de non double imposition, ainsi qu'à l'adoucissement de la réglementation des investissements. Le Royaume reste le deuxième investisseur africain dans le continent. En somme, les opérateurs marocains ont investi environ 18 milliards de DH en Afrique sur les six dernières années (2010-2016) dans les télécoms (38 %), les banques (35 %), l'immobilier et l'assurance (15 %).

En outre l'enquête réalisée par la commission Afrique de la CGEM sur la présence du Maroc dans le continent montre qu'environ 90 %

sont réalisés par de grands groupes, pas plus de 150 PME y sont aujourd'hui présentes (toutes natures de présence juridiques confondues). On peut citer des enseignes marocaines de taille modeste qui, dans l'optique de se rapprocher de leurs marchés, se sont lancées à l'aventure africaine dont IB Maroc, Sothema, la Société marocaine du thé et infusions, le Comptoir d'ingénierie marocain, M2M, S2M, Stroc Indutries.

Néanmoins malgré les avancées notables sur le continent africain, les réalisations restent largement en deçà du potentiel. Selon les données les plus récentes de l'Office des changes, les investissements directs marocains à l'étranger se sont établis à 6, 1 milliard de DH à fin novembre 2016, en baisse de 1, 2 % par rapport à la même période en 2015. En l'absence de chiffres définitifs ventilés par région, les spécialistes estiment que plus de 70 % de ce flux est allé à l'Afrique (la moyenne observée sur les cinq dernières années), soit 4, 3 milliards de DH. Comparé aux flux des IDE marocains destinés au continent en 2015, le volume est en retrait de 28 %. Toutefois, il faut noter que 2015 a été une année faste au cours de laquelle les investissements dans le continent ont dépassé 6 milliards DH Cette hausse est tirée par une opération exceptionnelle : l'acquisition par Maroc Télécom des participations dans 6 filiales africaines de sa nouvelle maison mère Etisalat pour un montant global de 474 millions d'euros, soit 5, 1 milliard DH.

Quelques facteurs de blocage

Au-delà des opportunités qu'offrent les pays africains, les entreprises marocaines implantées sur le continent continuent de faire face à une série de difficultés. Àcommencer par la compétitivité sur le marché local. « Comment une entreprise qui n'arrive pas à être compétitive au Maroc peut-elle l'être à l'étranger ? ». Cette notion est de plus en plus décisive, étant donné la ruée des Turcs, des Indiens et des Chinois sur le continent.

Plusieurs firmes concurrentes arrivent avec des subventions de leur pays et des solutions de financement déjà négociées. Pour les PME marocaines**, le financement** du cycle d'exploitation pose encore problème. Les banques sur place ne peuvent pas toujours les accompagner, surtout avec la montée des difficultés de paiements dans plusieurs pays africains. Pourtant, l'implantation d'un solide réseau bancaire marocain à travers le continent est l'une des forces de frappe de la stratégie de conquête des marchés africains.

A ces freins s'ajoutent les contraintes logistiques très lourdes pour desservir ces pays. Surtout que plusieurs transporteurs fonctionnent par volume. Souvent, les PME ne remplissent pas le volume minimum pour faire un envoi. « Ceci n'est pas uniquement vrai pour la logistique, c'est une problématique de taille critique des PME pour aller chez l'international. Malheureusement, la majorité ne l'a pas », explique un consultant en commerce international. À ce titre, le seul moyen à même de renforcer l'expansion des PME marocaines en Afrique est le regroupement pour réduire les coûts globaux. « Il est indispensable pour les PME d'aller à travers une approche consortium et une démarche collective pour mutualiser et partager les moyens industriels et commerciaux », avance le président de la commission Afrique de la CGEM. Parallèlement, la faiblesse des infrastructures logistiques complique également le développement des échanges intra- africains. Par exemple, « parfois, des marchandises à destination d'un pays africain doivent transiter par l'Europe. Ce qui a forcément un impact en termes de coûts et de temps de livraison ».

D'autres dysfonctionnements à caractère stratégique sont également pointés. Le « manque de synergie entre les différents départements pilotant les stratégies sectorielles ». Le Maroc gagnerait à assurer une meilleure convergence de ses plans, parallèlement au déploiement d'une stratégie intégrée pour la promotion de la marque Maroc ».

Certaines études effectuées par des opérateurs ont pointé dans un premier temps les problèmes d'instabilité politique pour certain pays africain.

Conclusion

le Maroc a choisi l'arsenal des conventions et d'accords signés lors de chaque visite royale pour acquérir les marchés africains. D'après notre estimation, cet arsenal en compte 800. Ces accords visent à dynamiser les échanges commerciaux avec nos partenaires subsahariens. Ils forment aussi le cadre juridique et réglementaire pour nos entreprises avec leurs homologues subsahariennes, mais cette vision est vite rattrapée par une amère réalité. Ces conventions et accords ne sont répertoriés nulle part. L'opérateur économique doit effectuer un travail fastidieux et chronophage pour lequel la PME n'a pas les moyens. pour y remédier les instances compétentes sont obligées d'organiser l'information sur ces conventions et accords, de les traiter, de les trier par pays, par date, par secteur d'activité, par organisme, par produits et de les mettre à la disposition des opérateurs économiques et du grand public.

Autrement dit les États qui sont dans une logique commerciale proactive mettent à la disposition de leurs opérateurs économiques des informations « prêtes à l'emploi » pour qu'ils puissent avoir un aperçu morphologique du marché. La finalité est de permettre à leurs entreprises d'aborder les marchés d'avenir avec « moins de casse ». Pour faciliter l'internationalisation de la PME, l'information est un atout majeur. Le Japon dispose d'un guichet unique couvrant tout le territoire. En Grande-Bretagne, l'agence UK Trade & Investment bénéficie de la double tutelle du Foreign office et du ministère du commerce. Aux États-Unis, le président Obama a mis en place « Export promotion cabinet ». Nous souhaitons que dans un proche avenir les instances en charge de la promotion du « made in Morocco » puissent intégrer ce volet de l'information. Nous aurons ainsi fait nos premiers pas sur la voie de l'intelligence économique.

Références bibliographiques

S. Bourcieu, « Les stratégies de développement international des PME face à la dynamique de l'environnement institutionnel », XIVième Conférence Internationale de Management Stratégique, Pays de la Loire, Angers 2005.

Bilan et perspectives de l'intégration africaine, « Afrique est-elle partie ? », revue interventions économiques, Mars 2017.

Rapport de la direction des études et des prévisions financières, « Opportunités du développement de la distribution marocaine en Afrique subsaharienne », Juin 2017.

Étude Partenariat Maroc-Afrique de l'institut AMADEUS, Juillet 2014.

Rapport de la direction des études et des prévisions financières, « Opportunités du développement de la distribution marocaine en Afrique subsaharienne », Juin 2017.

Indice de l'intégration régionale en Afrique, Rapport 2016.

Bilan et perspectives de l'intégration africaine, « l'Afrique est elle partie », Revue Intervention économiques, Transformation 2017, Mars 2017.

ÉTUDES

De la gouvernance du Covid-19 à la gouvernance de l'État dans les pays africains et arabes

Mohamed Harakat
Directeur de la structure doctorale « Gouvernance de l'Afrique et du Moyen-Orient » - Université Mohammed v - Rabat, Président de Global governance et directeur de REMA

Dans un monde de plus en plus complexe, incertain, tragique et affecté par la crise sanitaire et par un grave déficit de leadership international la consolidation des compétences de gouvernance dans tous les pays du monde se pose avec acuité. La gouvernance étatique et politique a besoin de nouveaux leaderships facilitateurs capables de réinventer l'ère post-Coronavirus par le biais de développement d'un nouveau paradigme de diplomatie fondé tant sur la solidarité planétaire que régionale et locale dans le processus de la consolidation de l'économie des biens communs et du bien–être collectif.

Il est une occasion d'apprentissage collectif de la complexité et des mesures et des modalités opérationnelles et pratiques à mettre en œuvre pour sauver la vie des citoyens et des étrangers et en même temps une opportunité précieuse de repenser le projet de société, l'économie du bien commun (selon la thèse développée par J. Triole, Prix Nobel d'économie 2014), l'industrialisation et le modèle de développement à adopter dans le futur.

« La doctrine libérale, comme l'écrit, à juste titre, Edgar Morin, commercialisant l'hôpital et réduisant ses moyens a contribué au cours catastrophique de l'épidémie ». En effet « la crise sanitaire qui a provoqué des confinements asphyxiant l'économie, transformant un mode de vie extraverti sur l'extérieur à une introversion sur le foyer, et mettant en crise violente la mondialisation ».

Le défi de la complexité est de taille. Personne aujourd'hui' hui ne connaît les mutations que subit ou pourra subir le virus au cours de sa propagation en termes de confinement, de restriction, d'impacts réels géopolitique et géo économique et notamment de suites de politiques économiques, nationales, régionales et planétaires. Mais « les connaissances se multiplient de façon exponentielle, du coup, elles débordent notre capacité de nous les approprier, et surtout elles lancent le défi de la complexité : comment confronter, sélectionner, organiser ces connaissances de façon adéquate en les reliant et en intégrant l'incertitude ? ».

L'économie politique est une science inexacte. Mais elle peut jouer un rôle important dans le but de mener une réflexion critique et opérationnelle sur le futur de l'économie du bien commun (éducation, humanités, R&D, santé, changement climatique, alimentation, emploi, gouvernance, sécurité planétaire). Bref l'émergence d'un nouveau modèle sociétal de développement planétaire marqué par la solidarité et un nouvel humanisme). Avec la propagation du Covid-19 le monde apparaît plus que jamais incertain et tragique.

« La conviction que la libre concurrence et la croissance économiques sont panacées sociales escamote la tragédie de l'histoire humaine que cette conviction aggrave ». Kant appelle à une séparation claire entre ce qui a un prix et ce qui a une dignité. Tout le monde sait que la vie n'a pas de prix. Descartes indiquait que « *la santé est le principal de tous les biens et le fondement de tous les autres. C'est-à-dire le plus précieux et que sans la santé aucun bien ne peut* être *envisagé ».* C'est pour cette raison l'État dans tous les pays a placé la santé avant l'économie tout en supportant les coût et les charges afférents à ce choix délibéré.

Il est question d'élaborer de grandes stratégie permettant de réfléchir sur les incertitudes et les dynamiques de crise ce qui stimule l'imagination sociologique et la créativité dans la recherche de solutions nouvelles. Au Maroc avant la crise Coronavirus le discours dominant était de défiance par rapport aux entreprises, aux partis politiques et aux institutions exprimant un ras- le bol de la mal gouvernance du pays. Une telle tendance se trouva inversée avec la prudence, la pédagogie, l'intelligence, la fermeté et les mesures diverses inédites prises par l'État dans la gestion de la pandémie pour préparer l'avenir et sortir de la crise. Parmi les leçons les plus significatives du Coronavirus on peut retenir notamment la conscience de la population des contraintes de la sous–estimation de soi et son impact dans l'élaboration d'un agenda de progrès ou des pistes d'action.

Dix commandements sur la crise sanitaire et ses répercussions sur la réforme de l'État

Dix commandements seront retenus dans une vision proactive du développement des pays africains et arabes dans le processus de la consolidation de l'État protecteur, interventionniste et stratège pour gagner la guerre contre Coronavirus et survivre aux crises[1] :

1. Nécessité de dépassement des paradoxes de la gouvernance de l'État[2] (rente, inégalité, dignité humaine, New deal industriel, priorité du développement, compétence, évaluation continue des risques, transparence, environnement, sécurité alimentaire)[3]. La promotion du débat sur les fondements d'une nouvelle stratégie de développement à l'antipode de celle qui a prévalu avant l'épidémie ; en termes d'innovation, de solidarité, de priorisation des secteurs clefs de développement (R-D, éducation, santé). Et l'appel à l'affirmation de la société par l'éducation (réforme scolaire, réhabilitation de l'enseignant), la santé (revalorisation des salaires des médecins et du corps para-médical) et la recherche scientifique (création, innovation et lutte contre la médiocratie dans tous ses états[4]).
2. Placer le citoyen au cœur de la stratégie du développement en tant qu'acteur principal du progrès économique et social du pays tout en tenant compte de la fragilité de l'économie et de l'entreprise (économie informelle). L'État protecteur devrait prendre conscience de la priorité de l'enseignement et de la santé dans la société. Descartes indiquait que « *la santé est le principal de tous les biens et le fondement de tous les autres. C'est-à-dire le plus précieux et que sans la santé aucun bien*

---

[1] J.Attali, Survivre aux crises, Fayard, 2009.

2 Mohamed Harakat, Les paradoxes de la gouvernance de l'État dans les pays arabes, L'Harmattan, Paris, 2015.

3 Plus particulièrement le thèse d'économie du bien commun développée par Jean Tirole (Prix Nobel d'économie en 2014) est plus que jamais d'actualité et révélatrice de vision et de nouvelles idées sur la gouvernance économique affectant notre quotidien en période de crise.

4 A.Deneault, La médiocratie, Lux Éditeur, 2016.

ne peut être envisagé ». C'est pour cette raison l'État dans plusieurs pays a placé la santé avant l'économie tout en supportant les coûts et les charges afférents à ce choix délibéré.

3. Le rejet des mentalités de subordination et de soumission à l'étranger[5] et de toutes attitudes négatives empêchant la création et l'innovation et de puiser dans le potentiel local, de travailler dur et de collaborer au service de l'intérêt général, collectif et mutuel.
4. L'adoption par les pouvoirs publics d'une communication institutionnelle stratégique de mobilisation à tous les échelons de la société permet de promouvoir une image équilibrée, réelle et positive sur le projet de protection de la population au détriment du coût économique assumé par l'État.
5. L'exploration de la prééminence de l'état d'esprit positif chez l'opinion publique marqué durant la crise par une conscience émotionnelle de soi, de confiance, de solidarité patriotique, de responsabilité sociétale et d'optimisme.
6. L'amélioration de l'image sociale et exaltation du corps médical, des enseignants des chercheurs et des agents de l'administration.
7. L'apprentissage collectif des TIC et de l'e.Gouvernance dans la gestion de la crises (télétravail, enseignement à distance, dématérialisation des pièces administratives, consultation médicale, déclaration sur l'honneur, etc.).
8. La promotion de la bonne gouvernance de l'État (décisions juridiques, financières et budgétaires, améliorer l'efficacité de la gestion économique, moderniser l'administration, renforcer la transparence, revendication de plus de justice salariale, révision des privilèges, rente, corruption, fuite des capitaux, déplacements coûteux à l'étranger, parc automobile, etc.).
9. Le devoir de la consolidation et de l'écoute à la diaspora (intégration des savants et des compétences résidents à l'étranger dans le projet sociétal de développement.
10. La promotion d'une initiative africaine de solidarité dans le cadre de la diplomatie médicale du Covid-19 et ses variants.

[5] Bruno T.Mukendi, Sous- estimation de soi et contraintes au succés, L'Harmattan, Paris, 2017.

Structures éditoriales du groupe L'Harmattan

L'Harmattan Italie
Via degli Artisti, 15
10124 Torino
harmattan.italia@gmail.com

L'Harmattan Hongrie
Kossuth l. u. 14-16.
1053 Budapest
harmattan@harmattan.hu

L'Harmattan Sénégal
10 VDN en face Mermoz
BP 45034 Dakar-Fann
senharmattan@gmail.com

L'Harmattan Cameroun
TSINGA/FECAFOOT
BP 11486 Yaoundé
inkoukam@gmail.com

L'Harmattan Burkina Faso
Achille Somé – tengnule@hotmail.fr

L'Harmattan Guinée
Almamya, rue KA 028 OKB Agency
BP 3470 Conakry
harmattanguinee@yahoo.fr

L'Harmattan RDC
185, avenue Nyangwe
Commune de Lingwala – Kinshasa
matangilamusadila@yahoo.fr

L'Harmattan Congo
67, boulevard Denis-Sassou-N'Guesso
BP 2874 Brazzaville
harmattan.congo@yahoo.fr

L'Harmattan Mali
Sirakoro-Meguetana V31
Bamako
syllaka@yahoo.fr

L'Harmattan Togo
Djidjole – Lomé
Maison Amela
face EPP BATOME
ddamela@aol.com

L'Harmattan Côte d'Ivoire
Résidence Karl – Cité des Arts
Abidjan-Cocody
03 BP 1588 Abidjan
espace_harmattan.ci@hotmail.fr

L'Harmattan Algérie
22, rue Moulay-Mohamed
31000 Oran
info2@harmattan-algerie.com

L'Harmattan Maroc
5, rue Ferrane-Kouicha, Talaâ-Elkbira
Chrableyine, Fès-Médine
30000 Fès
harmattan.maroc@gmail.com

Nos librairies en France

Librairie internationale
16, rue des Écoles – 75005 Paris
librairie.internationale@harmattan.fr
01 40 46 79 11
www.librairieharmattan.com

Lib. sciences humaines & histoire
21, rue des Écoles – 75005 Paris
librairie.sh@harmattan.fr
01 46 34 13 71
www.librairieharmattansh.com

Librairie l'Espace Harmattan
21 bis, rue des Écoles – 75005 Paris
librairie.espace@harmattan.fr
01 43 29 49 42

Lib. Méditerranée & Moyen-Orient
7, rue des Carmes – 75005 Paris
librairie.mediterranee@harmattan.fr
01 43 29 71 15

Librairie Le Lucernaire
53, rue Notre-Dame-des-Champs – 75006 Paris
librairie@lucernaire.fr
01 42 22 67 13

www.ingramcontent.com/pod-product-compliance
Lightning Source LLC
LaVergne TN
LVHW050657051026
849532LV00002B/667
9782343234977